혐오와 한국 교회

혐오와 한국 교회
Hatred and Korean Church

2020년 6월 25일 초판 1쇄 펴냄
2021년 11월 15일 초판 2쇄 펴냄

펴낸곳 도서출판 **삼인**

지은이 권지성 외
기획 권지성
펴낸이 신길순

등록 1996.9.16 제25100-2012-000046호
주소 03716 서울시 서대문구 성산로 312 북산빌딩 1층

전화 (02) 322-1845
팩스 (02) 322-1846
전자우편 saminbooks@naver.com

디자인 디자인 지폴리
인쇄 수이북스
제책 은정제책

©2020, 권지성 외
ISBN 978-89-6436-178-8 03300

값 16,000원

혐오와
한국 교회

권지성 외 지음

삼인

책머리에

한국 교회의 역사를 잠시 되새겨본다. 19세기 독일 선교사 귀츨라프의 사역(1832년) 이후 토마스 선교사의 순교(1866년)가 있었고, 1885년 한반도에 건너온 언더우드와 아펜젤러의 사역에서 보듯이 성경 번역, 학교와 병원의 설립을 통해 선교가 이루어지는 등 전 세대에 복음이 증거되었다. 하지만 한국 교회에 어려움을 안긴 것은 서구 문명에 대한 폐쇄적 태도만이 아니었다. 일제 강점기를 거치면서, 그리고 독립을 향한 한국인들의 열망을 담아내면서 교회는 엄청난 탄압과 억압에 직면해야 했다(예컨대 1912년의 105인 사건). 교회가 신사 참배에 반대하자 일제의 반反선교사 정책이 시행되었고, 많은 기독교 학교들이 문을 닫았으며, 숱한 기독교 지도자들은 옥고를 치렀다.

이렇게 소수 종교로서 외세에 저항하던 한국 기독교, 특히 개신교 근본주의 교회들은 해방과 한국전쟁 이후, 분단된 조국의 극단적 이데올로기의 대립 속에서 반공주의와 자유민주주의 수호라는 이름 아래 주류 정치 사회의 주역으로 발돋움했다. 이어 독재 정권을 지나며 한국 개신교는 산업화의 바람을 타고 양적 성장을 이루어냈고, 마침내 주류 종교로 우뚝 서게 되었다. 그렇다면 그런 지위에 걸맞게 지금 우리 교회는 사회의 소외된 소수자들을 보호하고 그들을 위해 기도하는 데 힘쓰고 있을까. 한국 기독교, 특히 극우 개신교 교회는 그러기보다는 오히려 사회의 약자들인 성性소수자들, 난민들, 여성들, 장애인들에 대한 혐오의 감정과 발언을 쏟아내고 있다. 또 대형 교회들을 중심으로 사회 엘리트 계층을 흡수하는 가운데 학벌, 지역, 세속의 권력 구조를 교회 내에 재형성하고 강화하는 방향으로 나아가고 있다. '사학법 개정' 혹은 '목회자 과세'와 같은 민감한 사안이 불거질 때마다 정부와 대립각을 세우기도 한다(한국 개신교의 근본주의에 대한 예리한 분석으로는 배덕만, 『한국 개신교 근본주의』〔대장간, 2010〕를 참고).

최근 '한국적 혐오 현상의 도덕적 계보학 연구단'(이하 연구단)이 발표한 연구에 따르면, 개신교인들이 타종교인 혹은 비종교인보다 성소수자들에 대한 혐오가 월등히 높은 것으로 밝혀졌다(이은혜, 「개신교인, 반동성애 설교·메시지 노출될수록 혐오도 높아」, 〈뉴스앤조이〉 2019년 6월 17일). 이는 전혀 새로운 발견이 아닌데, 최근 문재인 정권이 출범한 뒤 보수 개신교 진영은 정부에 대한 공격과 더불어 소수자들에 대한 혐오감을 더욱 강하게 드러내왔다. 특히 한국 근본주의 교회는 젠더, 여성, 난민 이슈처럼 약자들에 관한 사회적 이슈에 대해서는 극단적 배제의 모습을 보이면서도 다른 한편으로 목회 세습, 교회 권력의 부패와 같은 문제에는 침묵하거나 그 주인공들을 옹호하는 자기 모순에 빠져 있다. 이와 함께 한국 개신교의 토양이 되어온 근본주의적 교회들은 예수의 가르침 속의 '이웃 사랑'을 구현하는 종교의 모습을 잃어가고 있는 것은 아닐까? 한때 권익과 사회 정의를 위해 싸웠고 신앙의 순수성을 지키기 위해 고군분투했던 기독교가 왜 이처럼 자기 기만적인 상태에 이르게 된 것일까? 왜 한국 개신교는 소외되거나 고통 중에 있는 교회 안팎의 사람들에 대해서 차별과 혐오의 발언을 쏟아내는 것일까?

'혐오'란 무엇인가. 김혜령 박사는 '혐오'라는 딘이를 가를린 엠게 Carolin Emcke의 주장과 동일하게 '증오'와 동의어로 이용하면서, 개인에 대한 '싫어함'의 감정적 반응을 넘어 "사회 속에서 특정 집단이나 집단에 속한 개인에 대해 차별을 고착화시키거나 재생산하는 결과를 초래하는 미움의 감정"으로 정의한다(김혜령, 「연구단이 정의하는 '혐오' 개념」, 『한국 개신교의 혐오를 분석하다』(기독교윤리실천운동 세미나 자료집, 2019), 16쪽). 그러면서 '혐오'는 기득권에 대한 공적인 '분개'와 구분되어야 하며, 사회 구조의 소외된 소수자들을 향한 차별과 배제의 폭력적 언어 행위와 연결해 생각되어야 한다고 제안한다.

역사적으로 그러한 혐오와 차별, 배제를 격심하게 겪어온 이들이 유대인들이다. 구약성경은 그 시작에서 마지막까지 이스라엘인들을 자발적 혹은 비자발적 난민으로 묘사하는 수많은 이야기들로 가득 차 있다. 아브라함, 이삭, 야곱, 요셉, 12지파들에서 모세, 다윗, 그리고 바벨론 포로기의 유랑민에 이르기까지, 수많은 디아스포라 공동체들과 예언자들은 강압적으로든 아니든 모두 자신의 땅을 떠나야 했다. 구약성경에는 앗수르와 바벨론에 의한 망국의 절망감과 민족적 슬픔의 트라우마가 넘쳐난다. 살아남은 자들은 이미 죽은 자들의 시체 더미 위에서 타국으로 끌려갔고, 나라 없이 세상의 찌꺼기로 취급받았다. 이는 포로기 이후의 이스라엘 역사에서 반복되어 일어나는 일이다. 페르시아 시대 이스라엘인들의 상황을 가장 명확하게 보여주는 책은 「욥기」이다(기원전 5~4세기). 그들은 성전의 무너짐과 재건을 겪고 영광스러웠던 과거로 돌아가지 못한 채 자신의 땅을 떠나 이집트와 바벨론 땅에 흩어져 살아야 했던 소수였고, 억압받는 자였다.

그러나 이스라엘인들은 타인에 대한 혐오자로 등장하기도 한다. 구약성경의 「에스라」-「느헤미야」에서 우리는 포로기 이후 신명기적 개혁의 방향성 속에 유대의 개혁자들이 이방 여인과, 혹은 타민족과 결혼한 사람들에게 가한 극단적 핍박의 사례들을 찾을 수 있다(「에스라」

9:1~2; 10:1~44). 배타적 민족주의는 유일한 이스라엘의 하나님에 대한 예배와 절대적 순종을 요구한다. 그러나 이러한 모세의 언약은 아브라함에게 최초로 주어진, 모든 민족을 위한 축복의 근원이라는 포용성 속에서 이해되어야 한다. 오히려 이스라엘은 철저히 열방列邦을 향한 여호와의 계획을 깨닫지 못했다. 율법에 대한 그들의 순종과 종교심은 이방의 빛으로 열방을 향하는 거대한 구원의 관점에서 이해되지 못했기에 그들의 종교는 편향된 이기심과 욕심으로 소수자들을 무시했으며, 사회의 지도자들은 하층민들을 억압하고 그들에 대한 혐오감을 부추겼다.

이스라엘의 선민사상은 역설적이게도 외부인들에 대한 강력한 혐오를 일으키는 도구가 되었다. 이는 2세기 마카비 가문의 새로운 종교적 민족적 운동이 일어날 즈음에 기록된 유대 문헌에서도 발견된다. 기원전 180년경에 저술되었을 것으로 추정되는 제2성전기의 대표적 문헌인 「집회서」는 지혜자이자 서기관이었던 벤시라에 의해 히브리어로 씌었고, 이집트로 이주한 그의 손자에 의해 헬라어로 번역되었다. 이 문헌은 헬라 문화와 정치의 파고 속에서 민족주의적 이념을 지키기 위해, 유대인에 대한 신적 '선택'이라는 유대교 고유의 사상을 독자들에게 강조한다. 그러나 이 현자는 찬송시의 마지막에 다른 인종적-종교적 집단에 대한 극도의 혐오감을 드러낸다. 즉 타민족인 에돔인들(Seir)과 블레셋인들(Philistines)에 대한 증오감을 표출하고, 게리짐 산과 에발 산 사이 '스켐(세겜)에 사는 어리석은 사람들'인 사마리아인들에 대한 극도의 인종적 혐오감을 분출한다:

나 자신이 혐오하는 민족이 둘 있고 셋째 것은 민족이라고 할 수도 없다.
그들은 세이르 산에 사는 자들과 필리스티아인들 그리고 스켐에 거주하는 어리석은 백성들이다(「집회서」 50:25~26. 새번역성경).

이스라엘 역사 속에서 지속적으로 사마리아인들은 북왕국의 지도자들에 의한 우상 숭배와 율법을 떠난 것으로 자주 정죄받아왔으며, 에스라는 성전 재건의 과업에 사마리아인들을 배제시켰다. 그렇다면, 벤 시라는 어떤 목적에서 사마리아인들에 대한 혐오감을 표출하는 것일까? 이것이 지배 논리의 강화를 위한 선민사상의 확산과 사마리아인들에 대한 혐오로 인한 반선택주의(anti-elect)에 바탕을 둔 것인지는 분명하지 않다. 그러나 다른 민족에게 관대한 보편주의자이며, 옛 지혜를 따르는 자들에게 부여되는 축복을 역설하는 당대 최고의 지혜자였던 벤 시라가 하는 이 말들은 매우 충격적이다. 이 시기는 유대인들이 셀레우코스 치리治理하에서 종교적으로 박해를 받는 한편 심각한 헬라 문화의 유입으로 유대적 문화가 점차 소멸의 길을 걸어가던 때였고, 이 시점의 팔레스타인 유대 공동체는 그 시대의 민중이었다. 그러나 이 소수 민족으로서의 유대인들이 또 다른 억압받는 자들인 사마리아인들에 대한 혐오의 감정을 표출한다는 것은 아이러니가 아닐 수 없다.

2세기 헬라 유대주의가 보여주는 주위의 타민족들에 대한, 특히 사마리아인들에 대한 혐오의 감정은 신약 시대의 예수님이 사마리아 여인에게 목마르지 않는 생명수를 주겠다고 하는 장면의 배경이 된다(「요한복음」 4장). 유대인들은 여전히 사마리아인들에게 적대감을 드러냈고, 예수님은 선교사로서 이 여인의 고통의 본질에 접근해간다.

타인에 대한 편견과 혐오의 극단 속에서 예수님의 가르침은 신선한 충격을 주었다. 오직 영생을 얻는 것에만 관심이 있고 토라의 참사랑의 의미를 도무지 이해하지 못하는, 자신의 의로움에만 매몰된 율법교사를 앞에 두고 예수님은 "참된 이웃은 누구인가?"라는 질문에 하나의 이야기를 들려준다(「누가복음」 10:25~37). 강도를 만나고 죽기 직전의 한 유대인을 외면한 것은 제사장과 레위인이었는데, 그들은 '쉐마 이스라엘'을 몸소 실천한다고 주장하는 종교 지도자들이었다. 역설적이게도 이 불쌍하고 버림받은 한 인간을 도운 사람은 당시 유대인으로부터 혐오와 배제의 대상이 되었던 사마리아인이었다. 예수님의 선한 사마리아인에 대한 이 비유는 「신명기」 6장 4~5절의 쉐마 이스라엘을 실천하는 데에서, 그리고 이웃 사랑에 대해서 유대인들의 신념이 얼마나 거짓된 것이었는지를 폭로한다. 이처럼 혐오로 인한 희생자이면서 혐오의 주체이기도 한 성경 속 유대인들의 모습은 혐오가 만연한 오늘의 우리 사회와 교회에 스스로를 비춰볼 거울 역할을 하지 않을까.

『혐오와 한국 교회』라고 이름한 이 책에서 기고자들은 한 가지 질문에 대답하고자 한다. '현재의 한국 개신교 교회는 한국 사회의 어떤 계층을 향한 혐오를 쏟아내고 있으며, 무엇이 보수 개신교 진영으로 하여금 사회적 약자에 대한 혐오를 생산하게 만들었는가?' 여기에 참여한 연구자들은 "교회를 부흥케 하고 세상을 변화시키자"라는 오래된 구호를 반복하거나, "타인을 미워하지 말고 사랑하자"는 뜬구름 잡는 식의 결론을 내려 하지 않는다. 이 연구의 주된 관심은 한국 교회의 혐오의 언어가 어떠한 방식으로 생산·유통·확장되고 정치 선전의 도구가 되는지에 대한 물음을 던지는 것이다. 그리고 성경의 가르침에서 이탈한 것이 분명한 혐오와 배제의 언어가 남용되고 있는 현상과 그 원인에 대한 탐구에 집중한다.

이 프로젝트의 필자들은 철학적, 성서학적, 역사적 맥락과 사회문화 현상에 초점을 맞추어 '이웃 사랑'을 강조하는 기독교라는 종교가 어떠한 방식으로 한국 사회 속에서 혐오를 조장하는 구조를 생산하며 그러한 정치 집단과 공생 또는 기생 관계를 맺고 있는지를 서술하고 있다. 그 구조는 해방 후 한국 교회의 역사에서 시작되어 오래도록 고착화된 것이다. 지금도 우리는 매일마다 극단적 배제와 혐오의 논리를 가장 거룩해야 할 설교자들의 말 속에서, 권력화된 교회 정치의 현장에서, SNS와 유튜브를 통해 퍼뜨려진 가짜 뉴스로 잠식된 성도들의 마음속에서 관찰하고 있다. 필자가 이 글을 쓰는 순간에도 긍휼과 자비로 세상을 섬겨야 할 일부 개신교회의 목회자들이 신종 코로나바이러스로 고통 중에 있는 중국인들을 향한 혐오를 쏟아내고 '하나님의 심판'을 운운하며 왜곡된 성경 해석을 서슴지 않는 모습을 목도하고 있다.

이 책의 여러 연구들을 통해, 증오심과 미움으로 점철된 극단적 종교심을 버리고 타자에게 관용과 이해의 손을 내밀 수 있는 교회와 사회가 되기를 바라는 마음이 간절하다.

동료 필자들을 대신하여
권지성

차례

I.

철학적 · 신학적 시각

혐오의 논리와 일인칭 시점: 동일성 지향을 바라보는 시선들

김남호

모든 사람은 인간으로서의 존엄과 가치를 가지며, 행복을 추구할 권리를 가진다(대한민국 헌법 제10조에서).

누구든지 성별·종교 또는 사회적 신분에 의하여 정치적·경제적·사회적·문화적 생활의 모든 영역에 있어서 차별을 받지 아니한다(헌법 제11조 1항에서).

너희 중에 죄 없는 자가 먼저 돌로 치라(「요한복음」 8:7).

들어가며

지금 한국 교회 공동체에 유령이 출몰하고 있다. '혐오'라는 이름의 유령이. 이 유령의 정체는 무엇일까? 우리의 삶에 영향을 주도록 허용해도 될 만한 존재인가? 아니면 코넌 도일의 『바스커빌 가의 개』에 등장하는 전설의 괴물처럼 성숙하지 못한 사람들의 헛된 믿음과 삐뚤어진 욕망이 만들어낸 허구인가?

혐오의 주된 대상 중 하나가 바로 동성애와 동성애자임은 부인하기 힘들다. 이 글은 이 두 대상을 향한 혐오의 논리를 분석해보고, 더 나아가 그 근거들을 파헤쳐보려 한다. 혐오라는 유령이 허구의 산물임을 보여주고자 한다.

그 전에 만일 당신의 교회 공동체에 동성애자가 들어온다고 상상해보자. 그는 자신을 드러내지 않고 조용히 신앙생활을 할 수도 있지만, 찬양대에 서고 싶을 수도 있고, 구역장으로 활동해보고 싶을 수도 있다. 어쩌면 교사로서의 사명을 갖고 있을 수도 있다. 당신은 그를 어떤 태도로 대하겠는가? 그를 '교화'시키려고 할까? 그를 '이해'해보려고 할까? 만일 그가 '교화'되지 않는다면 어떻게 할 것인가? 만일 그가 '이해'되지 않는다면 어떻게 할 것인가? 기도하겠는가? 그러면 무엇을 목적으로 기도하려 하는가? '교화'도 '이해'도 되지 않는다면, 더 나아가 애초에 '교화'의 대상이 아니었다면?

---

* 이 글은 동일성 지향을 가진 이들을 향한 혐오 현상과 대안을 다루는 글이다. 동일성 지향을 올바른 성적 지향으로 인정하려 하지 않는 모든 이들이 곧 극단적인 혐오의 논리를 펴고 있다고 말할 수는 없다. 동일성 지향은 심리학, 신경과학, 윤리학, 신학 등에서 다루는 학술 주제일 수 있음을 부정할 수도 없다. 다만 이 글은 혐오라는 감정이 과연 설득력 있는 근거에 의해 뒷받침되고 있는지를 논하며, 다른 시각의 가능성을 열어주고자 한다.

혐오의 논리: 동일성 지향의 경우[1]

대한민국의 모든 사람은 행복을 추구할 권리를 누리고 있는가? 부당한 차별을 받지 않고 일상을 영위하고 있는가? 이 물음 앞에서 "그렇다"고 쉽게 말할 수 있을까? 아마도 이 글을 보는 많은 이들은 '어떤 문제'와 '어떤 이들'에 대해서는 그렇지 않다고 생각할 것이다. 독자 중 일부는 벌써부터 '어떤 문제'와 '어떤 이들'에 대해서만큼은 "그럴 권리를 줄 수 없다"라고 단호한 태도를 취하고 있을 것이다. 그 특정 문제와 특정 사람들이란 바로 동성애와 동성애자를 말한다. 이성이 아닌 동성을 향한 성적 취향을 가진 사람들을 향한 그 단호한 태도의 정체는 무엇일까? 왜 그들에게 행복할 권리는 없다는 것일까? 왜 그들에게 가해지는 차별은 '부당한 차별'이 아닌 '정당한 조치'라는 것일까? 도대체 이 주

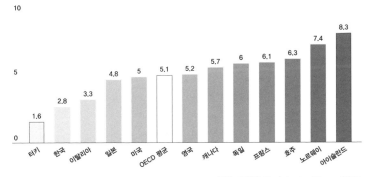

OECD 동성애 관용도 비교 (10점 기준)

출처: OECD Society at a Glance 2019

---

1 2010년 세계보건기구(WHO)에 의해 '동성애'(homosexuality)는 '동일성 지향'(same-sex orientation)이라는 용어로 대체되었다. 이는 '동성애'가 '성적 지향'의 한 형태로 파악됨을 의미한다. 하지만 이 글에서는 편의상 '동성애'라는 단어를 문맥에 따라 사용하기로 한다.

장의 근거는 무엇이며, 그 배후에는 어떤 입장이 있는 것일까? 이 근거와 배후 입장은 일관성 있게 유지될 수 있으며, 객관적인 설득력을 확보하고 있을까?

2019년 경제협력개발기구(OECD) 보고서에 따르면 OECD 회원국 36개국 가운데 한국의 동성애 관용도는 평균 5.1보다 훨씬 낮은 2.8을 기록했다. 이는 끝에서 네 번째로 낮은 수치이다. 이를 반영해주듯, OECD 회원국 중 20개국이 동성 결혼을 법적으로 인정해주고 있지만, 한국은 그렇지 않다. 전 세계적으로 보면 아프리카와 중동, 그리고 옛 공산권 국가들이 동성애에 대한 낮은 관용도를 보여준다. 아시아 국가들만 보자면, 2019년 5월 17일 대만에서 아시아 국가 최초로 동성 결혼 합헌 판결이 났다. 태국과 일본은 한국보다 관용도가 높은 대표적인 아시아 국가들이다.

동성애에 대한 낮은 관용도는 인격에 대한 폭언 및 폭력으로 이어진다. 2013년 9월 7일 한국 최초의 동성 결혼식이 있었다. 이 결혼식에 반대하는 기독교 단체가 소동을 일으켜서 언론에 보도되었다. 이들은 왜 이런 방식을 통해서까지 동성 결혼식에 반대하려고 한 것일까? 이들에게 위 OECD 보고서의 결과를 보여준다고 해서 생각이 달라지지는 않을 것이다. 왜냐하면 세계적인 흐름이 곧 동성애에 대한 관용을 정당화해주는 근거가 될 수는 없기 때문이다. 단순히 많은 사람들이 그렇게 생각하므로 특정 주장이 옳다는 식의 생각은 주장과 근거의 논리적 관계가 빈약한 오류, 즉 '대중에 호소하는 오류'에 지나지 않는다. 따라서 우리는 '동일성 지향'(same-sex orientation)을 가진 사람의 '도덕적 지위'에 대한 논의라는 좀 더 강한 문제로 나아갈 필요가 있다. '동일성 지향'을 가진 사람들을 혐오하는 이들은 그들을 도덕적인 배려를 받을 만한 가치가 없는 대상으로 보고 있다. 이런 대상으로는 바퀴벌레나 모기

등과 같은 해충이 대표적이다. 통상적으로 해충을 잡는 행위를 도덕적으로 옳지 않다고 보는 사람은 없다. 해충은 도덕적 지위를 갖고 있지 않다고 보기 때문이다. 그러면 과연 '동일성 지향'을 가진 이들에게 '도덕적 지위'가 주어지지 않는다는 주장의 근거는 무엇인가? 그 근거는 설득력이 있는가? 아니면 그 강한 신념은 객관적인 설득력이 부족한 습관과 편견의 산물인가?

종교 근본주의와 그 난점들

1973년 미국정신의학협회(APA)가 동성애를 정신질환 목록에서 제외시키기 이전까지 동성애는 질환으로 간주되었다. 히틀러는 수만 명의 동성애자들을 처형하였으며, 중세 시대에 여러 국가에서는 동성애가 사형죄에 해당하는 범죄로 간주되었다. 그러나 최근에는 동성애를 질환으로 보지 않으며, 많은 국가들에서 법률상의 죄로도 보지 않는다. OECD 국가 중 동성애 관용도가 낮은 대한민국에서도 한국표준질병분류에서 "성적 지향성 그 자체는 장애와 연관시킬 수 없다"고 명시하고 있으며, 중고등학교 성교육 지도지침서에서 동성애를 인간적인 삶과 애정의 형식으로 인정하고 있다(국가인권위원회 보도자료, 2003. 4. 2).

그런데 왜 많은 기독교인들은 여전히 동성애를 반대하며, 심지어 혐오하는가? 이들은 구약에서 동성애 반대를 하나님께서 명하셨다고 주장한다. 「레위기」 20장 13절이 그 대표 구절이다. 이 구절은 남성이 남성과 동침함을 사형 선고의 대상이라고 규정하고 있다는 것이다. 그러면 왜 21세기에 대한민국에서 살고 있는 우리 모두는 이 행위 규칙을 지켜야만 하는 것일까? 이 물음에 대해 동성애 혐오론자들은 "하나님의 절대적인 명령이므로"라고 답한다. 이러한 혐오론자들의 생각은 소위 '절대적 윤리주의'의 한 형태에 속한다고 판단된다. 절대적 윤리주의는 도덕적 옳고 그름에 관하여 절대적인 기준이 존재한다고 여기는 관점이다.[2]

다시, 혐오론자들의 절대주의 윤리설은 기본적으로 성경 구절을 있는 그대로 받아들여야 한다는 소위 '문자주의'라는 텍스트 해석의 한 극단적인 형태에 기초하고 있다. 이는 절대주의 윤리설 중 종교 근본주의 윤리설의 기본적인 특징이다. 즉, 동성애 혐오론자들은 절대주의 윤리설 중 근본주의 윤리설의 지지자들인 셈이다. '문자주의'는 성경을 기록된 그대로 믿고 따를 것을 강조하며, 결과적으로 해석과 적용의 문제를 소홀하게 취급한다. 이런 태도는 성경을 포함한 모든 텍스트를 해석하는 데에서 건전하지 못한 태도이다.

지금 이 글을 보는 당신은 바보이다.

만일 지나가던 담벼락에서 위와 같은 낙서를 본다면, 그 누구도 그 순간 그 글을 읽고 있는 자기 자신을 바보라고 믿을 사람이 없을 것이다. 왜냐하면 그 문장은 낙서이며, 낙서가 가지는 여러 특징과의 관계 속에서 해석하려고 하기 때문이다. 낙서를 한 사람은 아무 목적 없이 그냥 했을 수도 있고, 보는 사람에게 어떤 감정을 불러일으키고자 했을 수도 있다. 낙서를 한 사람의 목적을 알 수 없다면, 위의 문장이 의미하는 바를 올바로 이해하기 힘들 수도 있다.

---

2 전통적으로 토마스 아퀴나스 윤리설, 칸트의 의무주의 윤리설이 절대주의 윤리설의 특징을 보이는 것으로 평가된다.

내 마음은 호수요 그대 노 저어 오오

위의 문장은 김동명의 시 「내 마음은」의 한 구절이다. 위의 문장을 보고 그 누구도 자기 자신의 마음이 문자 그대로 '호수'라고 생각하지는 않을 것이다. 왜냐하면 '호수'가 은유로 사용되고 있음을 알기 때문이다. 그리고 그 은유를 택한 사람은 시인이며, 그 택함에는 어떤 의도가 숨어 있음을 알기 때문이다. 독자는 시를 읽으면서 그 생각이 단지 시인의 머릿속에만 숨어 있지 않고 자기 자신의 마음속에 와서 새로운 의미의 지평이 열리게 됨을 체험한다. 그 체험은 체험자의 개인사, 배경지식, 사회문화적 배경이 개입되어 발생하는 복잡한 사건이다.

위의 예들은 텍스트 해석의 기본적인 원리를 보여준다. 즉, 텍스트를 작성한 사람, 혹은 사람들의 의도를 이해하는 일이 중요하며, 텍스트의 의미는 해석자와 만나면서 새로운 해석의 가능성이 열릴 수 있다는 것이다. 물론 이 과정을 순전히 해석자의 주관적인 활동의 결과물로 이해하는 것은 옳지 않다. 작성자에 대한 이해는 어느 정도 객관성을 필요로 하는 작업이며, 새로운 해석 역시 객관적인 근거를 통해 정당화되어야 하는 작업이기 때문이다.

이처럼 복잡한 해석의 과정을 근본주의자들은 쉽게 간과한다. 성경은 절대적으로 선한 존재인 하나님께서 우리에게 주신 명령이므로 이 명령 역시 절대적으로 선하며, 이 명령에 따라 살 때 인간은 선한 삶을 살 수 있다고 믿는다. 이때 해석이나 적용은 중요하지 않다. 오직 바로 이 순간 내가 기록된 바 그대로를 믿고 따라 사느냐 아니냐만 중요하다는 것이다.

가) 하나님은 절대적으로 선한 존재이다.
나) 하나님의 명령은 절대적으로 선하다.

그러므로 하나님의 명령을 온전히 따라 사는 삶은 절대적으로 선하다.

위와 같은 이유로 근본주의자들은 21세기 대한민국에 사는 한국 시민들 모두 「레위기」 20장 13절 구절에 따라 살아야 선한 삶을 살 수 있다고 주장한다. 하나님이 주신 명령의 절대성은 그의 본성에서 유래하며, 이 명령은 시대, 문화를 초월해서 지켜져야 하는 명령이라는 것이다. 위의 논증에서 전제 가)는 신학적으로 부정하기 힘들다.[3] 전제 나)는 어떠한가? 본성이 절대적으로 선하다고 해서 그가 내린 명령 역시 절대적으로 선하다고 할 수 있을까? 명령은 전달을 받는 자(대언자)를 거치지 않을 수 없고, 그가 특정 언어 공동체의 구성원이라고 한다면 그는 언어 공동체의 언어적·문화적·사상적 제약을 받게 되지 않을까? 그보다 더 근본적인 문제로 하나님과 인간은 존재론적으로 다른 존재인데, 하나님의 생각을 인간의 언어로 온전히 담아내는 일이 과연 가능할까? 전제 나)는 절대적으로 선한 본성을 가진 존재의 '의도'와 그것이 '인간의 언어'를 거쳐 '표현'된 결과를 구분하지 못하고 있는 것으로 보인다.[4] 즉, 하나님이 절대적으로 선한 존재라고 해서 그가 인간에게 내린 명령 역시 절대적으로 선하다고 볼 수는 없다. 설령 전제 나)를 "하나님의 명령은 하나님의 절대적 선함을 반영한다"로 바꾼다 해도 달라지는 것은 없다. 왜냐하면, 하나님의 선함이 있는 그대로 드러난다기보다

---

3 실제로 많은 근본주의자들이 주장하는 바이므로, 위의 논증이 당위와 존재를 구분하고 있지 않다는 점은 논의에서 제외하기로 한다.

4 한 언어 공동체와 다른 언어 공동체 사이에 완벽하게 번역 불가능한 단어가 존재한다는 사실을 생각해보자. 가령 고대 그리스어 ἀρετή(arete)는 한국어로 탁월성, 덕 등으로 번역되지만, 오늘날 사용되는 전 세계 언어로는 완벽하게 번역하기 힘든 대표적인 개념으로 알려져 있다. 이 단어의 원 의미를 이해하기 위해서는 결국 고대 그리스 언어 공동체가 공유한 언어적·문화적·사상적 배경이라는 맥락을 고려해야만 한다.

는 인간 언어라는 매개체를 통해 간접적으로만 드러나기 때문이다.

그러나 문제는 그리 간단치 않다. 전제 나)를 받아들인다고 해도 결론에서 말하는 '온전히 따라 사는' 것이 과연 가능한지 문제가 된다. 십계명을 예로 들어보자. 십계명은 대언자인 모세가 우리에게 전해준 하나님의 명령으로, '우상 숭배 금지', '부모 공경', '살인 금지', '간음 금지', '거짓말 금지' 등을 포함하고 있다. 십계명을 '온전히 따르는 삶'이 과연 가능할까? 우리가 살아가면서 직면하는 상황은 그리 단순하지 않다. 물론 어떤 상황은 숙고의 부족에서 기인하는 것일 수도 있다. 하지만 분명 답이 분명하지 않은 상황도 존재하는 것 같다.

플레처J. Fletcher의 상황윤리학(situation ethics)이 제시한 소위 '회색 영역'(grey area)에 속하는 윤리적 문제들이 그런 예이다. '회색 영역'은 도덕적으로 참과 거짓이 명확하게 갈라지지 않는 문제들의 영역이다. "2차 세계대전 때 유대인들을 집 안에 숨겨준 사람이 나치 경찰들에게 진실을 말해야 하는가? 만일 그들에게 거짓말을 한다면 도덕적으로 옳지 않은 선택인가?", "2차 대전 중 소련군에게 잡혀 포로수용소에 갇힌 베르크마이어 부인은 밖에 생존해 있는 남편과 자녀들이 너무 보고 싶은 나머지 수용소를 나갈 수 있는 조건 중 하나, 즉, 임신을 하기 위해 수용소 간수와 성관계를 맺고 결국 임신한 몸으로 수용소를 나가 가족과 만나게 된다. 베르크마이어 부인의 선택은 도덕적으로 옳은가, 그른가?"와 같은 문제들이 대표적인 '회색 영역'에 속한다. 윤리 근본주의자들은 이 물음에 어떤 답을 내놓을 수 있을까? 입장의 일관성을 위해서 전자의 경우 거짓 증언을 한다면 무조건 그른 선택을 하는 경우이고, 후자의 경우는 남편을 둔 여성이 다른 남성과 성관계를 맺은 경우이므로 '간음하지 말라'는 계명을 어긴 경우로 그른 선택이라고 판단할 수밖에 없지 않을까? 그러나 과연 이들에게 쉽게 돌을 던질 수 있을까?

도덕 명령이 목숨보다, 사람보다 더 가치 있는가? 만일 아니라고 한다면 우리가 모든 상황에서 하나님의 명령에 '온전히 따르는 삶'을 살기 힘들다는 점을 인정할 수밖에 없다.

종교 근본주의자들이 생각해봐야 할 또 다른 문제는 과연 성경 구절을 '있는 그대로' 받아들이는 것이 가능하냐는 것이다. 동성애를 금지하고 있다고 주장하는 20장 13절 이외에도 「레위기」에는 '거룩한(깨끗한) 삶'을 위해 지켜야 할 많은 금지 조항들이 등장한다. 이 중에는 오늘날 법적으로도, 도덕적으로도 별다른 문제 없이 행해지는 것들이 있다. 가령 돼지고기 식용 금지(11:7), 지느러미와 비늘 없는 수중생물 식용 금지(11:12) 등이 그것이다. '거룩한 삶'을 위해 제시된 모든 항목들은 위계질서 없이 독립적으로 열거되어 있는데도, 종교 근본주의자들은 왜 돼지고기 식용 금지 팻말은 들지 않는가? 오징어, 문어처럼 지느러미와 비늘 없는 수중생물 식용 금지 팻말은 어째서 들지 않는가? 만일 특정한 이유를 들어 이에 답하려고 한다면, 그 순간 근본주의자들은 일관성을 잃게 된다. 왜냐하면 스스로 성경을 '있는 그대로' 받아들이려는 시도를 넘어서 '해석'과 '적용'을 시도하는 셈이기 때문이다.

마지막으로 종교 근본주의자들은 단순히 동성 간 성행위와 성적 지향의 한 형태로서의 동일성 지향을 구분하지 않고 있다. 이 둘을 구분하지 않을 경우 동일성 지향을 가진 이들을 단순히 동성 간의 무분별한 성행위 욕구만을 가진 이들로 오해할 수 있다. 이성 간의 사랑이 단순히 성욕과 성욕 충족만으로 설명되지 않듯, 동일성 지향에 따른 사랑도 그러하다. 이성 간의 사랑에도 인격적으로 성숙한 사랑과 육체적 쾌락만을 추구하는 사랑이 있듯이, 동일성 지향에 따른 사랑에도 그러할 것이다. 이를 구분하지 않을 때 동일성 지향을 가진 이들을 순전히 육체적 쾌락에 눈먼 자들쯤으로 오해하게 된다.

미국정신의학협회(APA)는 동성애를 정신질환 목록에서 제외시켰다. 오늘날 대부분의 국가에서 동성애를 정신질환으로 보지 않는다. 명칭 또한 '동일성 지향'으로 바뀌었다. 정신질환이 아닌 이유는 동일성 지향은 치료가 가능한 '치료의 대상'이 아니며, 비록 이성성 지향보다 훨씬 낮은 수치이긴 하지만 자연스럽게 발생할 수 있다고 보기 때문이다. 성적 지향의 원인을 찾기 위한 연구가 계속되고 있지만, 아직 무엇 때문에 성적 지향이 갈라지는지는 분명하지 않다. 다만 확실한 것은 성적 지향은 본인의 확고한 의지와 믿음 때문에 생긴다기보다는 무의식적으로 생긴다는 점이며, 따라서 본인의 노력이나 치료 등으로 바뀌기 힘들다는 성격을 갖고 있다는 점이다.

그렇다면 우리는 동일성 지향을 가진 이들을 어떻게 대해야 하는가? 아니, 어쩌면 주어를 '우리'로 묻는 것 자체가 정상과 비정상을 전제로 하고 던지는 물음일지 모른다. 동일성 지향을 가진 이들은 어떤 삶을 영위해야 하는가? 다수의 시민들은 소수의 시민들, 즉, 동일성 지향을 가진 이들을 어떻게 대해야 하는가? 만일 상대를 치료하려 든다면, 혹은 부정하려 든다면 히틀러가 불치병자들과 정신질환자들, 그리고 유대인들에게 보인 태도와 도대체 무엇이 다른가?

윤리 상대주의와 그 난점들

윤리적인 문제 일반과 관련해서 다음처럼 생각하는 사람들이 있다. "어차피 이 문제에 정답은 없다. 개인마다 생각이 다르고 견해가 다르므로, 각자가 알아서 판단할 일이다."

이런 입장은 윤리 근본주의와 정반대에 서 있는 입장이다. 윤리 근본주의는 도덕적 옳고 그름을 구분해주는 절대적인 기준이 존재한다고 보는 반면, 위의 입장은 그 기준이 개인에게 있으므로 절대적인 기준이란 존재하지 않는다고 보기 때문이다. 이런 입장은 통상적으로 윤리 상대주의, 그중에서도 '주관적 윤리 상대주의'(이하, 주관주의)[5]라고 불린다. 동일성 지향 문제와 관련해서 주관주의자들은 다음처럼 말할 것이다. "동성애자들에게 우호적일 수 있는 사람이라면 우호적으로 대하면 되고, 혐오감을 가진 사람이라면 관용을 베풀지 않고 살아가면 된다. 누가 옳으냐 그르냐를 물을 필요가 없고, 그럴 수도 없다. 타인에게 피해만 주지 않는다면, 그냥 각자 옳다고 믿는 바에 따라 살면 그만이다. 타인의 믿음에 함부로 옳다 그르다라고 판단하는 것은 오만이며 때로는 폭력일 수 있다."

전 세계적으로 개인의 자유가 그 어느 때보다도 중요한 가치로 간주되고 있다. 타인에게 피해를 주지 않는 한, 개인의 자유를 최대한 보장받아야 한다는 것이다. 2차 세계대전과 1960년대 미국, 프랑스, 독일을 중심으로 일어난 탈권위 운동을 거치면서 이른바 '자유주의'(liberalism)라는 사조의 영향력이 그 어느 때보다도 커진 시대에 우리는 살고 있다. 한국 사회도 예외가 아니다. 대학에서도 선배와 후배 사이의 위계질서가 예전보다 느슨해졌으며, '선배'라는 호칭보다는 '~씨'라고 호칭하는 사례도 늘고 있다. 소설 『82년생 김지영』도 관습 때문에 갈등하고 자신만의 방식으로 자유를 추구하는 주인공을 그려내어, 많은 공감을 얻고 있다.

그런데 문제는 자유주의라는 이 흐름을 타고 윤리 주관주의도 널리

---

5 '윤리 상대주의'는 도덕적 옳고 그름의 기준이 문화권에 의존적이라고 보는 입장인 '문화 상대주의'와, 그 기준은 각 개인에 의존적이라고 보는 입장인 '주관적 상대주의'로 구분된다.

퍼지고 있다는 점이다. "네가 옳다고 생각하면 그만이지, 너무 고민하지 마"라고 친구에게 격려해준다. "결국 내가 어떻게 생각하느냐가 중요하다. 내가 가장 중요하니까. 남들의 생각은 신경 쓰지 말자"라고 스스로 위로하고 다짐한다. 그러나 정말로 내가 옳다고 생각하면 옳은 것일까? 당연히 옳고 그름의 판단은 내가 하는 것이 옳지만, 판단의 기준 자체가 나의 욕구, 나의 느낌, 나의 신념이 되어도 좋을까? "네가 옳다고 생각하면 그만이지, 너무 고민하지 마"라는 격려를 받고 있는 사람이 연쇄 살인마라고 생각해보라. "결국 내가 어떻게 생각하느냐가 중요하다. 내가 가장 중요하니까"와 같은 자기 위로를 하는 사람이 소설 『죄와 벌』의 주인공 라스콜니코프나 2011년 노르웨이 우퇴위아 섬 테러를 일으킨 브레이비크와 같은 사람이라고 생각해보라.

주관주의는 도덕을 취향이나 성향과 같은 것으로 취급한다. 누군가는 예가체프 원두를 좋아하지만, 누군가는 자판기 커피를 좋아할 수 있다. 이때 어느 쪽이 '더 옳으냐'라고는 물을 수 없다. 마찬가지로 누군가는 자원봉사 활동을 하면 기분이 좋으므로 그 활동을 하려 할 테지만, 누군가는 그렇지 않을 수도 있다. 이때도 어느 쪽이 '더 옳으냐'라고 말할 수 없다는 것이다. 분명 취향이나 성향은 사람마다 다를 수 있다. 그러나 도덕적 옳고 그름의 문제는 주관적인 취향이나 성향의 문제가 아니다. 소설가 헤밍웨이는 살아 생전 관람을 즐겼던 투우 경기에 대한 자신의 생각을 이렇게 논한 바 있다.

이제까지 도덕에 관해서 내가 알고 있는 것이라고는, 도덕이라는 것은 우리가 그것에 대하여 좋게 느끼는 것이요, 부도덕이라는 것은 우리가 그것에 대해 나쁘게 느끼는 것이라는 섬이나. 이러한 도덕 기준으로 판단해보건대, 내가 이 도덕 기준을 옹호하지는 않지만, 투우는 내게 매우 도덕적인 것이다. 왜냐하면 나는 투우가 진행되는 동안 좋다고 느끼고, 삶과 죽음 그리고 순간과 영원에 대한 느낌을 가지게 해주기 때문이다. 투우가 끝나고 나면 나는 매우 슬프면서도 매우 상쾌한 느낌을 가진다(*Death in the Afternoon*).

헤밍웨이는 일종의 '투우 옹호 논변'을 시도하고 있다. 주장은 "투우는 내게 매우 도덕적인 것"이며, "도덕이라는 것은 누군가가 좋게 느끼는 것"이고, "투우는 내게 좋은 느낌을 준다"는 것이다. 이를 재구성하면 다음과 같다.

가) 도덕적으로 옳다는 것은 누군가에게 좋은 느낌을 준다는 것이다.
나) 투우는 내게 좋은 느낌을 준다.
　　그러므로 투우는 내게 도덕적으로 옳은 것이다.

위 논증은 전형적인 주관주의의 형태를 보여준다. 도덕적 옳음이란 각 개인의 취향과 같은 것이다. 그러나 투우를 반대하는 동물 보호론자들의 입장을 단지 투우가 그들에게 좋은 느낌을 주지 않기 때문이라고 말할 수 있을까? 이는 논의를 부당하게 축소시키는 것이 아닌가?

2018년 3월 1일부터 스위스에서는 개정된 동물보호법에 따라 무척추 동물인 랍스터를 산 채로 끓는 물에 넣거나 산 채로 얼음에 넣어 운송하는 행위가 금지되었다. 그 이유는 무척추 동물의 경우 통증을 느끼지 못할 것이라는 기존의 믿음을 뒤엎는 연구 결과가 나왔기 때문이다.[6]

---

6 이미 물고기의 경우 통증을 느낀다는 것을 보여주는 실험 결과가 많이 나왔다. 가령, 동물학자인 브레이스웨이트와 스네든이 입 부위에 벌 독이나 식초를 주입한 송어는 이상 행동을 보이지만, 모르핀을 투약하면 이상 행동이 사라진다는 점을 보여주었다. 또 어류학자 소니아 레이

랍스터에 대한 윤리적 배려를 법적으로 보장해주는 데에 주관주의는 아무런 기여도 하지 못한다. "생명체에게 불필요한 고통을 가하지 말아라"는 명령은 특정 개인의 마음에 들고 들지 않고의 문제가 아니라, 모두가 따라야 할 보편적인 명령이라고 할 수 있다. 따라서 스위스의 개정된 동물보호법은 인류 지성의 진보라고 할 수밖에 없다.

주관주의의 또 다른 문제는 살인, 강간, 테러, 학살 등과 같은 사회적 혼란과 비극을 초래하는 일을 비난할 근거를 제공하지 못한다는 데에 있다. 누군가에게 예가체프가 좋은 느낌을 주듯이, 누군가에게는 살인과 강간이 좋은 느낌을 줄 수 있지 않을까(한국의 연쇄 살인마 이춘재, 정남규 등의 예)? 더 나아가 주관주의는 윤리 영역에서 인류가 진보를 이룩해왔다는 점을 설명해주지 못한다. 노예제 폐지는 무엇을 의미하는가? 단지 노예를 보고 '안 좋은 느낌'을 갖는 사람들의 머릿수가 우연히 많거나, 그런 사람들이 어쩌다 권력을 잡아 실행한 결과인가? 인간이 다른 인간을 노예로 삼아도 된다는 그 어떤 객관적인 근거가 존재하지 않음을 우리가 깨닫게 된 결과라고 봐야 하지 않겠는가? 남녀평등 역시 남자와 여자 사이에 그 어떤 위계도 존재한다는 근거가 없음을 우리가 깨달은 결과라고 해야 하지 않을까?

동일성 지향과 관련해서도 주관주의는 아무런 도움이 되지 못한다. 사회적 문제에 지혜를 주기보다는 오히려 문제를 방치한다. 주관주의는 얼핏 한 개인의 자유를 옹호해주는 입장으로 보이지만, 온갖 이기적인 욕심, 욕구, 그리고 범죄 행위 또한 정당화해주기 때문에, 결과적으

는 좁은 그물에 갇힌 제브러피시zebra fish가 스트레스를 받아 체온이 2~4도 상승한다는 점도 보여주었다. 이는 어류가 대뇌의 신피질을 갖고 있지 않아도 통증을 느낀다는 결론을 도출하도록 해주는 실험 결과라고 할 수 있다. 비슷한 실험을 통해 무척추 동물인 랍스터도 통증을 느낀다는 결론을 이끌어낼 수 있다.

로 개인의 자유가 보장받기보다는 침해받는 결과가 초래될 것이다. 동성과의 사랑은 동일성 지향을 가진 이들에게는 옳다고 주관주의자들이 말하더라도 이 역시 동일성 지향의 인권과 도덕적 지위를 보장하게 해주는 근거로는 적합하지 않다. 왜냐하면 주관주의 내에서는 다른 생각을 가진 이들과의 '합리적인 합의'가 가능하지 않으므로 판단하는 개인에 따라 생각들은 파편화되고 말 것이기 때문이다.

공감에서 인정으로

동일성 지향성을 가진 이들을 향한 증오하는 마음을 거두기 위해 무엇이 필요한가? 많은 이들은 그들이 왜 그런 성적 지향성을 가지게 되었는지, 정말로 자신의 의지로 바뀌지 않는지에 대해 듣고 이해하고자 한다. 그러나 이러한 시도도 문제를 해결해주는 데에는 한계에 직면한다. 왜냐하면 우선 사람마다 공감 능력이 다르며, 다를 수 있기 때문이다. 그리고 성적 지향이 다른 사람은 서로를 이해하는 데에서 한계에 부딪힐 수밖에 없다. 가령, 동일성 지향을 가진 남성은 성적 지향이 자신과 다른 남자들이 어떻게 여성을 보고 사랑에 빠지는지를 이해하지 못할 수 있으며, 그 역도 마찬가지이다. 상대의 처지와 상황을 이해하고 공감하는 일은 필요하지만, 그 이상의 무언가가 필요하다.

지금 논의에서 중요한 문제는 결국 동일성 지향성을 가진 이들의 도덕적 지위에 관한 것이다. 이들도 다른 이들과 마찬가지로 누군가에게 혐오를 받지 않을 대상이라면, 이를 어떻게 정당화할 수 있을 것인지가 관건이다. 우선 피터 싱어P. Singer가 제안한 '이익 평등 고려의 원칙'을 알아보자. 싱어는 평등하게 고려해야 한다고 주장하는 이익을 다음과 같이 말한다.

> 고통을 피하고, 능력을 개발하고, 먹고 자는 기본적인 욕구를 충족시키고, 아이들이 있을 때 그들을 사랑하고 돌보고, 다른 사람과 우정과 애정을 즐거이 교환하고, 타인들로부터 불필요한 간섭을 받지 않고, 자신의 [삶의] 계획을 자유로이 추구하는 이익.[7]

싱어는 이런 이익을 추구하는 존재라면 그 무엇이든 상관없이 차별받아서는 안 된다고 주장한다. 이런 이유로 인종이나 성별 등은 차별을 정당화하는 근거가 될 수 없다. 인종이나 성별과 무관하게 위와 같은 이익을 기본적으로 추구하기 때문이다. 싱어의 평등 원칙이 우리에게 전해주는 또 다른 메시지는 누군가가 다른 이를 충분히 이해하지 못해도, 다른 이의 삶을 충분히 공감하지 못해도, 어겨서는 안 되는 원칙이 존재할 수 있다는 점이다.

싱어의 원칙이 동일성 지향 문제와 관련해서 보여주는 바는 분명하다. 동일성 지향을 가진 이들 역시 위의 이익을 추구하는 존재이므로 차별의 대상이 될 수 없다는 것이다.

싱어의 원칙은 종교 근본주의와 주관주의의 난점을 극복해주고 있다고 생각된다. 이 원칙은 이성적 능력을 가진 이들에 대해 객관적인 설득력을 발휘할 근거를 지니고 있으며, 이 원칙이 말하는 이익은 개인의 성향에 따라 긍정되거나 부정되기 힘든 '보편적'인 성격을 갖고 있기 때문이다. 가령, 잠을 많이 자는 사람이 있는가 하면 적게 자는 사람도 있긴 하지만, 수면욕 자체는 모든 인간에게 보편적이라고 인정할 수

---

7 피터 싱어, 『실천윤리학』(제3판), 황경식 외 옮김(연암서가, 2013), 56쪽.

밖에 없다. 따라서 내가 위의 이익을 추구하는 존재로 타인에게 인정받고자 한다면, 나 역시 위의 이익을 추구하는 존재로서의 타인을 인정해 줄 수밖에 없다. 이는 타인의 상황이나 삶의 이야기를 얼마나 이해하고 공감하고 있는가의 문제와 무관하다. 즉, 이해와 공감보다 인정이 선행되어야 한다. 이해와 공감은 인정 이후에 필요하며, 그 역할은 삶의 이야기는 저마다 다채로울 수 있음을 깨닫고 세상에 대한 더 넓은 시야를 갖게 함이다.

싱어의 원칙은 존재론적으로 하나의 전제를 필요로 한다. 그것은 바로 이익을 추구하는 주체가 저마다 고유한 일인칭 시점(first-person perspective)을 갖고 있다는 점이다. 인간에 국한시켜보자면, 모든 인간은 저마다 일인칭 시점을 갖고 있으며 각자의 시점은 세상에 하나밖에 없는 유일무이함이란 성격을 지닌다. 나의 시점은 너의 시점과 다를 수밖에 없다. 내가 느끼는 고통을 그 누구도 완벽하게 느낄 수 없고, 누군가 때문에 받는 나의 스트레스를 그 누구도 완벽하게 이해할 수 없다. 각자가 가진 일인칭 시점이 유일무이하며 공유될 수 없다면, 이해와 공감은 태생적으로 한계를 가질 수 밖에 없다.[8] 그러나 일인칭 시점의 존재는 '나의 생각, 나의 느낌'만이 확실하게 존재한다는 '유아론'으로 귀결되지는 않는다. 오히려 일인칭 시점의 존재는 나뿐만 아니라 타인도 싱어가 말하는 이익을 추구하는 개별적 주체임을 보장해준다.

동성애자를 혐오하는 이에게는 오직 '나의 시점', '우리의 시점'만이 존재한다. '타인의 시점'은 그들에게 철저히 부정된다. 「누가복음」 10장 30~37절은 소위 '선한 사마리아인'이라는 이름으로 잘 알려져 있다. 사마리아인과 유대인은 역사적인 이유로 서로에게 좋지 않은 감정과

---

8 물론 이해와 공감은 필요하다. 타인에 대한 이해가 더 풍성해지기 때문이다.

신념을 품고 있다. 위 구절에서 강도를 만나 목숨을 잃을 위험에 처한 채 쓰러진 유대인을 한 사마리아인이 기꺼이 도와준다. 그 사마리아인이 유대인을 도와준 행위는 어떻게 해석될 수 있을까? 이념이나 주관적 감정을 떠나서, 길바닥에 쓰러진 그 유대인을 고통을 피하고, 먹고 자는 기본적인 욕구를 충족하길 원하고, 자유로이 삶을 계획하려는 나와 같은 인간으로 '인정'했음을 의미하지 않을까? 그도 나와 같이 자신만의 시점으로 그러한 이익을 추구하는 주체임을 인정했기 때문이 아닐까? 이러한 인정이 그 유대인이 사마리아인을 평소에 어떻게 생각하고 있었는지, 그가 어떤 삶을 살아왔고 살고자 했는지에 대한 이해와 공감보다 우선이기 때문 아닐까?

오늘날 동성애자를 혐오하는 그리스도인들은 '선한 사마리아'인으로 살아가고 있는가? 아니면 강도 만난 자를 스쳐 지나간 제사장과 레위인의 모습으로 살아가고 있는가? 한 사회에서 소수자로 힘들게 살아가는 이들의 시선 앞에서 자신에게 진지하게 물어보라.

나가며

당신의 교회 공동체에 동일성 지향자가 새로운 성도로 들어온다면, 당신은 어떤 태도를 취하겠는가? 그의 목소리를 듣는다. 그의 삶의 이야기를 듣는다. 최대한 공감하려 한다. 하지만 어떤 부분은 끝내 공감되지 않는다. 답답하다. 답답해서 기도를 해본다. 그러나 무엇을 위해 기도하는가? 힘들어하는 그를 격려한다. 무엇을 위해 격려하는가? 교회에 나오지 않는 그에게 전화한다. 무엇을 위해 전화하는가?

어쩌면 당신은 그를 충분하게 이해하고 공감하지 못할지도 모른다.

그러나 절망할 필요는 없다. 그를 당신과 같은 삶의 주체로 인정해주면 된다. 당신이 좀 더 행복한 삶을 원하듯, 그도 그것을 원한다. 당신이 불필요한 고통을 피하려고 하듯, 그도 그러하다. 당신도 그도 동등한 삶의 주인공이다.

이성애자로서 당신이 사람을 사랑하면서 얼마나 성숙한 인격적 사랑을 하고 있는지 살펴보라. 당신이 하는 바로 그 고민을 새로 들어온 그 역시 하고 있다. 사랑의 대상을 향한 방향은 달라도 사랑이 추구하는 목적은 결국 같다. 잘못된 것은 다른 성적 지향이 아니라 결국 성숙하지 못한 인격이다.

그들을 영원히 '비정상인'으로 간주하는 한 우리의 교회 공동체 내에서 소외된 자들을 위한 사랑은 갈 길을 찾지 못한 채 허공에 맴도는 공허한 외침에 불과하게 될 것이다.

김남호
독일 본Bonn 대학교 철학 박사. 『철학자가 된 셜록 홈즈: 현대심리철학으로의 모험』, 『신경과학의 시대에 인간을 다시 묻다』 저자이며, 현재 울산대학교 출강교수.

내 양 떼를 지키는 개 중에도
둘 만하지 못한 자들

권지성

들어가는 말[1]

이 글은 성경의 욥이라는 인물을 둘러싼 사회적·역사적 배경을 논하면서, 혐오를 받으며 살아가는 이방 땅의 외국인이던 그가 억압하는 자로 변모하는 과정을 집중적으로 조명한다. 특히 「욥기」 30장에 묘사된 사회 하층민에 대한 욥의 혐오 발언은 우리에게 익숙한, 세상에서

---

1 이 글에서 한글 성경은 개역개정에서 인용되었다. '민중신학'과 관계된 여러 자료들을 제공해 주신 김진호 선생님께 감사를 전한다.

고통받는 이들을 대변한다는 욥의 기존 이미지와 상당히 달라 충격을 준다. 민중신학의 연구자들은 「욥기」 주해에 관심을 가지고 욥의 경험을 민중의 고통으로 해설했다.[2] 이 글은 고통받는 욥의 정체성이 일순간 가해자로서 표출되는 현상을 서술하고 이를 설명하기 위해, 정의될 수 없는 '민중'의 개념을 새로이 논하고자 한다.

욥, '혐오를 받는 자': 욥은 누구였으며, 어디에서 살았나?(「욥기」 1~2)

「욥기」의 배경이 되는 장소가 팔레스타인 땅인지 아니면 그 외부인지, 그리고 욥이 이스라엘인인지 이방인인지에 대해 현재 우리가 가진 정보로는 확실한 결론을 내리기 어렵다. 그러나 '욥'이라는 이름에 관한 문헌학적 정보를 토대로 주석가들은 이 단어의 함의를 다양하게 논의해 왔다.[3] 유사 어원 '요예브'는 개인 혹은 하나님의 '적대자'라는 부정적인 의미를 내포한다(HALOT 사전). 유가릿어에서 이 단어의 기원을 찾는다면 '나의 아버지는 어디에 계신가'로 해석될 수 있고, 셈어적 기원에서 '욥'은 '핍박받는 자' 혹은 '미움받는 자'를 의미할 수 있다. 아랍어와의 유사성을 고려하면 '돌아오는 자' 혹은 '회개하는 자'의 의미를 내포한다. 좀 더 구

---

2 다음을 보라. 김정준, 「욥기의 신학」, 『구약신학의 이해』(한신대학교 출판부, 1973), 381~412쪽; Yeong Mee Lee, "Overture for a Minjung Old Testament Theology: Theology of Job as an Example('민중신학적 구약신학을 위한 서론적 탐구: 욥기의 하나님 이해를 중심으로')," *Theological Thought*, 131 (2005), 29~56쪽; 최형묵, 『반전의 희망, 욥』(동연, 2009).

3 Robert Gordis, *The Book of Job: Commentary, New Translation and Special Studies* (New York: JTSA, 1978), 10쪽; Choon-Leong Seow, *Job 1-21: Interpretation and Commentary* (Grand Rapids: Eerdmans, 2013), 265~266쪽.

체적으로는 70인경 헬라어 버전의 「욥기」 42:17(「창세기」 36:33 참조)에 등장하는 에서의 후손, 에돔의 왕이었던 요밥으로 추정할 수 있다.

욥이 히브리인인지 여부는 이름이 갖는 어원상의 의미를 토대로 삼아서는 명백하게 밝혀낼 수 없다. 더구나 「욥기」 저술 당시 독자들이 이 이름을 들었을 때 그를 이방인으로 생각했을지 아니면 자국민으로 생각했을지도 주어진 단서로 알아내기가 쉽지 않다. 하지만 욥이 히브리인이 아니었다고 보기 힘든 이유는 그가 명백히 이스라엘의 하나님인 '여호와'를 섬기는 제사장의 모습으로 등장한다는 것이다(「욥기」 1:5, 21; 42). 더욱이 욥의 경건한 삶을 대변하는 "온전하고 정직하여 하나님을 경외하며 악에서 떠난 자"(1:1b)라는 표현은 그가 이스라엘의 종교적 전통과 분리할 수 없는 히브리인의 배경을 가지고 있음을 확증케 한다. 이는 예언서 전통에서 확증되었는데, 「에스겔」 14장 14절, 20절에서 노아, 다니엘과 함께 위대한 의인의 위치에 놓여진 욥이기에 그가 히브리인이 아니었을 가능성은 희박해 보인다.

하지만 이보다 더 중요한 점으로, 히브리어 동사 '미워하다'에 가장 유사한 수동태 분사형이라 추론해본다면 욥을 '혐오 혹은 미움을 받는 자'라는 의미로 생각하는 것은 충분한 타당성이 있는 해석이다.[4] 욥이라는 이름이 사용될 때마다 이 책의 독자들은 그가 얼마나 공동체와 '신'(God)으로부터 미움의 대상이 되었는지를 생각했을 것이다. 욥은 어떤 신적 목적 속에서 육체적·물질적·사회적 고통을 체화한 인물일 뿐만 아니라, 하나님과 실존적 대면 속에서 경험한 절망을 표현하는 사람이다. 이 점에 바탕을 두고 그의 이름을 '미움을 받는 자' 혹은 오늘날

---

4 다음 세 명의 주석가들은 이에 동의한다. Gordis, *The Book of Job*, 10쪽; David J. A. Clines, *Job 1~20*, *WBC* 17 (Dallas: Word Books, 1989), 11쪽; Seow, *Job 1-21*, 266쪽.

의 표현으로 '혐오를 받는 자'로 해석할 수 있다.

그렇다면, 「욥기」 1:1의 '우즈'라는 땅은 무엇을 시사하는가? '우즈' 의 지리적 장소는 로버트 파이퍼와 존 데이에 의해 에돔이라고 주장 되었고, 이에는 에돔의 지혜문학 전승이 있었다는 가설이 있다.[5] 이 가 설에 따르면 에서의 후손이 대대로 살았던 에돔 땅이 「욥기」의 배경이 되며, 욥조차도 에돔인으로 볼 수 있는 근거가 만들어진다. 하지만 이 런 견해는 사실 거의 타당성이 희박하며, 현재까지 에돔인들의 지혜문 학 혹은 지혜가 무엇이었는지에 대한 문헌적 근거는 발견되지 않았다. 좀 더 정밀한 연구로는 「욥기」의 배경이 팔레스타인 땅이 아니라 트랜 스요르단(오늘날의 요르단 영토, 요르단 강 동쪽의 남부 레반트)이었다는 에른 스트 크나우프의 견해가 있다.[6] 크나우프는 욥과 친구들 간의 대화에서 그들의 언어가 지닌 외래성에 크게 주목하면서 타당성을 찾았다. 특히 욥의 친구들(2:1에서 욥에게 임한 재앙의 소식을 듣고 각자의 거처에서 그를 위 로하기 위해 방문한다)의 이름, 곧 "데만 사람 엘리바스", "수아 사람 빌닷", "나아마 사람 소발" 같은 이름이 갖는 특징에 눈길을 주었다. 이 인물들 과 지명은 히브리인의 이름 그리고 팔레스타인 지명과는 다소 거리가 먼 듯한데, 주로 에서의 가계와 연결된 에돔적 배경을 가진 비이스라엘 의 것으로 보인다.[7] 이를 통해 크나우프는 욥이 인종적으로 히브리인이 었을 것이며 그가 살았던 곳은 이방 땅이었을 것임을 알려준다.

---

5 Robert H. Pfeiffer, "Edomitic Wisdom," *ZAW* 44 (1926), 13~25쪽; John Day, "How Could Job Be an Edomite?," in *Book of Job* (Peeters: Leuven University, 1994), 392~399쪽.

6 Ernst A. Knauf, "Supplementa Ismaelitica," *BN* 22 (1983), 25~33쪽; "Hiobs Heimat," *WO* 19 (1988), 65~83; "Hiobs Multikulturelle Heimat," *BiKi* 59 (2004), 64~67쪽.

7 Georg Fohrer, *Das Buch Hiob*, 1. Aufl., *KAT* 16 (Gütersloh: Gütersloher Verlagshaus G. Mohn, 1963), 105~106쪽; Gordis, *The Book of Job*, 22~23쪽.

「욥기」의 저자는 욥을 외국 땅에서 살아가는 유대인으로 묘사하기를 원했던 것으로 보인다. 그의 이름에서 알 수 있듯이 욥이 '미움을 받는 자'라는 사실은 「출애굽기」 23장 22절을 상기시켜준다. "네가 그의 목소리를 잘 청종하고 내 모든 말대로 행하면 내가 네 **원수**에게 **원수**가 되고 네 대적에게 대적이 될지라." 이는 이스라엘 백성들의 율법서 속에서 가장 핵심인 '언약 코드'(Covenant Code, 「출애굽기」 20:22~23:33)의 일부분으로, 예배와 절기에 대한 율법들과 백성으로서 지켜야 할 법률들, 도덕률들이 기록되어 있다. 그들은 특히 이방 나그네들을 압제하거나 과부와 고아를 압제하지 말 것을 당부받는다(22:22~24). 또한 정의를 어지럽혀서는 안 되며 거짓을 멀리하고 뇌물을 받지 말아야 한다(23:6~8). 그 이유는 그들도 애굽 땅에서 압제를 받았던 경험이 있기 때문이다(23:9). 만약 이 율례들을 지키지 않는다면 그들은 여호와의 '적대자'가 될 것이다. 그들은 솔로몬 왕정의 실패 이후에 결국 여호와의 적대자가 된다. 죄에 대한 형벌로서 여호와의 적이 되어버린 것이다. 역설적이게도 욥은 그 이름 자체만으로도 여호와의 적대자이지만(13:24), 오히려 이는 오경의 율법 코드의 신학적 범주를 벗어나는 무고한 자의 고통이라는 주제를 강화시켜준다.

혐오와 조롱의 대상이 된 욥(4~28)

욥의 절망과 고통은 다층적이고 복잡한 관계 속에서 분석되어야 한다.[8] 재산, 자녀, 육체의 고통만이 욥을 괴롭혔던 것은 아니며, 그의 가

---

8 Katharine J. Dell, "What Was Job's Malady?," *JSOT* 41.1 (2016), 61~77쪽.

장 큰 고통은 바로 자신이 믿었던 하나님에 대한 배신감과 고립감으로 인한 것이다. 또 다른 중요한 고통의 요소는 인간관계 혹은 자신이 속한 사회 속에서 겪는 엄청난 절망감이다. 이때, 그의 고통의 심연 속에는 친구들의 오해와 혐오에 가득 찬 발언들이 있다. 욥은 친구들의 변덕스러움에 갈수록 절망감을 느낀 것 같다(6:14~30). 하나님의 욥을 향한 적의는 그의 인간관계 속에서 지속적으로 생겨나는 모멸감과 궤를 같이 한다:

나를 모욕하여 뺨을 치며 함께 모여 나를 대적하는구나(16:10)

그들이 내 얼굴에 침을 뱉는구나(17:6)

모든 것을 잃어버린 욥에 대한 친구들과 공동체의 혐오, 미움의 정서는 19장에서 정점에 이른다. 그의 친구들은 욥의 마음을 괴롭게 했으며, 열 번이나 욥을 수치스럽게 만들었다(19:2~3). 그는 형제들, 친척들, 남종들과 여종들, 아내와 자녀들, 어린아이들, 그리고 친구들과 사랑하는 사람들 모두가 자신을 외면하고 배제하고 조롱한다고 한탄한다(19:13~19).

자신이 당하는 고통이 타인에게서 이해와 공감이 아닌 언어 폭력, 의심, 그리고 배타적 정죄의 형태로 돌아온다. 왜 그의 공동체는 욥을 벌레 보듯이 정죄하였을까? 그 핵심에는 친구들이 대변한 신명기적 신학이 자리 잡고 있다.[9] 인간 행위의 악이 결국 신적 심판을 불러일으키며

---

9 JiSeong J. Kwon, "Divergence of the Book of Job from Deuteronomic/Priestly Torah: Intertextual Reading between Job and Torah," *SJOT* 32.1 (2018), 49~71쪽.

율법에 대한 순종이 축복을 일으킨다는 신적 보복의 신학적 틀, 다시 말해 시내 산 언약에 기초를 둔 모세 율법의 프레임은 친구들이 맹종하는 절대 정의이다.

욥은 "모든 짐승에게 물어 보라 그것들이 네게 가르치리라 공중의 새에게 물어 보라 그것들이 또한 네게 말하리라"(12:7)고 함으로써, 친구들이 따르는 인과응보의 신학 체계는 누구나 알 수 있는 보편 자연계에 퍼진 생각이라고 말한다. 욥은 그러한 체계가 자신에게는 해당되지 않으며, 친구들이 모르는 진리의 다른 측면이 있음을 설파한다. 욥은 정의의 체계가 실제로 무너져 있고 노동의 행위에 대한 보상은 공정하게 주어지지 않으며 학대자들과 권력자들이 약자들의 것을 갈취한다고 한탄한다(24:1~17). 이는 명백히 친구들의 신학 체계와 대비된다(22:1~11). 빌닷은 "어찌하여 우리를 짐승으로 여기며 부정하게 보느냐"(18:3)라면서 욥의 말에 반응하는데, 이는 자신들의 신학에 오류가 있을지도 모른다는 불안감에 기인한다. 자신이 일평생 믿던 절대적 신념과 질서의 탑이 무너진다고 생각할 때, 그것은 상대방에 대한 공격적 기제機制로 작동한다. 즉, 욥이 그들의 신학을 마치 비인간적인 차원에 속하는 듯이 격하시켰을 때(12:7), 빌닷은 여전히 세상을 이상적 환상의 공간으로 생각하는 오류를 범하면서 그에게 과민한 반응을 보인다(18:1~21).

아이러니하게도, 이유 없는 고통 속에 허우적대는 소수자들을 대변하는 욥이 원한 것은 정의였으나, 친구들에게 바랐던 것은 욥 자신에게 보내는 신뢰였다. 오류로 점철된 신념에 노예가 된 친구들의 신학은 욥에게 폭력적인 형태를 취하지만 그의 친구들은 자신들의 전통적인 신관을 바꿀 의사가 전혀 없다.

혐오를 생산하는 욥(30:1~8)

1) "내 양 떼를 지키는 개 중에도 둘 만하지 못한 자들"(1절)

「욥기」 주석가들은 프롤로그(1~2장)에 나타나는 욥의 경건과 다이얼로그(3~31장)에서 기존 질서에 저항하는 욥의 모습이 보여주는 이질감에 주목한다. 이에 더하여 하나님과 공동체의 도덕 체계에 대한 욥의 강력한 저항은 29~31장에서 전혀 다른 방향으로 변모해나간다. 29장에서 욥은 과거에 한 도시의 정치 지도자와 같은 권력을 가진 자신을 모든 계층의 사람들이 성문에서 우러러보던 시절을 그리워한다. 그때 그는 마치 왕과 같은 존재로서 모든 이들의 미래를 책임지며 공의를 행하고 긍휼을 베푸는 위치에 있었다. 그러나 30장에서 그는 현재의 곤궁한 상황을 진술한다. 욥은 자신을 조롱하고 비웃는 자들을 향해 깊이 슬퍼하는 마음을 드러낸다(30:1a, 9~10). 욥은 이렇게 말한다:

> 그러나 이제는 나보다 젊은 자들이 나를 비웃는구나 그들의 아비들은 내가 보기에 내 양 떼를 지키는 개 중에도 둘 만하지 못한 자들이니라(30:1)

이 구문들의 문학적 양식은 '애가'이지만, 이러한 양식비평적 분석이 우리에게 말해주는 것은 거의 없다. 오히려 애가적 양식이 담고 있는 맥락과 내용(30:1~10)은 앞선 욥의 발언들과 확연히 다른 점들이 있다.

중요한 점은 1절에서 욥에게 조롱을 쏟아내는 '젊은이들'에 대해 욥이 어떠한 태도를 취하고 있는가이다. 앞선 29장에서 젊은이들은 노인들에 비해 지혜가 적으며 그의 사회에서 중요치 않은 자들로 여겨졌다(29:8 참조). 그런데 30:1에서 그는 자신의 가축들을 지키는 개와 함께 있을 정도의 가치도 없는 사람들의 자식들이라는 말로 이들을 명명한다.

그렇다면 해당 본문에서 '개'를 뜻하는 히브리어 '켈레브' 혹은 헬라어 '쿠오운'은 어떤 뉘앙스로 사용되었을까? 존 하틀리는, 구약성경에서 '개'의 이미지는 매우 부정적으로 사용되어 게걸스럽게 쓰레기를 뒤지거나 시체를 먹는 이미지로 나타난다고 주장한다.[10] 하지만 개는 히브리어 성경에서뿐 아니라 다른 후기 유대 문헌(「토빗」 6:2; 11:4)에서도 경멸할 만한 동물로 취급받지 않았으며, 대다수의 경우에 인간의 동반자인 애완동물, 혹은 재산을 보호하는 가치 있는 동물이었다.[11] 위의 문맥에서 확인되는 점은 욥의 통제하에 있는 유용한 동물의 가치보다 못한 존재로 이들 집단을 묘사한다는 점이다. 이렇게 개와 인간을 비교하는 것 자체야말로 구약성경에서 한 개인에 대한 극단적인 모독의 행위임에 분명하다(「사무엘상」 17:43; 「사무엘하」 3:8; 「열왕기하」 8:13).[12]

이들에 대한 가치판단의 기준은 욥이 소유했던 양 떼를 통솔하는 개들의 유용성이다. 즉, '개만도 못한 자들'의 자식들, 이들은 욥과 공동체에 생산성을 제공하는 자들이 아니며 오히려 사유 재산을 위협하는 극빈민 계층의 자녀들이다.

---

10 "개를 관리하는 일은 최하층민들의 직업으로 여겨졌다." John E. Hartley, *The Book of Job* (Grand Rapids: Eerdmans, 1988), 397쪽.

11 밀러는 개에 대한 토머스의 부정적인 평가를 재평가한다. Geoffrey D. Miller, "Attitudes toward Dogs in Ancient Israel: A Reassessment," *JSOT* 32.4 (2008), 487~500쪽; David W. Thomas, "Kelebh 'Dog': Its Origin and Some Usages of It in the Old Testament," *VT* 10.4 (1960), 410~427쪽.

12 David J. A. Clines, *Job 21~37*, *WBC* 18A (Nashville: Thomas Nelson, 2006), 996쪽.

2) "고토에서 쫓겨난 자들"(8절)

욥이 저렇게 명명한 이들의 구체적인 윤곽은 이어지는 2~8절에서 드러난다. 그들은 절대 빈곤에 시달리는 계층으로, "메마른 땅에서 마른 흙을 씹으며", "짠 나물"과 "대싸리 뿌리"를 먹고 살아간다(2~3절). 그들은 공동체의 안위를 위협하는 위험인물들로 여겨져, 공동체에서 쫓겨나 황량한 광야를 집 삼아 떠돌아다니는 자들이다(4~7절). 그들은 한마디로 "미련한 자의 자식"이며, "이름 없는 자들"의 자식이고, 더 이상 원래 자신이 있던 곳으로 돌아갈 수 없이 버려진 자들이다(8절). 8절의 "고토에서 쫓겨난 자들"이라는 표현에 사용된 동사 '나아카'의 기본형은 '상해를 입히다' 혹은 '(잔인하게) 살해하다'라는 의미를 가지는데, 현재의 수동태 형태에서는 '내쫓기다' 혹은 '매질을 당하다'의 뜻을 지닌다. 왜 이들이 이런 사회 환경에 처하게 되었는지 우리가 확실히 알 수는 없다. 해당 본문에서는 이들이 어떤 부도덕한 행위에 가담했다는 명백한 증거를 찾을 수 없다. 전쟁에 패배해 쫓겨난 자들인지, 공동체의 법을 어겨 형벌을 받은 자들인지, 공동생활이 힘든 질병에 걸린 자들인지, 경제적으로 멸시받는 계층이었는지, 단서를 찾기 어려운 것이다. 하지만 욥의 상태를 비웃을 수 있는 거리에 있다는 사실은 이들을 우즈의 거주민과 다른 인종이라고 보기 힘들게 한다.

욥이 사용한 "내 양 떼를 지키는 개 중에도 둘 만하지 못하다"는 표현은 우리를 당황스럽게 만든다. 바로 앞에서 욥은 공동체에서 빈민과 고아와 과부를 돕고 장애인들과 가난한 자들을 돌보았으며 공정한 판관으로서 불의한 자를 처벌했기 때문이다(29:12~17). 인간을 가축화하는, 또는 가축보다 못한 존재로 격하하는 저 말 속에서 우리는 인간성을 멸시하고 말살하는 잔혹함을 목격한다. 가축화는 인간의 필요에 따라 동물을 생산력 향상의 도구로 사용하며 언제라도 식용으로 활용할 수 있음을 뜻한다. 그래서 저 표현은 오늘날 인간을 자본주의의 거대 기계부품 가운데 하나로만 보는 시각과 그리 달라 보이지 않는다.

3) 욥은 왜 억압자가 되었을까?

사실 우즈라는 이방 땅의 외국인이었던 욥은 소수 계층에 속하였지만, 여러 어려움 속에서도 결국에는 외부인이 아니라 한 사회의 최고위층인 내부인으로 살았다. 물론 갑작스런 재앙으로 인해 모든 것을 잃었고, 몸은 피부병으로 고통받았으며, 정신적 문제로도 고통 속에 있었다. 친구와의 기나긴 논쟁을 거치며 그는 사회에서 버림받은 자의 위치에서 온갖 수모를 당하였다(17:6; 19:16). 더욱이 30:1~8에서 욥은 자신의 터전에서 쓰레기처럼 쫓겨난 자들, 공동체의 아무런 지원도 보호도, 생존을 위한 최소한의 도움도 받지 못하는 자들로부터 조롱의 말을 들었다.

그러나 욥이 버려진 자에게 조롱을 받는다고 해서 또 다른 사회적 약자들을 향해 증오의 말들을 쏟아낸다는 점은 이해하기 쉽지 않다. 욥은 그들의 상처를 보듬어주고 이해해주고 사랑으로 품어줄 수 있는 경험을 하지 않았던가? 이 세상의 그 누가 인생의 아픔을 욥보다 더 잘 이해할 수 있을까? 비록 욥은 자신이 지난날 가졌던 사회 기반을 잃어버렸지만, 여전히 사회 계층 내의 내부인들인 친구들과 교류하고 있다. 욥이 인지하든 그렇지 않든, 결국 그의 소유는 회복되고 사람들은 모두 그의 집에서 음식을 먹으며 예전의 영광을 누리게 될 것이다(42:10~17). 하지만, 버림받은 이들은 비참하게 자신들의 생을 마감할지 모른다.

29장에서는 미미하게나마 욥의 혐오 발언의 동기를 찾을 수 있다. 첫째, 욥의 혐오 발언의 기저에는 과거에 소유했던 것을 더 이상 가지지 못한다는 상실감이 있다. 겉으로는 믿음을 지키는 신앙인의 모습이지만, 그는 모든 이들이 침묵하며 자신의 말을 경청하고, 자신이 사람들의 운명을 결정짓고 도시의 심판관으로 행동하던 때를 그리워한다. 둘째, 욥은 도시의 이웃들에게서 받는 모욕은 견딜 수 있지만, 광야의 동물만도 못한 인간들로부터 받는 비웃음을 견딜 아량은 없어 보인다. 인간만도 못한 '개'에 지나지 않는 이들한테 그런 수모를 당했다는 모욕감은 억눌렀던 자신의 감정을 폭발시키는 계기가 되었다. 이를 가능케한 것은 그들이 도시 밖의 힘없는, 버려진 자들이기 때문이다. 지금 그가 겪는 가장 극심한 고통은 몸의 고통이 아니라 버림받은 자들에게 받은 모욕으로 인한 것이다.

욥이 원했던 것은 정의였다. 그것은 개인과 공동체, 두 관점에서 나타난다. 욥은 자신의 무죄함이 하늘의 재판정에서 해명되기를 바라고 (31장), 자신과 비슷하게 제도권 안에 있는 타인의 고통에 대해서 관심이 있다(23장). 하지만, 욥의 한계는 자기와 관계된 자들, 체제 내부의 부당한 상황에 대한 공감 이상을 벗어나지 않는다는 것이다. 욥은 사회적 정의가 무너졌음을 충분히 인식한다. 하지만 그에게 예레미야와 느헤미야처럼 적극적으로 현 상황 속의 사회 질서와 구조를 개혁하고자하는 용기는 없다.

여호와의 동물들(38~39)

여호와의 연설은 정의에 대한 인간의 질문에 대답하지 않는다. 불의와 절망이 가득 찬 세계는 세상에 대한 신적 통제에서는 언급되지 않으며, 세계는 아무 문제 없이 여호와의 힘에 의해 관리된다. 욥의 질문들에 대한 대답 대신, 여호와의 연속된 질문 속에서 우리는 인간의 무능력과 무지를 인지한다. 여호와의 연설이 가진 또 다른 독특한 측면은 '동물의 세계'에 대한 묘사이다(38:39~30:30). 수탉, 사자, 까마귀, 산 염소, 암사슴, 들 나귀, 들소, 타조, 전쟁용 말, 매, 독수리와 같은 야생동물들은 인간의 욕망 충족을 위해 길들여지고 재화 생산을 위해 가축화될 수 없다. 이 동물들은 인간 세계에 종속될 수 없도록 부여받은 '자유'를 가지고 있기 때문이다.

> 들소가 어찌 기꺼이 너를 위하여 일하겠으며 네 외양간에 머물겠느냐(39:9)

더 나아가 이 야생동물들의 본능은 어리석음과 지혜로움, 강함과 약함, 착함과 악함이라는 지적 구도로 이해될 수 없다. 약육강식이라는 정글의 법칙, 사자가 식욕을 채우며 독수리 새끼들이 피를 빠는 본능을 우리는 불의라고 정죄하지 않는다. 이러한 동물 세계의 원리들은 거대한 우주의 설계도의 일부분일 뿐이다.

욥은 광야에서 사회의 도움 없이 버려진 이들을 개보다 못한 존재라며 인간의 동물화를 시도하였다. 욥의 사회에는 이렇게 핍박당하고 내쫓긴 이들의 인간성을 보장하는 그 어떤 장치도 없었던 것으로 보인다. 그러나 이와 반대로 여호와의 연설에 묘사된 세계에서는 여호와의 관리 아래 야생동물의 필요가 인간 사회가 해온 것보다 더 잘 충족되고 있다. 여호와의 연설은 이를 통해 인간의 동물화에 대한 욥의 삐뚤어진 태도를 비꼬는 것으로 보인다. 인간은 타조의 모성 없음을 어리석다고 비웃을지 모르나(40:13~17), 오히려 타조는 "말과 그 위에 탄 자를 우습게" 여긴다(40:18). 인간은 자신이 전쟁용 말을 통제한다고 생각하지만, 실은 이 말의 강력한 힘과 능력은 여호와의 것으로, 인간의 용맹함과 권능을 능가한다. 인간은 다른 인간을 동물화시켜 자신들의 탐욕을 채우는 수단으로 삼고 있지만, 들 나귀와 들소는 이러한 인간들을 성읍 밖에서 비웃고 있다. 인간은 사자, 까마귀 새끼, 산 염소, 독수리를 위한 먹이를 제공하지 못하며, 매의 거처를 마련해주지도 못한다. 이 동물들은 다른 어떤 존재들로부터 억압을 당하지 않으며 혐오와 미움을 받지도 않는다. 독립적인 존재로서 이 동물들은 자유로이 그들이 받은 본성적 능력으로 생존해나간다. 이것이 여호와의 연설이 딛고 선 독특한 지점이다. 세계의 주인공은 인간이 아니다. 세계의 주인공은 동물들과 인간이 두려워하는 베헤못과 리워야단이다. 이러한 동물 세계는 여호와에게 즐거움을 가져다주지만, 인간은 전혀 그렇지 못하다(41장).

변화하는 '민중'의 개념들

공동체 밖의 이름 없이 버려진 인간들을 동물보다 못한 존재로 묘사하는 욥의 태도는 우리에게 상당한 충격을 준다. 「욥기」 30장에 의하면 '이웃 사랑'의 대상이 되어야 할 '민중Minjung'은 그렇다면 어떤 방식으로 이해되어야 하는가? 텍스트의 이러한 복잡 미묘한 차원은 텍스트 내부의 '민중'에 대한 새로운 인식뿐만 아니라, 텍스트 밖의 '민중'에 대한 새로운 인식을 요구한다.

이 질문은 사실 한국의 독특한 신학적 지평을 열어온 민중신학자들의 오랜 질문이다. 이영미는 구약성경의 「예레미야 애가」에 대한 민중신학적 주해에 앞서, "역사의 주체"인 '민중'을 "단순히 사회경제사적으로 '피압박, 피착취, 소외 계층'으로 규정하는 데 그치지 않"는 것에 관해 이야기한다.[13] 어떤 사회적 실체로서 '민중'을 구분 짓는 것 자체가 우리가 사는 복잡한 다중의 시대에 불가능할 뿐만 아니라, 그런 범주화 자체가 서구적 패러다임에 의해 약자들을 범주화해버리는 실수를 범하는 것으로 보고, 민중의 정체성을 해석학적 관점으로 남겨둔다.[14]

'역사의 주체'로서 민중을 정의한다고 할 때 주된 질문은 민중이 누구인가라는 사실보다 개별적 '사건' 혹은 '상황'에 집중되어야 한다. 김진호는 '역사의 주체'로서 민중의 정체성을 따지는 것은 무의미하며, 이는 '고난/고통의 담지자'로서 민중의 정체성을 규정하는 것과 구분되어야 한다고 주장한다.[15] 그러나 '고난의 담지자'로서의 '민중', 혹은 '민중 정체성'이라는 말의 정확한 사회적 실체를 규정하는 일 역시 단선적인 '계급적', '민족주의적', '정치 이념적' 혹은 '젠더적' 구분 방식에 의해서는 가능하지 않다. 예를 들어, 여성을 억압하는 권력자의 위치에 있으면서 계층적으로 가난한 자를 대변하는 하층민일 때, 우리는 그를 어떤 '민중'이라고 불러야 할까? 강원돈은 주체로서의 '민중'의 의미가 사회생물학적, 계급적, 혹은 시민 사회 운동의 관점에서 정의될 수 없으며, 세계

---

13 이영미, 『하나님 앞에 솔직히, 민중과 함께: 애가에 대한 성서신학적, 민중신학적 해석』(한국 신학연구소, 2011), 31쪽.

14 같은 책, 40~41쪽.

15 여기서 서술한 '민중' 개념에 대한 이해는 김진호 님께서 주신 메시지를 간략히 수정, 정리한 것이다. 그는 '민중'의 두 가지 개념 정의가 가지는 각각의 난점을 지적한다. 곧 "역사의 주체"로서 민중을 정의하거나, "고난/고통의 담지자"로서 민중을 정의할 수 있는데, 이 둘은 현상론적으로 분리해서 다루어져야 하며, 외부적 현상에 대한 고민 없이 둘을 하나로 생각하는 위험을 경계해야 한다고 주장한다. 먼저 현상적 관점에서 역사의 주체로서의 민중을 생각한다면, 그것은 "민중 사건으로서의 민중"에 대해서 말하는 것이다. 이때의 민중은 계급적 차원에 대한 것이 아닌 해당 사건의 행위자의 관점에 대한 것이며, 민중이 누구인가가 아니라 그 사건이 무엇인가 물어야 한다는 것이다. "고난/고통의 담지자"로서 민중을 논증할 때 민중의 정체성에 대한 질의가 가능한데, 이때에는 "고통의 비대칭성과 중층성"이 주요 화두로 대두된다. "비대칭성"은 더 큰 고통 아래 놓인 이들의 현실에 주목하며, "중층성"의 문제는 피해자와 가해자가 동일인이 되는 모호한 상황 속의 민중 문제에 주목한다.

화라는 자본주의의 맥락 속에서 새롭게 이해되어야 한다고 말한다.[16]

그렇다면, 이러한 상황에서 '이웃 사랑'의 대상이 되는 민중의 개념을 우리는 어떻게 정의할 수 있을까? 소외된 백성들에 관련된 '민중'의 개념을 가장 뚜렷이 정립한 학자는 안병무이다. 그는 「마가복음」 연구를 통해, 「누가복음」에서 하나님의 백성을 지칭하는 말인 '라오스'와 대비되는 '오클로스' 민중론을 펼친다.[17] 최근 김진호는 '안병무의 오클로스 민중론'을 제시하면서, 오클로스로서의 민중들의 경험을 "예수 주변의 오클로스 기억", "마가공동체의 오클로스 기억", 그리고 "전달자로서의 오클로스 기억"이라는 세 층위에서 해석하고, 예수 사건에 대한 기억은 주변부의 민중과 분리될 수 없다고 주장한다.[18] 김진호는 「마가복음」에서 '라오스'(이 말은 「마가복음」에 2회 등장한다)는 "법의 백성", "국민이나 시민" 등 국가나 사회나 종교의 질서에 속한 자들을 지칭하며, 이에 대비되는 개념으로서의 '오클로스'(「마가복음」에 38회 나온다)는 '라오스' 외부에 "배제된 대중"을 의미한다고 말한다.[19] 또 "국적이 박탈"된 이들, 난민들과 유민들의 존재뿐만 아니라, "질병, 죄, 성(sex) 등의, 불

---

16 Won-Don Kang, "Some Tasks of Minjung Theology in the Age of Globalization," in *Minjung Theology Today: Contextual and Intercultural Perspectives*, ed. Jinkwan Kwon and Volker Küster, ContactZone 21 (Leipzig: Evangelische Verlagsanstalt, 2018), 72~73쪽. 강원돈은 '민중'의 의미는 여전히 "모순적 관계 속 앙상블로서" 정의될 수 있다고 생각한다.

17 Byung-Mu Ahn, "Jesus and the Minjung in the Gospel of Mark," in *Minjung Theology: People as the Subjects of History*, ed. Christian Conference of Asia [Rev. ed.] (London: Zed Press, 1983), 138~152쪽.

18 김진호, 「오클로스론의 '현재성': 신자유주의 시대에 읽는 안병무의 민중신학적 윤리학」 (2019. 미발표된 글), 5~9쪽. 김진호는 오클로스-민중을 민족주의적 민중의 개념과 엄밀히 구분한다. 다음을 보라. "Ochlos and the Phenomenology of Wretchedness," in *Reading Minjung Theology in the Twenty-First Century: Selected Writings by Ahn Byung-Mu and Modern Critical Responses*, ed. Yung-Suk Kim and Jin-Ho Kim (Eugene: Pickwick Publications, 2013), 200~262쪽.

19 김진호, 「오클로스론의 '현재성'」, 9쪽.

순한 국민을 비국민화하는 내적 국경"에 "속하지 않음"을 주목하여 "오클로스는 사회 또는 체제에 의해 귀속성을 거부당한 자이며 스스로도 귀속성의 거부를 내면화한 자", "내부의 외부자들"이라고 정의한다.[20] 그렇다면 오클로스와 라오스의 구분은 불법 외국인 노동자, 탈북민, 무슬림 난민들과 같은 이들뿐만 아니라 사회 규범에 의해 어디에도 속할 수 없는 집단에 대한 새로운 정의를 요구하는 것은 아닐까?

그러나 이러한 오클로스-민중의 구분법을 어떤 식으로든 정형화시키는 우를 범해서는 안 된다. 왜냐하면 욥에게서 비인간적인 모습이 발견되고 여호와가 그의 문제점을 정죄하더라도 여전히 여호와의 최대 관심 대상은 욥임을 숙지할 필요가 있기 때문이다. 더구나 욥의 고통에 대한 주장이 최종적으로 옳다는 여호와의 판명은 그의 요구 자체가 틀린 것이 아니라는 사실을 입증한다(「욥기」 42:7~9). 그래서 글 첫머리의 '욥은 민중의 대변자인가?'는 문제의 본질이 아니다. 그들은 모두 세상의 무고한 고통의 증인들이며 왜곡된 사회 구조의 희생자들로 보아야 할 것이다.[21] 욥은 「욥기」 전체에서 오클로스의 대변자이지만, 광야에 버려진 이들을 대면하는 상황 속에서는 타인을 혐오하는 억압자로 돌변한다. 이것은 오클로스의 의미를 사회적·정치적·문화적·인종적 정체성으로 규정할 수 없는 이유가 된다. 오클로스는 개별적 증후와 상황 그리고 개개인의 이해 관계 속에서 복잡다단하게 얽혀 있고, 다만 임의

---

20 같은 글, 10쪽.

21 김진호는 안병무의 「종주권과 민중의 투쟁」에서의 카인의 종주권과 아벨의 제거된 언어와의 관계를 민중의 부재 혹은 "지배 체계의 언어질서 속에서 비틀어져 표상"된 민중의 체험으로 설명한다. 나아가 「종주권에 도전한 민중 야곱」에서 보듯이 때론 악한 모습의 민중이라 하더라도, 유실된 언어 체계 속에서 일탈의 모습으로 붕상한다 하더라도 데리다가 말한 것처럼 "무조건적 환대"를 베푸는 노력을 게을리해선 안 된다고 주장한다. 김진호, 「오클로스론의 '현재성'」, 14쪽.

적이고 유동적인 공통성 속에서 느슨하게 정의될 뿐이다.

핍박받는 민중의 위치에서 억압하는 민중으로 위치 전이된 욥의 캐릭터는 한국 기독교 역사 속 일부 극우적 정치 성향을 가진 개신교의 행태와 유사한 면이 있다. 과거의 개신교는 한국 사회의 권력자들로부터 박해를 받아가면서 일반 민중을 대변하였다. 그러나 독재 정권 시절 반공 사상이라는 외부의 적을 생산하며 국가 권력자들과 함께 권력의 카르텔을 형성했고 오늘에도 그 권력을 향유하고 싶어 하는 일부 극우적 정치 성향 개신교 집단들은 지금 이주 노동자, 무슬림, 난민, 성소수자 등을 교회의 적으로 치부하고 혐오를 조장하기에 급급하다. 순혈주의가 강한 한국 사회의 외국인 혐오(Xenophobia)에 편승한 일부 한국 개신교 집단이 외국인들을 이웃 사랑의 대상, 복음 전도의 대상이 아니라 배제의 대상으로 여긴다는 인식이 일반인들에게도 확산되고 있다. 일부 극우적 정치 성향을 가진 개신교 집단으로 인해 현재 한국 사회에서는 모든 개신교인들이 타종교인과 소수자 집단을 배려하지 않고 오히려 혐오하는 종교인으로 낙인찍혔다. 그렇다고 해서 극우적 정치 성향을 가진 일부 개신교 집단을 이제는 민중과 무관한 존재라고 생각해야 하는가? 아니면 여전히 도움이 필요한 우리들의 이웃이고 대화와 환대가 필요한 자들이라 생각해야 하는가?

나가는 말

안병무와 김진호가 주장하는 오클로스에 대한 새로운 인식은 한 사람의 민중으로서 욥이 보여주는 이중적 캐릭터 변화가 시사하는 점과 맞닿아 있다. 욥이 우즈에 살게 된 것이 자발적 혹은 비자발적 이주였는지, 그가 우즈의 지도층에 오르기까지 야곱과 같이 불의한 방식으로 그 사회에 스며들었는지 우리는 알 수 없다. 최소한 욥은 최후의 변론에 이르기까지는 외국인으로 민중의 상징적 대변자인 동시에 그 변혁과 저항의 주체적인 인간으로 서 있다. 그러나 이방인으로서의 욥은 자신이 당한 혐오를 왜곡된 방식으로 소외된 집단에 쏟아 붓는다. 그들을 동물보다 못한 존재로 격하함으로써, 그는 하나님이 아름답게 만든 인간성을 파괴하고 자신을 정당화한다. 이는 여호와의 연설을 통해 직간접적으로 비판을 받는다. 그 연설에서는 오히려 인간을 배제한 동물들의 세계가 불공정과 억압 속에 허덕이며 살아가는 인간 세계보다 더 아름답게 묘사된다. 욥은 자신이 제기한 정의의 실현, 독립적 주체로서 질서를 변혁시켜야 하는 자신의 과업을 달성하는 데 실패한다. 결국 그는 여호와의 우주적 비전을 다시금 주목해야 하며, 그 비전 속에서 자신의 욕망을 내려놓고 겸허해질 필요가 있었다. 과거에 누렸던 소유와 사회적 지위에 대한 욕망과 사랑을 내려놓기는 결코 쉽지 않은 일이었겠지만, 억압받고 버려진 이들을 자신의 재산을 지키는 개에도 미치지 못하는 존재로 여기면서 공감과 긍휼을 갖지 못하는 욥의 모습은 그의 이기심과 탐욕을 보여줄 뿐이다.

「욥기」는 현재 대한민국 권력의 중심부에 있는 일부 개신교와 정치화된 대형 교회가 읽어야 하는 성경 텍스트이다. 과거 핍박받던 한국 교회는 오늘에 와서 제도권에서 배제된 이들을 동물보다 못한 존재로 만들고 있지 않은지, 또한 그럼으로써 스스로의 인간성을 동물에 미달하는 수준으로 끌어내리고 있지 않은지 성찰해야 할 때이다.

권지성
영국 더럼Durham 대학교 박사(HB/OT Studies). 현재 스위스 로잔Lausanne 대학교 SNF Project 연구교수.

혐오의 장소에서 만난 뜻밖의 환대

신숙구

들어가는 말

요즘 우리는 혐오가 일상인 시대에 살고 있다. 하루가 멀다 하고 혐오 범죄와 혐오 시위가 난무하는 사회에서 균형 잡힌 시각으로 세상을 바라보기란 거의 불가능에 가깝다. 개신교인들조차 사랑과 환대로 사회와 이웃을 아우르는 것이 아니라 자기와 다른 사상을 가진 그룹을 '부정한 존재'로 간주하고 이러한 위험 인자로부터 자신들의 특권과 '거룩함'을 보존하기 위해 그 어떠한 수단도 정당화시키는 기득권 단체로 변해가고 있다. 근래 보수 기독교와 극우의 기형적인 만남은 그 전에는 경험하지 못했던 또 다른 갈등과 혐오를 낳고 있다. 특별히 소셜 미디어를 중심으로 가짜 뉴스를 생산하고 전파하는 일에 보수 기독교 단체가 깊이 관여되어 있다는 사실은 잘 알려진 바이다. 익명성이 보장되고 사실 검증의 책임으로부터 자유로운 온라인 플랫폼은 가짜 뉴스가 번성하기에 딱 알맞은 환경을 제공해주고 있다.

이렇게 혼돈과 증오가 혼재된 현실 속에서 개신교의 역할은 어떠해야 하는가? 개신교인의 자세는 어떠해야 하는가? 이러한 질문에 답을 하기 위해서 결국 우리는 성경으로 돌아갈 수밖에 없다. 개신교인이라면 우리의 생각과 경험이 아닌 성경 말씀에 기초해 사고하고 행동하는 법을 배워야 한다. 그 과정이 진부하고 좀 더딜지라도 그렇게 할 때만이 시대와 상황을 초월하는 진리의 빛 가운데로 들어가 사회를 올바르게 조명하고 분석할 힘을 가질 수 있다. 이 글은 혐오가 만연한 사회적 풍토 가운데 개신교인들이 갖추어야 할 성경적 가치관과 덕목을 「요한복음」 4장에 나타난 사마리아 여인의 이야기를 통하여 제안하고자 한다.

갈등의 시작

「요한복음」 4장은 예수가 유대를 떠나 갈릴리로 가는 장면으로 시작된다. 1절을 보면 예수께서 유대를 떠나야 하는 이유가 참으로 흥미롭다. 그 이유는 다름 아닌 예수께서 요한보다 더 많은 사람에게 세례를 베푸는 것으로 인하여 바리새인들 가운데 동요가 일어났기 때문이다. 이와 비슷한 상황이 이미 「요한복음」 1장에서 포착된다. 1장 19절에 바리새인들이 제사장들과 레위인들을 보내, 세례 요한이 군중들 사이에서 유명해지고 많은 이들에게 세례를 주는 것을 경계하는 모습을 볼 수 있다. 세례 요한을 찾아온 제사장들과 레위인들은 그가 누구인지 집요하게 캐묻는다. 하지만 그들의 집요함은 그 당시 유대인들 사이에서 팽배했던 메시아 대망에 기인한 희망찬 물음이 아니었다. 오히려 「마태복음」 2장에 나오는 헤롯이 메시아 탄생의 소식을 동방박사에게 듣고 소동하고 예수를 죽이려고 한 것처럼 악한 의도가 숨어 있다고 생각한다면 과한 해석일까? 예수가 바리새인과의 불필요한 갈등을 피하고자 갈릴리로 떠나는 장면에서 예수를 향한 과도한 관심은 선한 것이 아니라 시기와 질투에서 비롯되었다는 것을 짐작할 수 있다. 흥미롭게도 3장 30절에 나오는 "그는 흥하여야 하겠고 나는 쇠하여야 하리라"라는 세례 요한의 고백이 앞서 언급한 바리새인들의 이기적인 자세와 대립하고 있음을 보여준다. 즉, 바리새인으로 불리는 이 집단의 기본적인 자세는 유대인들 사이에서 종교적 지도자로서 군림하며 그들의 기득권과 영향력을 유지하는 것을 최고의 가치로 삼고 있는 것처럼 보인다.

바리새인들의 싸늘한 시선을 눈치챈 예수는 사마리아를 거쳐 갈릴리로 떠났다. 그 당시 대부분의 유대인은 사마리아인에 대한 적대감으로 인해 유대에서 갈릴리로 갈 때 요단 강 동쪽 베레아 땅을 거쳐 우회하는 길을 선택했다. 더 멀고 험한 길임에도 불구하고 사마리아 땅을 밟지 않을 수 있다면 충분히 감내할 수 있는 선택이었다. 하지만 예수는 왜 굳이 사마리아를 거쳐 갔을까? 크게 두 가지 관점에서 예수의 의도를 해석할 수 있다. 첫 번째는 다름 아니라 지리학적으로 가장 가까운 거리이기 때문이다. 두 번째는 신학적인 이유이다. 즉, 예수가 사마리아를 통과한 이유는 바로 성취해야 할 아버지의 뜻이 있기 때문이다.

여기서 주목해야 할 부분은 바로 4절에 쓰인 헬라어 동사이다. 개역개정판에 "하겠는지라"로 번역된 δεῖ(데이)라는 동사는 주로 신약성경에서 아버지의 뜻이나 구속사적 역사에서 성취되어야 할 예언을 가리킬 때 종종 사용된다. 이러한 해석이 이 구절에도 적용된다면 예수가 사마리아를 통과하고자 한 선택은 우연이 아니라 아버지의 뜻이라는 것이다. 6절에 보면 그렇게 아버지의 뜻에 이끌려 사마리아 땅에 도착한 예수는 긴 여정 탓에 피곤하여 야곱의 우물 곁에 앉아 쉬고 있음을 요한은 말해주고 있다. 여기서 중요한 점을 발견하게 된다. 그것은 바로 유대는 예수가 갈등을 피해 떠나야 하는 장소로 그려지는 반면, 사마리아는 그 어떠한 갈등으로부터도 자유롭게 쉴 수 있는 장소로 묘사되고 있다는 것이다. 일반적인 1세기의 종교적·문화적 관점에서 보면 이러한 묘사가 얼마나 기존 관념에 반하는지 알 수 있다. 유대는 메시아가 오실 땅으로서 그 중요성을 구약성서와 제2성전 문헌을 통해 쉽게 알 수 있다. 더욱이 그 당시 예루살렘 성전은 종교뿐 아니라 문화적·사회적으로 유대인들 삶의 중심적 역할을 하였기에 예루살렘 성전이 있다는 이유만으로도 유대 땅의 중요성을 쉽게 가늠할 수 있다. 더 나아가서 예루살렘 성전이 있다는 건 무얼 의미하는가? 바로 종교 지도자들과 율법 전문가들이 유대에 살고 있음을 가리킨다. 팔레스타인 전역에서 예수가 누구인가에 대한 대답을 가장 명확하게 얻을 수 있는 곳이 바로 유대인데, 참 모순되게도 예수는 유대에서 환대받지 못하고 종교 지도자들과 바리새인의 경계에 떠밀려 도망치듯이 그곳을 빠져나와야 했다.

그와 반대로 사마리아는 어떠한 땅인가? 북이스라엘이 기원전 8세기에 앗수르에 의해 정복당한 뒤 이주 정책이 시행됨에 따라 많은 북이스라엘 백성이 이방 나라로 쫓겨나가고 여러 이방 종족들이 북이스라엘에 정착하게 되었다. 시간이 흐름에 따라 북이스라엘에 남아 있던 소수 원수민이 이방 종족 출신의 사람들과 결혼을 했고, 그리스 시대에 들어서는 사마리아인이라 불리는 전혀 새로운 종족이 생기게 되었다.

아브라함의 자손이라고 불리는 남유대 사람들은 자신들의 순수 혈통을 내세워 사마리아인의 정체성을 조롱하는가 하면 이방인보다도 못한 취급을 하였다. 랍비 문헌들을 보면 사마리아인과 유대인 간의 골이 얼마나 깊은지 그 적대감이 잘 드러나 있다. 아마 이러한 문화적 배경에서 예수의 선택은 동행한 제자들에게도 의아함을 자아내기에 충분했을 것이다. 그런데 요한은 이러한 불경한 땅을 유대와는 달리 예수가 앉아서 쉴 수 있는 땅으로 묘사하고 있다. 이것은 무엇을 의미하는가? 어찌 보면 예수가 가장 환영받아야 할 땅에서는 푸대접을 넘어 핍박을 피해 도망가는 어처구니없는 상황이 일어나고, 혐오와 불경의 상징인 사마리아에서는 예수가 앉아 쉴 수 있다는 사실이 얼마나 놀라운가?

그릇된 메시아 열망

여기서 본문으로 더 깊이 들어가기 전에 하나 짚고 넘어가야 할 질문이 있다. 그것은 바로 왜 유대인들은 예수를 메시아로 알아보지 못했을까 하는 것이다. 1세기 유대인들이(특별히 종교 지도자들이) 예수를 알아보지 못한 이유 중 하나는 바로 그들이 가지고 있었던 메시아에 대한 기대와는 달리 예수는 외적인 문제보다 내적인(영적인) 문제에 더 관심이 많으셨기 때문이다. 거대한 악으로 여겨졌던 로마제국을 물리치고 유대인들이 그토록 바라던 정치적인 독립뿐 아니라 동시에 누구도 범접할 수 없는 강대한 제국을 건설하길 바랐던 유대인들의 소망은 예수가 이루고자 했던 목적과는 전혀 다른 것이었다. 예수가 이 땅에 온 목적은 정치적 독립도 아니요, 위대한 제국을 세우고자 한 것도 아니요, 오히려 죄와 사망으로부터 인류를 해방하기 위해서였기 때문이다. 그러나 그러한 영적인 해방은 그 당시 종교 지도자들에게는 중요한 관심사가 아니었다. 이미 언급한 것처럼 대중 가운데 그들의 영향력을 굳건히 하고 로마와의 정치적 동맹을 강화함으로써 그동안 누려왔던 특권을 계속해서 유지하는 것이 절대적인 가치로 여겨졌을 것이다. 즉, 그들이 가진 기존 권력을 계속해서 누릴 수 없다면 그 어떠한 대안도 반대한다는 것이다.

더 나아가 예수를 경계하게 된 또 다른 이유 중 하나는 바로 예수의 비판과 개혁이 외부가 아닌 내부를 향해 있었다는 것이다. 예수는 거룩한 성전이 돈 버는 장소로 전락해버린 것에 한탄하였고 종교 지도자들의 오만과 기득권을 가감 없이 비판하였으며 그의 사역 대부분을 사회의 약자를 위해 할애하셨다. 이러한 예수의 행적은 그 당시 유대인들 사이에선, 그리고 그들의 종교 지도자들에게서는 찾아볼 수 없는 생소한 모습이었을 것이다. 그리고 종교 지도자들에게도 이렇게 파격적인 예수의 모습은 감동으로 다가오는 것이 아니라 그들의 기득권을 향한 날카로운 칼날처럼 보였을지 모른다. 참으로 흥미롭게도 시간과 장소를 초월하여 목격되는 공통적인 현상 중의 하나는 기득권을 가진 자들은 그 기득권을 빼앗길 수 있다는 위협을 느낄 때 그들이 가진 모든 권력과 수단을 이용하여 그것을 저지하려고 애쓴다는 것이다. 바리새인들이 세례 요한과 예수를 경계했던 이유도 아마 그러한 자기 보호 본능에서 비롯했을 것이다. 그리고 그의 사역이 더 커지기 전에 싹을 잘라버리려는 의도가 다분히 숨어 있음을 짐작할 수 있다.

이러한 상황이 비단 1세기 유대에만 국한된 것은 아니다. 가만히 들여다보면 이와 비슷한 상황을 현재 한국 개신교에서도 찾아볼 수 있다. 한국 교회의 몰락은 외적 요인으로 인한 것이 아니다. 요즘 가장 대두되는 동성애는 사실상 교단을 초월해서 한목소리로 그 위험성을 경고하고 있기에 웬만한 개신교인들은 그러한 사회 현상에 큰 영향을 받지 않는다. 오히려 진짜 적은 내부에 있다. 내부의 적 중에 가장 강력한 적이 있다면 그건 바로 낮아짐을 거부하는 것이다. 예수의 모범을 따라 섬기고 나누는 것이 아니라, 가진 교회는 더 많은 것을 가지고 누리기 위해 더 큰 성장으로 나아가는 데 방해가 되는 모든 요인을 혐오의 대상으로 찍어내리기를 서슴지 않는다. 교회에서 개혁적인 목소리를 내는 사람은 일심동체의 장애물로 여기고, 교회를 분열하고 쪼개는 위험인자로 낙인을 찍는다.

이제 개신교는 더 이상 사회 주변부에 머물며 약자의 목소리를 대변하는 종교가 아니다. 오히려 모든 기득권을 누리고 사회의 책임을 회피한 채 누구도 침범할 수 없는 철옹성 안에 그들만의 왕국을 세워나가고 있다면 지나친 평가일까? 심지어 어느 담임목사들은 자신의 권위와 안위에 위협이 되는 탁월한 능력 있는 부교역자들을 하나둘씩 내친다는 이야기를 들으면서 「요한복음」에 나타난 바리새인이 생각나는 건 왜일까? 1세기 유대 종교 지도자들이 하나님이 아닌 로마제국을 그들의 주인으로 섬기며 권력을 누린 것처럼 한국 개신교 또한 그들의 기득권을 호위해줄 비호 세력에 기대어 그들에게 주인의 자리를 내주진 않았는지 고민해볼 시기이다.

예수의 시각 vs 세상의 시각

이제 다시 본문으로 돌아가 보자. 야곱 우물 곁에 앉아 쉬던 예수는 유대 문화적 정서상 아주 부적절한 행동을 하시는데, 그건 바로 물 길어온 여인에게 물을 달라고 하신 것이다. 여기서 두 가지의 부적절한 점을 찾을 수 있다. 하나는 물 길어온 이가 사마리아인이라는 것이고, 또 다른 하나는 그 사마리아인이 여인이라는 것이다. 8절에 제자들이 먹을 것을 사러 동네에 들어갔다는 점에 비추어보면 사마리아 여인과 대화를 시작한 시점에는 예수 혼자 우물에 남아 있을 가능성이 크다. 그리고 그 상황은 사람들의 입방아에 오르기 아주 좋은 장면이었을 것이다. 9절에 여인의 반응만 해도 예수의 행동이 얼마나 그 당시 통상적인 문화적 정서에 반하는지 잘 보여주고 있다. "당신은 유대인으로서 어찌하여 사마리아 여자인 나에게 물을 달라 하나이까 하니 이는 유대인이 사마리아인과 상종하지 아니함이러라." 10절을 보면 예수는 이러한 상황에 개의치 아니하시고 여인의 질문에 동문서답으로 대화의 주도권을 잡아가신다. "네가 만일 하나님의 선물과 또 네게 물 좀 달라 하는 이가 누구인 줄 알았더라면 네가 그에게 구하였을 것이요 그가 생수를 네게 주었으리라." 여인은 예수의 대답에 적잖이 당황했을 것이다. 3장에서 니고데모와 예수의 대화가 접점을 찾지 못하고 평행선을 달린 것처럼 사마리아 여인과 예수의 대화도 비슷한 양상을 보인다. 예수는 영적인 생수에 관해서 이야기를 하는 반면 여인은 지극히 육적인 시각으로 다시는 물 길어오지 않을 궁리만 하고 있다(15절). 「요한복음」에서 이러한 오해는 주로 오해하는 자들의 영적인 상태를 보여주는 바로미터가 된다. 「요한복음」에는 영적인 회색지대가 없고 육에서 난 자는 절대로 영적인 것을 이해할 수 없다(3:6). 그리고 영적인 거듭남은 성령을 통해서만이 이루어진다(3:5). 이 시점에서만 보면 사마리아 여인은 니고데모와 같은 선상에 있다고 볼 수 있다. 니고데모나 사마리아 여인이나 종교적인 전통에 매여 메시아를 알아보지 못하고 그가 성취하러 오신 영적인 출애굽에 참여하지 못하는 인간 본연의 한계를 보여준다.

예수는 이 사마리아 여인에게 가장 필요한 것이 무엇인지 잘 알고 계셨다. 그리고 그 선물을 주기 위해 그녀의 가장 깊은 내면을 들추어 내기 시작하신다. 16절에 예수는 여인에게 "가서 네 남편을 불러오라" 라는 개인적으로 매우 민감한 사안을 꺼내시면서 대화를 다시 한 번 주 도해나가신다. 예수의 질문에 많이 당황했을 여인은 즉시 남편이 없음 을 강조하며 그 어색한 상황을 벗어나려 하였다. 그러나 예수는 이 중 요한 순간을 놓치지 아니하고 17, 18절에서 여인이 더는 물러설 수 없 도록 정곡을 찌르신다. "네가 남편이 없다 하는 말이 옳도다. 너에게 남 편 다섯이 있었고 지금 있는 자도 네 남편이 아니니 네 말이 참되도다." 처음 본 유대인 남자가 자신의 과거를 꿰뚫고 있다는 사실을 깨달았을 때 그녀는 어떤 기분이었을까? 수많은 생각이 머리를 스쳐 지나갔으리 라. 하지만 놀람도 잠시, 사마리아 여인은 그녀의 대화 상대가 단순한 유대인이 아니라는 것을 조금씩 깨닫기 시작하였고, 19절에 보니 예수 의 호칭이 유대인에서 선지자로 바뀌었다. 사마리아 여인은 예수가 누 구인지 명확하게 알지는 못했지만 적어도 그가 하는 말씀에 귀 기울여 야 할 만큼 평범한 사람이 아니라는 것은 충분히 깨달았을 것이다.

이 시점에서 대부분의 설교자나 주해가들은 이 여인의 과거에 집중 한다. 그리고 얼마나 이 여인이 음탕한 인생을 살아왔는가에 초점을 맞 출 때가 많다. 하지만 이 본문 어디에도 예수가 이 여인의 과거를 정죄 하거나 비하하는 모습은 찾아볼 수 없다. 물론 어느 시대나 동서고금을 막론하고, 5명의 남자와 산 경력이 있고 현재 함께 살고 있는 남자가 남 편이 아니라는 사실은 얼마든지 뒷공론의 주인공이 되기에 충분하다. 특별히 여성의 인권에 대한 존중이 매우 약한 중동 지방에서는 그 편견 과 차별이 더 심했을 것이다. 하지만 예수는 그녀의 과거사를 문제 삼 지 않으신다.

여기서 오해하지 말아야 할 것은 여인의 과거에 대한 예수의 침묵이 남편이 아닌 남자와 동거하는 일을 옹호하셨다는 것을 가리키진 않는다는 점이다. 율법적으로나 중동의 문화적인 잣대로나 여인의 현재의 삶이 부적절한 것임은 의심의 여지가 없다. 그럼에도 불구하고 예수는 여인에 대하여 어떠한 도덕적인 평가를 하지 않으신다. 예수의 관심사는 이 여인이 얼마나 도덕적으로 완벽한가에 있지 아니하고 오히려 이 여자에게 얼마나 생명수가 필요한지에 있다. 복음서에는 예수가 율법적으로 흠이 많고 사회적으로 배척받은 자들을 대할 때 자신의 도덕적 우월감으로 상대방을 무시하거나 경시하는 모습을 어디에서도 찾아볼 수 없다. 예수는 가난한 자나 부자나, 배운 자나 못 배운 자나, 높은 지위에 있는 자나 낮은 자나, 율법적으로 흠이 많은 자나 적은 자나 상관없이 동일하게 대하신다. 바리새인이자 유대인의 지도자였던 니고데모를 대할 때에도, 상종도 하지 말아야 할 사마리아 여인을 만났을 때도 예수의 행동은 한결같다. 그 어떤 사회적 편견이나 고정관념에 사로잡히지 아니하시고 아버지의 뜻에 전적으로 순종하는 것을 최고의 가치이자 목표로 삼으시는 모습에서 예수의 사역의 핵심을 엿볼 수 있다. 즉, 예수에게 가장 중요한 관심사는 딱 하나이다. 그건 바로 그가 만나는 이가 거듭났나 아닌가이다. 이 본질 외에는 그 어떤 것도 예수의 마음을 움직이지 못한다. 예수의 수많은 기적과 가르침의 목적도 다름 아닌, 바로 그가 만나는 이들을 아버지께로 인도하기 위함이다.

우리는 주로 우리 자신보다 도덕적으로 흠결이 많거나 나와 다른 배경을 가진 이들을 보면 예수와 정반대의 반응을 보일 때가 많다. 그들에게 얼마나 예수가 필요한지를 생각하기 전에 도덕적 잣대를 들이대거나 그들의 부족함을 비난하거나 심지어 혐오하는 반응을 보일 때가 많다. 몇 가지 예를 들어보자.

사마리아 여인과 같은 배경을 가진 여인이 작은 동네 교회에 방문했다고 생각해보자. 수많은 남자와 관계를 맺어왔고 지금 동거하는 남자도 남편이 아니라는 사실이 이미 온 동네에 알려진 상태라면 이러한 여인을 진정으로 환영할 수 있을까? 내가 교회 지도자라면 어떤 반응을 보일까? 겉으로 내색은 못 하겠지만 일반적으로 이 정도로 흠이 많은 여인이 교회에 방문하고 심지어 등록까지 한다고 한다면 내심 다른 교회로 갔으면 하는 맘이 들 수 있을 것이다.

만약에 미혼모 대학생이 대학부에 나온다면 교회에선 어떤 반응을 보일까? 따뜻하게 미혼모가 교회에 잘 정착하고 더 나아가선 아이를 돌보며 공부할 수 있도록 교회 차원에서 도와줄 수 있을까? 아마 많은 성도가 젊은 미혼모 대학생의 딱한 사정에 공감하기보다 그녀의 과거에 더 많은 관심을 보일 것이다. 미혼모 학생과 비슷한 또래의 아들을 둔 부모들이라면 더욱더 경계하지 않을까?

근래에 보수 개신교 중심으로 열린 반정부 집회에서 나오는 구호나 연설을 듣다 보면 살기가 느껴질 정도로 분노와 혐오의 극치를 보여준다. 이러한 현상을 단순히 성숙한 민주주의로 가는 과도기의 진통이라고 보기엔 너무나 과격한 면이 있다. 이렇게 정치적으로 극한 대립을 하는 상황에서 나와 다른 정치적 성향을 가진 이들을 어떻게 대할 것인가? 다름을 인정하고 반대 의견에 귀 기울여주는 것이 성경적이며 성숙한 그리스도인의 모습이 아닐까?

전 세계적으로 이슈가 되고 있는 난민 문제는 어떠한가? 2018년 제주도에 입국한 예멘 난민들의 거취에 대해 뜨거운 찬반 논쟁이 있었다. 이들이 무슬림이라는 이유만으로 수많은 개신교 성도들이 과민 반응을 보이며 이들의 난민 허가에 강력히 반대하였다(물론 이 개별 사건은 인권 이상의 복잡한 정치적 사건일 수 있다). 이슬람 혐오는 이미 개신교 가운데 만연하게 퍼져 있다. 무슬림에 대한 극단적 경계심과 과도한 공포증으로 인해 그들의 인권까지도 무시하는 이러한 행동들이 과연 성경적일까? 예수가 그러했듯이 편견을 버리고 무슬림 또는 난민을 적대와 혐오의 대상이 아닌 전도와 긍휼의 대상으로 바라볼 순 없을까?

얼마 전 초등학생들 사이에서 차별과 혐오의 언어가 난무한다는 충격적인 기사를 읽었다. 엘사(임대아파트 LH에 사는 아이), 기생수(기초생활수급자), 빌거(빌라에 사는 거지), 이(삼)백충(아빠 월수입이 200~300만 원 정도인 아이들을 칭하는 말) 등 차마 입에도 담기 어려운 말들이 어린 학생들 사이에서 널리 퍼져 있다는 현실이 너무나도 안타깝다. 아이들은 들은 대로 말하고 본 대로 행동한다는 점을 고려할 때 기성세대는 책임을 통감하지 않을 수 없다. 급속한 경제 발전과 무한 경쟁의 사회에서 돈은 최고의 가치와 권력이 되었고 재력은 대물림되면서 또 다른 형태의 신분제 사회를 만들었다. 그 주류 사회에 들어가지 못한 가족과 자녀들은 낙오자라는 낙인을 안고 살아야 한다.

교회는 어떠한가? 물론 세상처럼 노골적이진 않지만 여전히 당회와 공동체의 주축이 되는 사람들은 주로 많이 가지고 많이 배운 이들이다. 교회 안에서도 돈 있는 자들이 중요 결정을 내리고 목회자도 소위 '많이 가진' 성도들의 눈치를 보면서 돈의 논리가 영적인 원리를 지배하는 경우를 심심치 않게 볼 수 있다. 가난하고 사회의 주변부에 머무는 성도들이 어떠한 차별도 받지 않고 그들의 은사에 따라 맘껏 섬기고 그들의 목소리가 반영되는 건강한 공동체가 얼마나 될까? 돈과 사회적 지위가 아닌 영적인 성숙함이 가치 있게 여겨지는 풍토가 뿌리내리지 못한다면 교회는 지속적으로 세속화의 물결에 휩쓸리고 말 것이다.

위에 언급한 사례에서 볼 수 있듯이 혐오와 차별은 더는 교회 밖에서만의 문제가 아니다. 어찌 보면 지난 2,000년간 혐오와 차별은 여러 다른 모습으로 교회 안에 늘 존재해왔었다. 문제는 사회가 이러한 사회적 이슈에 민감하고 성숙하게 반응하고 성장한 사이 교회는 몸집 부풀리기에 정신이 팔린 채 시대에 흐름에 발맞춰 나가지 못했다. 1980년대까지만 해도 주일학교 수준이 공교육 수준보다 더 앞서간 면이 있었다. 사회 이슈에 대한 의식도 과거에는 비신자들보다 개신교인들이 더 성숙한 모습을 보여왔다. 하지만 이제는 사회가 교회를 거의 모든 면에서 월등히 앞서나가고 있다. 교회가 빛과 소금의 역할을 감당하기보다는 기득권이나 정치권과의 결탁, 세습을 통한 사적인 이익 추구, 목회자들의 재정적 그리고 성적인 타락, 선민이라는 영적인 우월감 등이 본연의 부르심을 잊어버린 채 왜곡된 자기 만족과 흐려져버린 영적 분별력을 초래하게 되었다. 성직자들의 기득권과 복음의 본질을 놓쳐버린 껍데기 신앙에 반발하여 종교개혁이 일어났고, 그 개혁에 기반을 둔 개신교가 과거의 잘못을 답습하고 있는 이 현실이 얼마나 참담한가?

이러한 혐오와 차별의 근본적인 원인 중 하나는 바로 나는 그들과 다르다는 도덕적 또는 사회적 지위에서 오는 우월감이다. 마치 바리새인이 율법의 잣대로 죄인들을 멸시하고 문벌 없는 예수의 배경을 업신여긴 것처럼, 많은 개신교인도 그들의 율법적 행위가 훈장이 되어 자신들의 기준에 못 미치는 사람들을 증오하거나 혐오의 대상으로 바라볼 때가 많다. 필자는 어렸을 적 교회에서 나이 드신 권사님들이 예수를 믿지 않는 사람들을 '외인'이라고 부르는 경우를 종종 본 적이 있다. 이 짧은 호칭은 믿는 자들이 교회 밖의 사람들을 어떠한 시각으로 바라보는지 함축적으로 잘 드러내준다. 외인이라는 호칭에는 그들은 우리와 다르고 그러므로 우리는 그들과 하나가 될 수 없다는 우월감과 차별이 뒤섞여 경계선을 만든다. 마치 구원이 전적인 하나님의 은혜가 아니라 그들의 선한 업적이라도 되는 양, 구원을 자신들만의 게토와 영적인 기득권을 형성하는 데 이용하는 것을 볼 수 있다. 예수를 믿지 않는다는 이유만으로도 이러한 차별을 가한다면 사마리아 여인처럼 사회적으로 비난받을 과거나 도덕적인 흠이 있는 자들에겐 얼마나 더 큰 차별을 가할지 충분히 예상되는 바이다. 하나님의 은혜의 목적은 죄인이 자신의 부족함과 불완전함을 고백하게 하고 내가 하나님께 받은 사랑을 다른 이에게 온전히 흘려보내게 하는 데 있다. 내가 죄인 되었을 때를 잊어버리고 내 눈에 들보를 보지 못하는 이들이 어떻게 사랑과 겸손으로 세워진 하나님 나라를 대표하고 전할 수 있을까?

새 언약의 도래와 윤리적 함의

다시 본문으로 돌아와서 사마리아 여인의 반응을 살펴보자. 자신의 과거를 정확히 알고 있는 상대가 평범한 유대인이 아니라 선지자일 것으로 인식한 사마리아 여인은 대화 주제를 '예배'로 전환하였다. 하지만 사마리아 여인은 여전히 전통에 매여 예배의 본질을 놓친 채 어느 곳이 진정한 예배의 장소인지에 대해 예수께 묻는다. 여인의 부적절한 질문에도 예수는 무시하거나 꾸짖지 아니하시고 율법에 따른 제사에 종말을 고하고 영과 진리로 예배할 때가 왔음을 24절에서 분명히 밝히신다. 즉, 더는 하나님의 임재가 성전에만 국한된 것이 아니며 어디서든지 영과 진리로 예배하면 그곳이 성전이 됨을 일깨워주셨다. 이 구절은 단순히 예배 형식에 외적인 변화가 왔음을 가리키는 것이 아니라 예배의 본질을 바꾸는 새 언약의 시대가 도래했음을 가리킨다. 예수께서 이미 2장에서 물을 포도주로 바꾸는 이적을 보이시고 3장에서 예루살렘 성전에서 동물을 팔고 돈 바꾸는 사람들을 내쫓으시는 행위를 통해서 새 시대가 왔음을 상징적으로 보여주었다. 옛 언약에서 통용되고 당연시해 왔던 수많은 종교적 전통과 문화적 관념이 새 언약 안에서 폐지되거나 새롭게 재해석되어야 함을 예수께서 강조하고 계신다.

구습에 따라 사마리아인에게 가해지는 차별이나 혐오는 수 세기 동안 묵인되거나 심지어 정당화되어왔을 것이다. 마치 왕따를 지속적으로 당한 학생이 체념하고 그러한 현실을 받아들이는 것처럼 사마리아 여인도 오랜 시간 동안 자기 민족이 겪어온 증오와 수치를 당연하게 여겼을 것이다. 하지만 예수로 인해 도래한 새 언약의 시대에는 율법의 기준이 아니라 새로운 영적·도덕적 기준을 가지고 하나님을 예배하고 이웃을 대해야만 한다. 이러한 새 언약을 지탱하는 두 기둥 중 하나는 예수를 믿는 믿음으로 의롭다 함을 받는 것이고, 또 다른 하나는 유대인과 이방인 사이에 어떠한 차별도 없다는 것이다. 「사도행전」 10장에 고넬료 가정에서 베드로의 설교를 듣던 모든 이방인에게 성령이 내린 것처럼, 새 언약 안에서는 어떠한 차별도 존재하지 않고 존재해서도 안 된다. 이러한 관점에서 구원은 하나님과 나의 관계만 바꾸는 것이 아니라 나와 이웃의 관계도 바꾸는 능력이 있다. 즉 유대인과 사마리아인 사이를 갈라놓았던 모든 차별과 경계가 무너지고 복음 안에서 하나가 되는 시대가 예수로 인해 시작되었다는 것이다. 이 좋은 소식을 듣지 못한 여인은 여전히 전통과 율법의 한계를 넘지 못하고 옛 언약 속에 자신을 가둬놓는 우를 범하고 만다.

하지만 무지와 오해는 비단 사마리아 여인에게만 국한된 것이 아니다. 제자들도 사마리아 여인과 비슷한 모습을 보인다. 27절에 보면 음식을 사러 갔다 돌아온 제자들이 예수가 여인과 대화하는 모습을 보고 이상히 여겼다고 한다. 만약에 제자들이 예수가 누구시고 모든 이방인에게도 생명수가 필요한 것을 알았더라면 그러한 반응을 보이지 않았을 것이다. 오히려 제자들이 예수의 사역의 본질과 목적을 온전히 깨달았다면 이곳에서 좀 더 지내며 복음을 전하자고 요청하였을 것이다. 하지만 제자들조차 사마리아 땅은 불경하고 사마리아인과는 상종하지 말아야 한다고 생각했던 것 같다. 즉 사마리아 땅을 오래 머물 곳이 못 되고 잠시 쉬며 음식을 취한 후 바로 갈릴리로 떠나야 하는 기착점으로만 생각했을 것이다. 그렇다면 이러한 제자들의 태도가 지닌 문제점은 무엇인가? 그건 바로 제자들조차 여전히 영적인 시각이 아닌 육적인 시각으로 세상을 바라본다는 것이다. 여전히 율법의 기준으로 사람을 판단하고 유대의 관습에 젖어 예수로 인해 도래한 새 언약의 현실을 인지하지 못하고 있다는 것이다.

여기서 우리는 편견이나 관습의 힘이 얼마나 강력한지를 여실히 알 수 있다. 가치관의 변화는 단순히 예수를 믿는다고 저절로 이루어지지 않는다. 의식적으로 말씀에 비추어 나의 기존 가치관과 편견을 하나둘씩 벗겨나가야 한다. 신약성경 가운데 윤리적인 가르침이 많은 이유 중의 하나가 바로 그것이다. 만약에 예수를 믿음과 동시에 우리의 모든 가치관과 윤리적 기준이 예수가 원하는 모습으로 저절로 변한다면 그러한 가르침은 불필요할 것이다. 하지만 현실은 그렇지 않다. 아무리 예수를 오래 믿어도 그분의 가르침에 전적인 동의와 순종 없이는 절대로 그의 제자가 될 수 없고 세상에 빛과 소금의 역할을 감당할 수 없다. 예수를 따른다는 것은 단순히 내적인 변화뿐 아니라 전인격적이고 의도적인 변화가 따라와야 하는 일이다. 그리고 전인격적 변화를 판단하는 가장 중요한 척도는 이웃을 어떻게 대하느냐에 있다. 나와 다른 생각을 하는 자들을 틀리다고 비난하고 나보다 낮은 위치에 있는 자들을 업신

여기고 나의 도덕적 기준에 못 미치는 자들을 증오하는 태도는 예수를 따르는 자로서의 자세가 아니다. 예수는 자신과 다른 생각을 하는 자들의 이야기를 끝까지 들어주시고, 자신보다 낮은 자들은 어린아이라도 업신여기지 아니하시고, 율법적으로 흠이 많은 자를 외면하지 아니하시고 감싸주셨다.

물론 이러한 사랑과 배려를 의도적으로 진리를 왜곡하는 이들에게 베풀면서까지 진리와 타협하라는 말은 아니다. 하지만 복음의 가치를 훼손하는 이단적인 집단이 아니라면 예수께서 보이신 배려와 사랑을 그 누구에게라도 베풀어야 할 책임과 의무가 예수를 믿는 모든 자들에게 있다는 것이다.

요한의 엇갈린 평가

위에서 본 바와 같이 사마리아 여인과 예수의 제자들은 여전히 예수로 인해 태동한 새 시대를 온전히 인지하지 못하고 구습에 갇혀 있다. 하지만 놀랍게도 이 새 언약의 시대를 먼저 알아본 이는 예수의 제자들이 아닌 바로 사마리아 여인이었다. 예수와의 대화를 통해 드디어 예수가 단순한 선지자가 아닌 메시아일 수 있다는 결론에 다다른 여인은 뒤도 돌아보지 아니하고 그녀의 전부라 할 수 있는 물동이까지 내버려두고 마을로 돌아가 그리스도라 하는 이를 만났다고 전하였다.

하지만 제자들은 어떠한가? 사마리아 여인과는 달리 영의 양식에는 전혀 관심도 없고, 31절에 보니 그저 예수께 가져온 음식을 드시라고 청하기에 바쁘다. 육의 양식을 먹는 자체가 잘못된 일은 아니지만 하나님의 일보다 우선시되는 모든 것들은 우상이 될 수 있다. 한 영혼이 아버지께로 돌아오는 중요한 순간에 영의 눈이 멀어 그들의 스승이 하는 일을 알아채지 못하는 제자들의 모습에 예수는 34절에서 동문서답으로 그들의 어리석음을 일깨워주신다. "나의 양식은 나를 보내신 이의 뜻을 행하며 그의 일을 온전히 이루는 이것이니라." 여기서 예수가 말하는 "나의 양식"과 "나를 보내신 이의 뜻"은 다름 아닌 죄인들을 하나님께로 데려오는 일이다. 하지만 그 뜻을 온전히 이루는 이는 바로 제자들이 아닌 사마리아 여인이었다. 제자들은 마을로 가 육의 음식만 가져왔지만, 여인은 마을로 돌아가 구원받을 영혼들을 예수께로 데리고 왔다(30절). 이 얼마나 극적인 반전인가? 예수를 따르고 스스로 선민이라 여겨왔던 제자들은 육의 양식을 구하기에 바쁘고, 부정하고 복잡한 과거를 가진 이방 여인은 영의 양식을 구하는 이 상황은 우리에게 무얼 말해주는가? 먼저 된 자가 나중 되고 나중 된 자가 먼저 된다는 예수의 말씀이 이럴 때를 두고 하신 말씀이었으리라. 만약에 예수가 사마리아 여인을 부정하다 생각하여 지나쳤다면 어떠한 결과를 가져왔을까? 아마 인류 최초의 여선교사를 역사의 페이지에서 지워버리는 끔찍한 결과를 가져왔을 것이다.

제자들의 눈에는 사마리아 땅이 부정한 사람들이 사는 불결의 땅 그 이상, 그 이하도 아니었다. 하지만 예수에게는 추수할 곡식이 넘쳐나는 축복의 땅이었다. 우리가 살고 있는 사회 또한 육의 눈으로 바라보면 혐오의 대상들이 가득하다. 사회적·문화적·정치적·종교적 의견이 첨예하게 갈리고 더 높은 고지에서 기득권을 누리기 위해서 서로 밟고 밟히는 이 비정한 현실에 개신교인들조차 편승해야 하는가? 나만 옳고 너는 그르다는 태도를 가지고, 예수를 보내신 이의 뜻을 이 땅에서 이루어갈 수 있을까?

본문 마지막 부분에 보면 편견과 관습을 뛰어넘는 예수의 배려와 사랑이 또 다른 배려와 사랑을 낳는 모습이 나온다. 사마리아 여인으로 인해 예수를 믿게 된 마을 사람들의 간청으로 불경의 땅에서 이틀을 더 유하는 놀라운 일이 일어난다(40절). 이틀을 유한다는 것은 단순히 그들과 교제하는 것뿐만 아니라 그들의 집에서 같이 먹고 자는 것을 의미한다. 사마리아인과 상종하기도 거부하는 유대인이 그들이 사용하는 그릇에 그들이 요리한 음식을 먹는다는 것을 제자들은 상상이나 할 수 있었을까(「사도행전」 10:14)? 아직도 구습과 율법에 매여 새 언약의 가치관을 온전히 받아들이지 못한 제자들에게 이보다 더 강력하고 효과적인 체험 학습은 없을 것이다. 혐오의 땅에서 맛본 음식 맛을 제자들을 평생 잊지 못할 것이고 혐오의 대상인 사마리아인과 살을 맞대고 지낸 이틀은 그들의 세계관과 가치관을 송두리째 바꿔놓았을 것이다. 제자들에게 사마리아는 이제 곡식이 희어져 추수할 땅이 되었고 사마리아인은 그들과 영원을 함께할 친구가 되었다. 이것이 바로 복음의 힘이자 복음에 빚진 자들의 모습이다.

나가는 말

「로마서」 8장 32절에서 바울은 아들을 아끼지 아니하신 하나님께서 그 아들과 함께 모든 것을 우리에게 주시겠다는 하나님의 약속을 발견한다. 그리고 38~39절에 가서는 세상 그 어느 것도 우리를 하나님의 사랑에서 끊을 수 없다고 강조한다. 우리가 이러한 사랑을 받은 자라면 이와 같은 사랑으로 다른 이를 사랑함은 마땅한 일이다. 우리가 죄인 되었을 때 나를 위해 죽으신 예수, 나의 죄를 정죄하지 아니하시고 사랑으로 끝까지 추적하신 예수를 온전히 만나고 나면 우리가 목에 핏대를 세우고 싸우는 많은 것들이 부질없음을 느낀다. 더 나아가서 나만 옳다고 생각하며 남을 비난하고 심지어 혐오하는 모습에서 예수가 아닌 마귀의 그림자를 발견하게 된다. 인종의 갈등, 정치적 갈등, 신구 세대 갈등, 남녀 갈등, 기득권과 비기득권의 갈등, 종교적 갈등이 넘쳐나는 이 세상 속에서 개신교인들은 사랑으로 혐오를 극복하고 배려로 차별을 극복해야 한다. 그리고 우리에게 주어진 궁극적인 지상명령은 죄인들을 아버지께로 인도하는 것임을 한시도 잊어서는 안 된다. 이 지상명령보다 우선시할 수 있는 것은 그 어느 것도 없을 뿐 아니라 그 명령을 달성하기 위해서 우리는 낮은 자리로 나아가 작은 예수가 되어야 한다. 왜냐하면 세상은 우리를 통해 예수를 보고 만나기 때문이다. 이 글을 마치며 자신과 다른 누군가를 온전히 받아들이기 주저하는 제자들의 모습에서 필자는 자신의 모습을 발견한다. 나와 다른 생각을 하는 자들을 쉽게 비난했고, 나의 알량한 도덕적인 기준에 못 미친 이들을 쉽게 정죄했으며, 내 생각을 다른 이들에게 관철하기 위해 상대방의 영혼을 온전히 배려하지 못한 나의 이기적인 모습에 깊은 회개의 시간을 가져본다.

신숙구
영국 케임브리지 대학교 신약학 박사. 현재 횃불트리니티신학대학원 교수.

II.

역사적 · 문화적 시각

모두에게 파괴였던 시간의 바깥
- '제주4.3사건'의 신학적 비망록

———

김진호

죽음의 섬

　제주4.3사건 최대의 집단학살 및 암매장지로 알려진 제주공항 활주로 북단 지역의 유해 발굴 작업이 본격 시작된 것은 2007년이었다. '제주4.3연구소'가 조사 연구한 바에 따르면 1949년과 1950년 두 차례에 걸쳐 이곳에서 민간인들이 학살되고 암매장되었는데, 그 수효가 최대 800명으로 추산되었다.

　유해 발굴팀은 암매장 추정지 일대를 샅샅이 뒤졌다. 하지만 아쉽게도 총 388구의 유해만을 찾아냈고, 이 중 90구의 신원이 확인되었다.

발굴된 유해는 희생자로 추정된 이들의 절반도 안 되었고, 그중 23퍼센트만의 신원을 알아냈을 뿐이다.

이후 보수 정권 10년 동안 중단되었던 발굴 작업은 2018년에야 재개되었다. 하지만 더 체계적이고 더 진일보한 탐사였음에도 불구하고 발굴된 유해는 단 4구에 그쳤다. 그런데 이 4구 중 2구는 아동과 유아의 유골이었다는 점이 주목되었다. 이승만 정부는 이 참혹한 학살극에 대하여 '적에게 협력할 우려가 있는 자들을 제거하는 예방적 조치'라고 주장했지만, 아이들까지 무차별 살해했다는 점은 그런 변명이 얼마나 궁색한지를 보여준다.

그런데 제주공항 활주로 인근에서 자행된 집단학살 및 암매장은 제주4.3사건 당시 발발한 비극의 아주 작은 일부일 뿐이다. 2000년 총리실 산하단체로 설치된 '제주4.3사건 진상규명 및 희생자 명예회복위원회'(이하 '4.3위원회')의 희생자 결정 현황에 따르면, 당시 제주에서 학살당하거나 행불자가 된 이들은 대략 1만 4,000명에 달한다(사망자 10,249명+행불자 3,583명). 이 숫자는 기록이나 증언에 기초하여 결정된 것이다. 그런데 당시의 인구 변동을 통해 추산하면, 2만 5,000명~3만 명의 희생자가 발생한 것으로 추정된다. 이를 1946년 제주도 인구(27만 6,000명 이상)와 비교하면 도민 전체의 9~11퍼센트가 국가에 의해 학살되었다는 것을 뜻한다. 또한 가옥 4만여 채가 소실되었고, 특히 중산간 지역은 95퍼센트 이상의 집들이 불타 없어졌다. 영구적으로 사라진 마을도 100개가 넘는다. '4.3위원회'가 발표한 희생자 유가족의 수는 6만 명에 달하는데, 인구 변동을 통해 추산한 희생자 숫자로 환산하면 유가족은 10만~13만 명에 이른다. 이는 당시 제주도민의 거의 절반 가까운 이들이 희생자 유가족이라는 뜻이다.

제주대학교 정신의학교실 연구팀은 그들이 겪은 고통의 정도를 측정한 바 있는데, 그 결과는 충격적이다. 생존한 직접 피해자들의 외상후 스트레스장애(PTSD) 유병률이 한국인 일반의 평균보다 162배나 높게 나왔다. 유가족의 경우도 139배 높았다. 또 직접 피해자들과 '광주5.18사건' 유공자를 비교해도 2.3배 높았으며, 유가족은 2배 높게 나타났다. 광주에서의 연구는 사건 발생 시점에서 26년이 지난 2006년에 발표된 것이고, 제주에서의 연구는 사건이 일어났던 시기부터 67~68년이 지난 2016년에 발표된 것이다. 또 1995년에 일어난 삼풍백화점 사건을 겪은 이들을 3개월 후에 측정한 수치와 비교해도 직접 피해자는 2.3배, 유가족은 2배가 높았다. 한편 제주4.3사건의 생존 피해자 중 중증 우울증 증상을 보이는 이들의 비율은 41.8퍼센트인데, 아우슈비츠 생존자로 60년 후 중증 우울증 상태에 있는 이의 비율이 56퍼센트다. 조사 시기가 사건 발생에서 10년 가까운 차이가 난다는 점을 감안하면 두 사건의 참혹함의 정도가 거의 맞먹는 수준이라고 할 수 있겠다.

그런데 아르헨티나의 사회학자 다니엘 파이어스타인Daniel Feierstein 은 국가에 의한 집단학살의 사회적 파급력에 대한 글(2012년)에서, 집단학살 사건은 그 파장이 너무 광범위하고 장기간 확대 재생산된다는 점에서 그 직접 희생자들에 한정하여 고통을 논하는 것으로는 충분치 않다는 논지를 편다. 여기서 그는 '간접적 희생자'(indirect victim)라는 용어를 사용하는데, 그 범위에는 가해자나 제3자까지도 포함된다. 곧 집단학살 사건은 그 국가의 구성원 전체를 간접적 희생자로 만들어버린다는 것이다.

이것은 우리가 제주4.3사건을 어떻게 보아야 하는지에 대한 하나의 안목을 제시해준다. 위에서 말한 것처럼 직접 피해자와 유가족들의 깊은 고통을 승언하는 것은 너무나 중요한 일이다. 이때 국가는 가해자였고 조직적으로 은폐·왜곡한 장본인이었다. 해서 은폐·왜곡된 그 사건의 진실을 파헤치려는 노력, 그리고 국가가 저지른 잘못을 공식적으로 사과하고 피해자 보상 및 명예 회복을 위한 모든 조치를 다 하는 것은 절대 필요한 일이다. 현 정부의 제주4.3사건에 대한 입장은 이와 같은 문제의식을 지향하고 있는 것으로 보인다.

하지만 파이어스타인의 문제의식처럼, 제주4.3사건은 희생자 대 가해자 문제에만 한정되는 것이 아니라 사회 전체를 파멸적 관계 파괴의 늪으로 빠뜨려버린 사건이다. 그러한 총체적인 관계 파괴적인 사건을 초석으로 하여 한반도는 폭력적 냉전체제로서 구조화되었다. '냉전'은 표현 그대로 전쟁 상황을 함축하고 있다. 다만 끊임없는 전투가 물리적으로 벌어지고 있다는 의미에서의 전쟁 상황이 아니라 상상 속에서 전쟁이 지속되고 있으며, 그 상상의 질서가 사회를 전시처럼 폭력적으로 구조화하고 있다는 뜻이다.

한반도에서의 냉전체제를 우리는 흔히 '1948년체제'라고 부른다. 여기서 '체제', 곧 레짐regime이라는 용어에는 좁게는 '정치체제'라는 의미가 들어 있지만 동시에 사람들의 일상에까지 침투한 관습, 습관, 편향에 대한 것도 함축되어 있다. 즉, 냉전체제라는 표현 속에는 냉전적 정치체제뿐 아니라 일상에 스며 있는 냉전적 의식과 무의식도 포함된다. 하여 제주4.3사건은 1948년 8월 15일에 출현한 남한 단독정부로부터 시작해서 오늘에 이르는, 냉전체제로서 한국 사회의 구조화된 폭력의 기원이 된다. 이 글은 바로 이런 관점에서 제주4.3사건을 읽고자 한다.

하지만 앞에서 말했듯이 사회 전체가 폭력이 난무한 사회가 되었다는 것은, 가해자와 피해자의 이분법만으로 그 폭력의 메커니즘을 충분히 논할 수 없음을 뜻한다. 국가는 저 원초적 폭력을 은폐하거나 정당화하면서 폭력적 질서를 구조화한다. 이때 모두는 그 구조화된 폭력의 피해자이자 가해자다. 이러한 고통에 대한 사회적 망각의 체계는 개개인을 강요된 망각의 상황에 놓이게 하지만, 그것은 기억이 사라진 것이 아니라 파편화된 것을 뜻한다. 파편화된 기억은 때로 병증을 유발하며 새로운 폭력의 배경이 되곤 한다. 새로운 폭력이라고 하는 것은 '와전된 폭력'을 뜻한다. '와전'이라는 말은 '잘못 표현되는 것'(misrepresentation)을 가리킨다. 즉, 폭력은 전염되지만 당사자 간의 다툼으로만 나타나는 것이 아니라 끊임없이 엉뚱한 제3자를 향해 가해진다는 것이다. 그런 것이 계속되면 폭력의 원인은 모두에게 잊혀진다. 하여 사회는 그 원인에 대해 묻지 않는다. 그리고 간혹 어떤 대상을 향해 모든 폭력적 상황의 책임을 전가한다.

나는 오늘 한국 사회에서 발생하고 있는 이러한 구조화된 폭력과 폭력의 와전, 책임 전가의 상황을 총체적으로 가리키는 개념을 '1948년체제'라고 부른다. 그리고 그 사건의 초석적 사건을 '제주4.3사건'이라고 보았다. 그런데 이러한 근대 한국의 폭력적 체제의 기원을 이야기하기 위해서 세 범주의 증오의 화신들이 주목된다. 제2차 세계대전 이후 국제 질서를 '반공'이라는 새로운 증오의 질서로 구축하려는 미국과, 그러한 미국의 국제정치적 전략에 기초해서 남한 사회를 '반공'이라는 증오의 사회로 구축하려는 남한 정부, 그리고 '반공주의적 증오의 신학'으로 주체를 형성해갔던 월남자 중심의 개신교 세력, 이들의 헤게모니적 결합이 한국의 '1948년체제'를 구축했다. 다음 장에서는 '1948년체제'적인 '폭력의 기원'으로서의 제주4.3사건을 이 세 증오의 화신들을 중심으로 이야기할 것이다.

이어서 제주4.3사건이 어떻게 '폭력의 와전' 상황으로 모두를 몰아가고 있는지를 이야기함으로써, 그 폭력의 체제로부터의 해방은 직접 피해자와 유가족만의 염원이 아니라 모두의 바람임을 말하고자 한다. 하여 이 글의 마지막 과제는 '평화신학'에 관한 것이다. 모두의 염원이어야 하는 '폭력적 체제 넘어서기'를 위해서 평화신학은 증오로 덧입혀진 낡은 신학적 요소들을 청산해야 한다. 그렇게 함으로써 모두의 염원이 될 수 있는 신학을 이야기할 수 있다. 이 글은 바로 이런 가능성에 대한 하나의 모색이다.

폭력의 기원

1945년 8월 15일, 일본제국의 무조건 항복 선언으로 식민지 대중이 겪어야 했던 폭력의 시간은 끝이 났다. 그러나 그것은 폭력의 종식이 아니라 다른 폭력의 시작을 의미했다. 특히 제주가 그랬다.

제주는 제2차 세계대전 말기에 일본 본토를 수호하는 최후의 저지선으로 설정되었다. 당시 제주 인구가 20만 명을 약간 상회하는 수준이었는데 주둔한 병사는 7만 5천 명으로 인구 대비 군인의 수가 34퍼센트를 넘었다. 또 다른 최후 저지선이었던 오키나와의 경우 섬 주민이 80만 명 정도였는데, 주둔 병력이 12만 명이었으니 인구 대비 군병력이 15퍼센트 정도였다. 뿐만 아니라 제주에는 전투비행장이 네 개나 되었고 요새들도 100여 개에 달했으니 섬 전체가 군사 기지였다고 해도 과언이 아니었다. 게다가 제주로 파견된 부대는 만주 등지에서 민간인들에게 무자비한 폭력을 가했던 관동군의 일부였다. 그러니 제주도민이 겪었을 고통은 미루어 짐작할 만하다.

그러다 해방이 되었다. 일본군은 철수했고, 철수한 병력만큼의 인구가 제주도로 유입되어 들어왔다. 그들 중 대부분은 일본 군대를 피해 타향으로 이주했던 이들이었다. 그때부터 1946년 8월 이전까지 약 1년간은 제주도인민위원회가 도의 행정과 치안을 주도했고, 선주민과 이

주민 모두가 가난했지만 평화롭게 내일을 꿈꾸며 살아갔던 시기였다.

하지만 1946년 3월부터 시작된 미·소공동위원회 국면, 그리고 5월 정판사 위조지폐 사건 등을 거치면서 이념 갈등이 모든 사회적 문제를 뒤덮기 시작했고, 미군정청이 임명한 경무국이 그해 여름부터 본격적인 좌파 사냥에 돌입하게 되었다. 이때 미군정과 경무국은 자신들에 동조하는 적극적 지지자를 제외한 거의 모두를 '좌파'이거나 '좌파 협력자'로 간주했다. 하여 남한 지역의 국민 다수를 가상의 적으로 삼는 좌파 사냥이 벌어진 것이다.

그렇게 갈등이 고조되면서 1947년 3.1절이 되었다. 이때 좌익계 기념식 인파를 향한 경찰의 총격 사건이 벌어졌고, 전국에서 22명의 민간인이 사망했다. 그중 제주에서만 경찰의 발포로 인한 사망자가 6명이었다. 이에 좌익계 사회 운동 조직의 저항, 그리고 시민들의 동조 시위 등이 전국적으로 일어났고, 당국은 강경 진압 및 체포, 구금 등으로 대응했다. 그 와중에 1948년 4월 3일 좌익계 청년들 350여 명이 무장을 하고 24개 경찰 지소 중 12개 지소를 공격한 사건이 발생했다. 이 사건 직후 제주 모슬포에 주둔한 국방경비대 9연대는 좌익 무장대와 협상에 들어갔으나 미군정청이 직접 개입한 5월부터는 강경 진압으로 선회했다.

이러한 변화의 배후에는 미국의 국제정치적 전략의 선회가 있었다. 1823년 발표된 '먼로 독트린Monroe Doctrine' 이래 미국은 국제정치에 개입하지 않는 것을 원칙으로 삼아왔다. 그런데 1947년 3월 12일 선포된 '트루먼 독트린Truman Doctrine'은 '공산주의에 대항하는 국제적 네트워크 건설'을 위해 미국이 '적극 개입'한다는 것을 골자로 하고 있었다. 이는 처참했던 전쟁의 시간이 종식된 이후를 평화가 아닌 (반공주의적) 냉전의 시간으로 이어가겠다는 신호이며, 이 반공 전선을 미국이 주도하겠다는 선언인 것이다.

이 독트린은 곧바로 그리스와 한국에서 벌어진 엄청난 폭력적 사태의 배후가 되었다. 미국은 이 두 곳이 공산화될 우려가 농후한 지역이라고 보았고, 그것을 막아내기 위해 우파 세력을 적극 지원하고 이에 저항하는 세력은 모든 수단을 동원해서 제거한다는 '원칙 아닌 원칙'을 적용했다. 그 결과 5만여 명의 사망자와 70만 명의 난민을 발생시킨 그리스 내전이 일어났고, 제주도를 '죽음의 섬'으로 만든 제주4.3사건이 자행되었다.

트루먼 독트린이 발표된 바로 다음 날 이승만은 '남한 지역에 과도정부를 세우는 것만이 공산주의를 막는 유일한 길'임을 주장했고, 미국의 사실상의 승인과 주도 아래 이듬해인 1948년 5월 10일 남한만의 총선거가 실시되었다. 4월 3일 제주에서 벌어진 파출소 습격 사건은 바로 이 총선거에 대한 저항의 표시였다. 이 사건을 계기로 계속된 저항 국면은 전국에서 유일하게 제주에서만 3개 선거구 중 2곳에서 당선자를 내지 못하는 사태로 이어졌다.

5.10총선으로 당선된 제헌의회 의원들에 의해 대통령으로 선출된 이승만이 가장 먼저 취한 행보 중 하나는 제주에 대한 응징이었다. 그는 10월 11일 제주도비상경비사령부를 설치했고 군병력을 증파했으며, 17일에는 이 섬에 계엄령을 선포했다. 그리고 일본군 하사관 출신의 송요찬 중령을 계엄사령관으로 임명했다. 그때부터 송요찬이 지휘하는 대한민국 국군은 민간인을 닥치는 대로 학살했고 가옥을 무차별 파괴했다. 그리고 12월 7일부터는 일본군 준위를 지낸 함병선 중령이 계엄사령관을 승계하여 학살극을 이어갔다. 이 두 인물이 토벌대를 이끈 1948년 가을부터 1949년 봄 사이에 제주4.3사건 중 가장 많은 인명이 희생되고 가옥이 파괴되었다.

그러나 군이 주도한 만행만으로 이 사건의 폭력성을 충분히 드러낼 수 없다. 서북청년단은 제주도민들에게 가장 잔인한 토벌자들로 기억되고 있다. 서북청년단이라는 용어에서 볼 수 있듯, 그들은 주로 서북지역(평안도와 황해도) 출신의 젊은 월남자들이었다. 이곳은 20세기 초 한반도 전체에서 가장 산업화된 지역이었고, 개신교는 그중 더 산업화된 도시들을 중심으로 빠르게 확산되었다. 하여 개신교 신자는 자산 능력과 사회적 능력을 갖춘 이들이 많았다. 그런데 해방 이후 공산주의자들과의 주도권 경쟁에 밀린 개신교도들의 상당수가 월남했는데, 그중 다수는 자산가 집안 출신의 청년 남성이었다.

1946년 11월 30일, 이들 월남자 개신교도들이 주축이 된 서북청년단이 결성되었다. 그들은 남한 사회에서 점점 더 무자비한 백색테러 집단이 되어갔다. 그렇게 되었던 이유의 하나는 그들의 반공주의 성향이 월남할 당시부터 매우 강했다는 점과 무관하지 않다. 또한 그들은 잘 결속되어 있었는데, 그 중심에는 월남자 교회들, 특히 한경직의 영락교회가 있었다. 한경직은 미군정 당국과 가장 긴밀한 네트워크를 가진 인사로, 미군으로부터 일본 종교 집단의 소유였던 적산敵産의 상당 부분을 할당받아 월남자들의 정착에 커다란 영향을 미쳤다. 그를 비롯한 월남한 개신교 지도자들, 그리고 그들과 연결 고리가 강한 남한의 일부 개신교 지도자들은 이들 월남자들을 남한 사회의 우파 세력과 연결시켜주었다. 그것은 월남자들이 생계를 위해 할 수 있는 일이 생겼다는 것을 뜻한다. 그중 대표적인 것이 백색테러였다. 남한의 우파 성향 정치 세력과 자본가들은 그들의 백색테러를 적극 지원했다. 또 월남자 교회의 목회자들은 그런 증오의 행위들을 신의 이름으로 정당화했다. 그리고 미군정청이 임명한 경무국장 조병옥, 수도경무청장 장택상은 그 테러 집단의 배후 세력이었고 비호자였다. 그렇게 폭력이 정당화되면서 서북청년단은 점점 광폭한 집단이 되어갔다.

바로 이 악명 높은 서북청년단원들 1,000여 명이 1948년 11~12월 사이에 제주도로 들어왔다. 그들 대부분은 경찰이나 경비대 소속이었다. 그들의 잔혹상에 대해서는 아직 본격적인 조사가 수행되지 않았지만 방대한 구술 기록 등에서 이들이 자행한 잔인한 폭력의 기억은 뚜렷하다. 주로 증언들에 기초해서 〈제주의소리〉에 제주4.3사건에 관해 컬럼을 연재했던 김관후는 그들을 '극우 민병대'로 정의하면서 전국적으로 수십만 명의 민간인을 학살한 장본인으로 규정하고 있으며, 특히 제주에서의 만행을 이들이 저지른 가장 무자비한 폭력의 사례들로 꼽고 있다.

요약하자면 그들의 폭력은 북한에서 공산주의 세력과의 싸움에서 밀려남으로써 형성된 '체험된 적개심'과 남한의 비호 세력의 후원에 기초하여 형성된 '수행적 적개심'이 겹쳐지면서 나타난 것이다. 그리고 제주도나 여순사건의 경우에서 보듯 일본군 출신 장교들의 잔혹성에 고무되어 점점 더 잔혹한 가해자가 되었다.

그러나 이러한 민간인에 대한 잔혹한 학살전인 '초토화작전'은 송요찬과 함병선, 그리고 서북청년단 등이 충실한 실행자이긴 했지만, 그것이 그들의 머리에서 나온 것은 아니었다. 1949년 4월 1일자 미군사령부 첩보보고서(G2)에 따르면 미군사고문단에 의해서 '민간인에 대한 대량학살 계획'(program of mass slaughter among civilians)이 한국군에게 지도·하달되었음이 확인되었다. 송요찬 부대의 작전참모를 지낸 한 장교의 증언에 의하면 그것을 한국군은 '초토화작전'이라고 불렀다고 한다. 이후 한국전쟁 중에도 제주는 계속 계엄령 아래 놓여 있었고, 그때 자행된 무자비한 학살과 강간, 파괴 등은 생존 피해자들과 유가족들의 삶을 파괴했을 뿐 아니라, 제주 사회 전체를 고통 속에 빠뜨려버렸다. 하여 이러한 초토화작전은 미국 정부가 사주하였고, 한국의 우파가 행동으로 옮김으로써 실행된 것이다.

그런데 미국 정부가 그렇게 한 것은, 위에서 말했듯이 트루먼 독트린에 의거한 것이다. 이에 따르면 그리스나 한국 같은 사회에서 다수 대중이 무엇을 갈망하고 있는지는 미국의 관심사가 아니었다. 공산화를막는 것이 그들의 유일한 목표였다. 해서 그 목표에 가장 근접한 우파정권을 설립하는 것이 중요했다. 그 정권이 어떤 속성을 가지고 있는지는 아무런 문제가 안 되었다. 더욱이 이러한 정권이 국가를 장악하는과정에 대중이 저항하면 그들을 철저히 무력화하고자 했다. 그리스나남한의 우파 정권은 이러한 미국의 원칙에 지나치게 충실했다. 해서 엄청난 학살이 자행되었다.

그렇게 정권은 제주에서 잔인한 반공주의를 추구함으로써 수립되었고, 그것을 강도 높게 추구하고 전국 곳곳으로 확대할수록 더욱 견고해졌다. 그리고 이렇게 형성된 체제는 정권이 바뀌어도 변화하지 않았다. 곧 제주4.3사건은 '1948년체제'의 초석적 사건인 것이다. 하여 이 사건은 한국 사회를 구성하는 모든 존재들을 규정짓고 있는 폭력적 질서의기원이 되는 사건이다. 다음 장은 이 기원적 사건에 기반을 둔 '1948년체제'의 병리성, 그 와전된 폭력 현상에 대해 이야기하려 한다.

폭력의 와전

제주4.3사건 당시 토벌대는 무장대뿐 아니라 그들과 연계되었을지모른다는 근거 없는 가정 아래 무수한 민간인을 학살함으로써 이 섬에서 '빨갱이'의 흔적을 이예 지워버리고자 했다. 그리고 그 사건을 원사건으로 하여 성립한 '1948년체제'는 그런 폭력을 정당한 것으로 기억하게 하고, 그 폭력의 정당성에 저촉되는 기억들을 망각하게 했다. 이런 '1948년체제'의 기억과 망각의 정치학 틈새에서 사회는 무수한 냉전주의적 폭력으로 점철되었다.

현기영의 소설 「순이 삼촌」(1978)은 이런 냉전주의적인 폭력적 체제의 원사건인 제주4.3사건에 주목하면서 거기에서 발생하는 폭력의 와전 현상을 증언하고 있다. '순이'[1]라는 여성은 1949년 음력 섣달 17일에 발생했던 집단학살 사건으로 그 이후의 삶이 산산이 부서졌다. 그 사건은 북제주군 조천읍 북촌리의 북촌초등학교 인근에서 군인들이 마을 주민 400여 명을 집단학살한 것을 말한다. 그녀는 평생을 트라우마에 시달리다 30년 가까이 지나 56세의 나이로 자살했다. 소설은 장례식을 치르기 위해 화자의 큰집에 모인 가족들이 그녀의 죽음에 대해 이야기하는 중에 드러나는 제주4.3사건을 둘러싼 파편화된 기억의 흔적들을 묘사하고 있다. 그 흔적들 속에서 공적 기억에 의해 은폐됐던 반기억(counter-memory)이 도처에서 출현한다. 작가는 바로 이렇게 출현하는 반기억의 편린들을 조합하여 그때에 관한 단편적인 폭력의 기억들이 스토리를 이루도록 사람들에게 상상력의 날개를 달아주고자 한다. 그렇게 함으로써 국가가 강요한 공적 기억에 균열을 내고 나아가 그것을 대체하는 새로운 공적 기억을 만들고 싶어 한다.

사람들은 순이 삼촌이 왜 자살하게 되었는지 정확히 알지 못한다. 막연히 지병인 신경쇠약이 악화된 탓으로 말한다. 아니, 사실은 가족들 대부분은 그 원인에 대해서 비슷한 추측을 내리고 있다. 북촌초등학교 옆 그녀의 땅인 옴팡밭에서 그녀의 가족들과 이웃들이 모두 죽임당했다. 그리고 그로부터 30여 년 후 그곳 옴팡밭에서 그녀도 자신의 생명을

---

1 제주에서 '삼촌'은 가까운 친척을 일컫는 표현이라고 한다.

끊었다.

그런데 그 사건을 그녀는 기억하지 못했다. 그 사건은 공적 기억에 따르면 빨갱이를 처형한 사건이다. 하여 그것이 '오해'라고, 자신과 가족과 이웃들은 빨갱이가 아니라고 항변하는 그녀의 기억은 금지되었다. 그녀의 무의식은 빨갱이가 되는 대신 기억을 파편화시켜 서사화될 수 없게 했다. 서사가 되지 못한다는 것은 언어로 표상되지 못한다는 것을 뜻한다. 그런데 그것이 가끔 몸 밖으로 뛰쳐나온다. 가령, 이웃집의 메주콩이 없어진 것으로 그녀가 훔쳤다는 오해를 받은 일이 있었다. 한데 메주콩의 '오해'로 인해 그녀에게 옴팡밭에서의 '오해'가 소환되는 플래시백flashback 현상이 일어났다. 겨우 그 흔적들을 무의식 깊은 곳에 숨겨두었는데, 이 일로 몸 밖으로 뛰쳐나간 그 흔적들은 이유 모를 공포 속으로 그녀를 휘몰아갔다. 이후 그녀에겐 일종의 대인기피 증상이 나타났다. 그리고 환청을 들었다. 어쩌면 그것은 주검들의 소리다. 그때 죽은 그녀의 아이들의 울부짖음 같은 소리 말이다. 그렇게 몇 년을 보내다 그녀는 자살했다.

사람들은 그녀가 자살한 것은 옴팡밭 사건과 관련이 있을 것이라고 생각했다. 그것은 그들이 그 사건을 '오해' 탓이라고 생각하는 순이 삼촌과 공감대를 갖고 있기 때문이다. 그러나 그런 공감대는 금지된 기억이다. 금지되었기에 사람들은 그런 공감을 표현할 언어를 갖고 있지 못하다. 하여 가족들의 대화는 그 사건에 다가가지 못하고 곳곳에서 부서져버린다.

그녀에 대한 다른 기억들이 불쑥불쑥 끼어들어 온다. 결벽증 같은 이상 행동, 불규칙하게 날뛰는 날카로운 감정 변화 등, 그녀의 평소 모습은 사람들에게 너무나 불편하게 다가왔다. 그것은 주변 사람들에게는 폭력적 상황이었다. 그녀가 의도한 것은 아니지만 사람들은 그녀에게서 괴롭힘을 당하고 있었던 것이다. 즉 그녀는 피해자였지만 가해자였다. 그런 피해-가해의 이분법적 틀을 해체시키는 경험들이 그녀를 둘러싼 또 다른 사실들을 구성함으로써 그녀를 죽음에 이르게 한 원사건에 사람들은 다가가지 못한다. 단지 미묘한 불편함을 느낄 뿐이다.

화자와 화자의 아버지는 오랫동안 핑계를 대며 고향을 찾지 않았다. 사람들에게 고향은 가장 강렬한 기억의 장소다. 가족들, 친구들, 이웃들, 동물들, 나무들, 돌들 하나하나와 뒤얽힌 기억이 그를 고향과 연계시킴으로써 공동체의 일원으로서 책임을 다하는 이가 되게 한다. 도덕 공동체는 그렇게 형성된다. 사람들은 이 공동체를 구성하는 모든 이들에 대해, 설사 생각이나 이념이 다르더라도 공감하는 이가 될 수 있다. 그렇게 공감하기에 그이들이 고통을 겪는 일이 벌어질 때 그이들을 위해 생각하고 행동할 수 있다. 그런데 고향의 상실은 종종 그이에게서 도덕 공동체 감각을 해체시키는 '장소적 기억의 파괴' 증상을 일으키게도 한다. 화자와 그의 아버지는 그런 장소적 기억의 파괴 증상을 변형된 양상으로 드러낸다. 도덕 공동체의 일원이 되기를 꺼리는 것이다.

'고모부'는 훨씬 더 직접적으로 장소적 기억의 해체 증상을 보여준다. 그는 월남자로 남한에 내려왔다가 서북청년단에 가입했고, 빨갱이들을 색출·척결하기 위해 제주로 들어왔던 사람이다. 화자의 할아버지는 가족을 살리기 위해 이 난폭한 청년에게 딸을 시집보냈다. 그래서 그는 이웃을 학살한 자이지만 화자의 가족에겐 구원자였다.

그의 난민적 정체성을 시사하는 것은 그의 이중언어다. 그는 고모부가 된 이후 가족 대소사에 깊이 개입하였는데 그럴 땐 제주 말을 능숙히 사용한다. 그의 존재는 그 가족에겐 그 이후에도 계속 든든한 버팀목이 되었다. 그의 능숙한 제주 말은 그가 가족과 공감의 공동체를 형성하고 있음을 시사한다. 그런데 제주4.3사건과 관련된 이야기를 할 때는 평안도 말을 쓴다. 그는 이 대목에서 제주 사람들을 철저히 타자화한다. 고향인 평안도는 빨갱이에게 폭행당했다는 기억과 분리할 수 없는 장소다. 해서 그는 그곳에 대한 장소적 기억을 지워버렸다. 그곳은 그에겐 증오의 공간일 뿐이다. 그런데 그는 제주에서 빨갱이를 향해 증오를 표출할 때 평안도 말을 쓴다. 평안도 말은 그에게서 증오의 언어이고 폭력적 가해의 언어인 것이다. 요컨대 고모부는 폭력의 가해자였다. 그런데 고모와 결혼하고 제주에 눌러살게 된 이후 그는 가족이자 이웃이 되었다. 그러나 4.3사건의 폭력적인 기억이 소환될 때는 또다시 가해자가 된다. 즉 그는 가해자인 동시에 피해자다. 이것은 고모부도 제주4.3사건의 학살의 기억을 서사화하는 것을 방해하는 존재임을 의미한다.

한편 소설에는 이와 비슷한 이중적 주체에 관한 얘기가 또 있다. 인천상륙작전 앞뒤로 제주의 청년들이 대거 해병대에 자원 입대했다. 그렇게 국군이 됨으로써 자신들이 빨갱이가 아니라는 것을 입증하고자 함이었다. 그들이 열렬한 반공 전사가 된 것은 자신들에게 덧씌워진 오해를 벗기 위함인 것이다. 하지만 그것만은 아니다. 이북 사람들에게 당했으니 이북 사람들에게 되갚아준다는 복수심이 그들이 용맹스러운 반공의 전사가 된 숨은 동기였다.

이렇게 소설 「순이 삼촌」에는 가해자와 피해자가 명쾌하게 나뉘지 않는다. 의도하든 않든 그들은 각자 누군가에게 폭행당했고 또 누군가를 공격했다. 그런데 어느 누구도 과거에 자신에게 폭력을 가한 이에게 복수하지 못했다. 늘 복수는 다른 대상에게로 와전되었다. 그리고 그것은 고모부나 해병대에 입대한 제주 청년들의 경우처럼 엉뚱한 제삼자를 증오의 대상으로 낙인찍고 그에게 폭력을 퍼붓는다. 즉 폭력의 와전 현상에는 전가된 폭력 현상이 포함되어 있다.

이렇게 '1948년체제'는 반공 프레임 아래서 모두를 희생자이자 가해자로 만들어 타자를 향해 끊임없이 이념적 폭력을 가하도록 제도화된 체제다. 더욱이 그 폭력은 와전되며, 그 와전된 폭력의 희생자로 낙인찍히는 타자를 만들어낸다. 이렇게 '적'은, 태어나는 것이 아니라, 만들어졌다.

평화신학

'적'을 만듦으로써 존재하는 사회, 그 '적'을 증오하고 공격함으로써 생명력을 유지하는 사회, 특히 그렇게 만들어진 '적'을 늘 '빨갱이'와 연결시켜 생각하도록 하는 사회, 그런 사유의 문법이 작동하는 담론의 질서를 이 글에서는 '1948년체제'라고 불렀다. 그런데 이와 유사한 담론을 한국의 주류 개신교도 갖고 있다.

한국의 주류 개신교는 '사탄'의 하수인들로 지목된 '이단'을 만들어내곤 했다. 특히 신앙의 위기가 심화될 때는 이단 만들기 현상이 폭증한다. 개신교 신자들 다수는 '이단'이라는 단어만 들어도 화들짝 놀라면서 낙인찍기에 공조한다. 낙인찍은 대상이 실제로 어떤지에 대해 묻지도 않고 먼저 경계하고 배제하며 공격하는 데 동참하는 것이다. 이것은 마치 '1948년체제'에 포획된 대중이 '빨갱이'에 과민 반응하는 것과 유사하다.

이러한 과민 반응이 신경증적 분노장애 증상을 일으키면서 화염을 분출시킨 계기적 사건이 1948년 제주에서 벌어졌다. 미국이 그 '증오의 정치'의 기획자였다면, 이승만 정권과 개신교는 기획자의 의도를 기획자보다도 더 충실히 수행한 행위자였다. 그리고 이 증오의 수행자들은 '1948년체제'라는 담론적 질서 아래서 헤게모니 세력이 될 수 있었다.

서구에서는 1960년대 말부터 '데탕트détente'라는 키워드가 크게 유행하였다. 그것은 세계가 적의 절멸을 전제로 하는 냉전체제로부터 이탈하려는 움직임이 본격화되었다는 것을 뜻했다. 이제 세계는 데탕트라는 단어의 뜻인 '긴장 완화'의 개념을 넘어서 '상호 공존'의 제도화를 모색하기 시작했다.

하지만 동아시아는 그렇지 못했다. 여전히 냉전은 이곳을 지배하는 원리다. 절대로 전쟁이 벌어져서는 안 되는, 전쟁이 터지는 순간 동아시아는 말할 것도 없고 전 세계가 몇 번이나 사라지고도 남을 만큼 가공할 만한 화력이 집중된 세계의 화약고가 동아시아다. 그리고 한반도는 냉전적 동아시아의 국경이다.

바로 이런 동아시아의 국경인 한반도 남쪽을 지배하는 담론적 틀이 '1948년체제'다. 해서 한반도의 탈냉전을 지향하는 '평화론'은 한국 사회를 냉전적 폭력으로 뒤덮었던 '1948년체제'를 극복하려는 것에 그치지 않고, 동아시아와 전 지구의 평화와 안전을 위한 것이기도 하다. 그렇다면 '1948년체제'의 가장 중요한 행위자의 하나인 한국 개신교는 평화론이 주목해야 하는 주요 항목이 되지 않을 수 없다. 이 점에서 한국 개신교 신앙을 구성하는 데 핵심 요소의 하나인 '증오의 신학'을 해체하는 신학적 모색이 절실히 요청된다. 나는 그것을 '평화신학'이라고 불렀다.

위에서 본 것처럼 '이단'에 집착하는 종교성은 '증오의 신학'의 중심 고리가 되고 있다. 그런 신앙에 몰두하는 이들은 늘 증오를 퍼부을 대상을 필요로 한다. 「마가복음」 3장 20~30절에서 예루살렘계 율법학자들은 고통당하는 이들을 치유하고 다니는 대중예언자 예수를 '바알세불Beelzeboul'에 들린 지라고 닉인찍있다. 바알세불은 원래는 블레셋의 최고신 '바알세붑Baalzebub'과 비슷한 발음의 혐오적 표현인데, 그 뜻은

'똥파리의 신'이다. 요컨대 예루살렘계 율법학자들은 예수가 악령 들린 이들을 치유한 것을 가장 혐오적 표현으로 비난하고 있는 것이다.

그런데 낙인찍기는 자신을 돌아볼 기회를 빼앗는다. 그들이 악령으로 평생을 고통 속에 사는 이들이 해방받는 것에 반대한 것은 아니었을 것이다. 하지만 반대 자체에 집착한 탓에 그들은 저 반대자들을 적대하는 데에만 몰두했다. '증오'를 그들의 신학의 중심 키워드로 삼은 것이다.

바로 그처럼 한국 개신교는 신앙의 위기가 올 때마다 '이단'을 찾아다녔다. 저들을 낙인찍고 공격하는 데 몰두하다 보니 자기를 성찰할 틈을 갖지 못했다. 아니 자기를 성찰하지 않으려 적의 발견 혹은 발명에 집착한 것일 수도 있다.

증오의 신학은 적으로 낙인찍은 대상을 신의 이름으로 응징하라고 부추긴다. 그런 부추김에 동화된 이들은 자신에게 허용된 폭력의 방식을 최대한 활용하여 응징을 수행한다. 때로 허용된 폭력은 잔혹한 학살로 나타났다. 제주4.3사건에서 기독교의 증오의 신학에 부추김받은 전사들인 서북청년단원들이 그랬다.

그리고 그 잔혹한 시간은 끝났다. 하지만 증오의 신학은 증오를 멈추지 않는다. '패배한 적'은 죄인이 된다. 하여 평생 속죄하며 살 것을 강요한다. 만약 누군가가 저들을 죄인의 굴레에서 해방하고자 하면 그를 이단으로 낙인찍는다. 물론 예외적 해방이 일어나기는 한다. 그들은 과장되게 전향 행위를 수행한 자들이다.

그런데 많은 이들은 전향하지 못한다. 그리고 그들은 타인에 의해 죄인으로 낙인찍힐 뿐 아니라 스스로에게도 죄인의 낙인을 찍곤 한다. 이렇게 자기 자신이 죄인이 된 이들은 끊임없이 자신을 비하하고 저주한다. 하여 '죄인은 말할 수 없다.' 죄인은 타인에 의해 규정되어야 하고, 스스로 말할 때조차 타인이 규정한 말로 말해야 한다. 예수 주변에 그

많던 벙어리 악령 들린 이들은 이러한 '말할 수 없음'이 병증으로 표출된 자들이다. 즉 실어증은 증오의 신학이 초래한 파괴적 효과의 하나다. 또한 병증은 정신적 장애로 나타나기도 한다. 복음서에서 '악령 들림'으로 표현된 이들이 그런 경우다. 물론 그들도 '말할 수 없는' 노예적 주체이기는 마찬가지다.

증오의 신학은, 이렇게 질병에 걸린 이 혹은 악령 들린 이가 세계를 오염시키고 있다는 공포심을 조장한다. 그들이 '노예적 주체'로서 자신의 주장을 이야기할 수 없는 자든 아니든, 그런 이들이 존재한다는 것 자체가 세계를 위험에 빠뜨리고 있다는 것이다. 타인을 부정 타게 하는 자들에 관한 성서 텍스트들은, 예외 없이 약한 존재가 강한 존재에게 나쁜 영향을 미친다는 것에 대한 대중의 공포심을 반영하고 있다. 이는 증오의 신학에 의해 사람들이 포획된 결과일 것이다. 아무튼 이런 신앙에 따르면 증오의 신학에 의해 낙인찍힌 이들은 사람들에 의해 피해를 당한 이들이지만, 동시에 사람들은 그들을 가해자로 기억한다.

그런데 예수는 그런 병든 이들이 구원을 받는 사건이 일어났을 때 이렇게 말하곤 한다. '당신의 믿음이 당신을 구했소'라고. 그들은 죄인도 아니고 타인을 부정 타게 하는 이들도 아니다. 심지어는 그런 이들에게 이렇게 말하기도 한다. '복음이 전파되는 곳에서 이 일은 오래도록 기억될 것'이라고. 즉 그들은 부정 타게 하는 이가 아니라 구원하는 이라는 것이다.

이와 같이 예수는 당시 이스라엘 사회에 널리 확산되어 있던 증오의 신학에 맞선 예언자였다. 그이는 누군가를 죄인으로 낙인찍는 신앙의 메커니즘을 비판했고, 죄인으로 낙인찍힌 이들의 자기 파괴적 양상이 사람들을 위기에 빠뜨린다는 주장에 만내하면서, 오히려 죄인으로 낙인찍힌 이들이 세계의 구원자라고 선포하고 있다. 그런 점에서 증오의 신학에 대한 예수의 비판이 바로 예수의 평화신학인 것이다.

그런데 이렇게 평화신학을 부르짖을 때도 함정이 있다. 그리스도교의 담론 제도 자체가 함정이다. 그리스도교는 '저 위'에 있는 거룩한 신의 소리를 듣는 일에 모든 노력을 기울여온 종교의 역사를 갖고 있다. 그런데 그 신은 저 낮은 곳에 혐오스러운 자의 이름으로 죽어간 이들의 소리를 듣지 못한다. 그리고 온갖 죄인의 혐의를 안고 살아 있는 자들은 '말할 수 없는 자'이기 때문에 그 소리도 신은 듣지 못한다. 요컨대 신의 소리를 대언하는 자인 성직자는 신이 듣지 못한 것을 들을 수 없고 신이 말하지 않은 것을 말할 수 없다. 해서 성직자들은 제주4.3사건에서 학살되어 암매장된 희생자들의 소리를 대언할 수 없고, 실어증 걸린 생존 희생자들의 소리도 증언하지 못했다. 해서 제주에는 그리스도교가 별로 성장하지 못했다. 특히 가해자였던 개신교는 주로 타지에서 이주한 이들의 종교라고 해도 과언이 아니다.

반면 제주에는 무수히 많은 샤먼이 있다. 그들은 국가에 의해 학살된 유골이 발굴되는 곳마다 위령제를 주관한다. 그런데 이들 샤먼들은 저 높은 곳에 있는 지극히 숭고한 신의 소리를 듣는 자가 아니다. 아니, 그 이들은 저 땅속 깊은 곳에 아무렇게나 내던져진 희생자들의 소리를 듣고자 한다. 반복적으로 울리는 북과 징 소리에 맞춰 기괴한 동작을 반복하던 샤먼이 어느 순간 구천을 떠도는 영혼과 접신하게 되면, 그는 소리로 혹은 몸으로 그 영혼들의 언어를 표현한다. 그리하여 죽은 자는 산 자와 만나고 서로 소통을 시작한다. 순이 삼촌처럼 트라우마에 시달리다 어떤 사건에 접하면서 그때 거기로 플래시백되어 죽은 자들의 소리를 듣는 자기 파괴적인 만남이 아니라, 양자가 서로 소통하여 폭력에 의해 망각된 기억의 흔적들을 하나씩 꺼내 엮어서 서사를 만들어낸다. 역사학자인 마리안느 허쉬Marianne Hirsch가 규정한 '포스트메모리

postmemory'가 의례를 통해서 구성되는 것이다.

그러니까 그리스도교 신학이 죽은 자와 산 자 간의 소통이 만들어내는 포스트메모리 의례를 주관하지 못한 것은 땅의 소리를 듣는 것이 의례로 정착하지 못했기 때문이다. 항상 위에서 내려오는 소리를 듣고 아래를 향해서는 선포만 하는 자, 그런 성직자의 종교는 죽은 희생자들 혹은 살아 있더라도 죽은 자와 진배없는 이들의 소리를 들을 수 없었던 것이다.

서남동은 민중신학자란 '한'의 소리를 듣고 증언하는 사제라고 규정한 바 있다. '한'의 소리란 고통에 시달리고 죄 담론에 치여서 자기를 표현할 언어를 상실한 자들이 외치는 소리다. 그것은 언어가 되지 못한 소리이고 동작이 되지 못한 몸짓이다. 해서 한의 사제는 그 소리를 듣기 위해 모든 노력을 기울이는 자다. 그리고 그 소리를 언어로 재현(representation)하여 사람들에게 증언하는 자다. 더 나아가 그 소리에서 제주를 넘어 전국 차원의 희생자들, 아니 전 지구적인 희생자들, 아니아니 온 우주적인 희생자들에게 고통을 가하는 증오의 신학, 그 메커니즘을 폭로하고 해체하는 데 사력을 다하는 자다. 평화신학은 이러한 한의 사제들의 증언과 활동, 바로 그것과 함께 전개되는 신학적 담론이다.

김진호
한신대학교 신학대학원(신약학). 한국신학연구소 연구원, 한백교회 담임목사, 『당대비평』 주간을 지냈다. 제3시대그리스도교연구소 연구실장을 거쳐 현재 연구기획위원장.

한국 기독교: 시민 종교와 정치 종교 사이에서

최종원

들어가며

오늘 한국 기독교는 전례 없이 사회로부터 비판의 대상이 되고 있다. 이는 한때 기독교의 오피니언 리더라고 불렸던 이들이나 지금 대형 교회를 하고 있는 이들에게서 매우 거친 목소리들이 나오고 있는 상황과도 맞물려 있다. 그들은 현 정부를 사회주의 정권, 북한 김정은의 하수인으로 규정하면서 한국 사회가 당장 망하기라도 할 것처럼 극단의 목소리를 내고 있다. 분명한 사실은 그들의 목소리에 보수 기독교라는 범주를 벗어난 시민 사회가 폭넓게 공감한다고 보이지는 않는다는 점이다. 그러나 오늘의 한국 기독교가 보이는 저와 같은 모습이 어디서 유래했는지, 그 근원을 추적하는 것은 시민 사회에서 마땅히 해야 할 일 가운데 하나일 것이다.

국가와 종교의 관계

동서고금을 막론하고 종교란 세속을 넘어 초월을 지향하는 동시에 가장 세속 깊숙이 자리잡은 현실적인 제도였다. 고대 로마의 예를 보아도, 제국 유지를 위해 종교를 적극 활용하였다. 종교는 사람들에게 하늘의 뜻에 대한 경외감을 심어주어 통치자에 대한 복종을 이끌어냈다. 종교는 제국의 일체성과 통합을 끌어내기 위한 도구였다.

중세 서유럽 역사에서 종교는 정치 권력과 대립하며, 혹은 정치 권력을 압도하는 세력으로 유지되었다. 중세만큼 단일한 최상의 존재는 아니었지만, 근대에 들어 종교는 또 다른 탈바꿈을 한다. 서유럽 근대에 형성된 국민 국가(nation-state) 역시 시민 종교(civic religion) 혹은 공공 종교(public religion)와 관계를 형성하며 발전하였다. 가톨릭이 지배하던 중세가 저물고 근대를 향해 가는 시점에서 서유럽 근대 국가의 정체성은 각 개별 국가들이 그 자체 맥락에서 만들어내고 발전시킨 교파를 중심으로 형성되었다. 이 과정에서 종교의 자유에 대한 투쟁과 정치 및 종교를 둘러싼 여러 논의들이 근대의 정치·사회 이데올로기에 중요한 역할을 하였다. 이제 종교는 시민 사회와 조응하는 시민 종교로서의 역할을 하게 되었다. 고대에서부터 근대에까지 연결된 이 시민 종교는 국가 중심의 법치를 지향하고 새로운 종교 전통과 국가를 통합하는 정치 공동체를 지향한다는 점에서 모든 지배 체제가 갖고 있는 중요한 제도이자 그 속성이었다.

　그러나 시민 사회의 형성에 기여하는 종교와, 국가주의 정치 이데올로기에 순응하는 종교는 명확히 구별되지 않는다. 시민 종교란 20세기 전체주의의 국가 숭배 이데올로기로 변질된 정치 종교(political religion)와는 분명 성격이 다르지만, 그 양자 간의 구별은 생각만큼 간단하지 않다. 오히려 근대 세계에서 시민 종교는 곧 정치 종교로 연결되어 전체주의와 같은 맥락에서 읽힐 때가 많았다.

　루터교와 가톨릭이 대다수를 이루었던 독일과 이탈리아의 대중들은 왜 나치즘과 파시즘에 열광했을까? 왜 한국의 많은 그리스도인들은 광장에서 태극기를 들고 열광하고 있는가? 20세기 유럽의 전체주의와 21세기 한국의 개신교가 생성하고 발전시킨 이미지와 담론은 대중을 특정한 이데올로기로 이끈 것일 뿐 아니라, 대중의 자발적 의사를 반영한 것이기도 하다. 특정 이데올로기로 신성시된 정치와 그를 따라가는 정치화된 종교는 크게 다르지 않다.

　그러므로 시민 종교와 정치 종교를 구분할 필요가 있다. 시민 종교는 교회의 역할과 국가의 역할 사이의 분명한 차이를 인정한다. 그들을 공통으로 묶어주는 것은 '시민'이다. 시민 사회의 형성과 발전을 위하여 종교가 해야 할 역할과 국가의 역할 사이에는 서로 호응하는 것도, 긴장하는 것도 존재하기 마련이다. 여기서는 분명 상호의 존재 인정이 전제가 된다. 반면 정치 종교의 경우, 특정한 이념으로 모인 집단이 배타적인 성격을 띠게 된다. 그 집단은 이데올로기에 경도되어 폭력적인 방식으로 신념을 표출한다. 전체주의 체제하에서는 특정 민족이나 인종 등을 공동체의 '정체성'으로 삼는 공동체의 신성화가 이루어졌다.[1] 특

1　에밀리오 젠틸레, 「정치의 신성화」, 『대중독재 2』, 임지현, 김용우 공편(책세상, 2005), 41~54쪽.

정 공동체가 전유하는 가치는 곧 그 공동체가 지향하는 정치적 속성을 지지하는 정치의 신성화로 연결된다. 파시즘이나 나치즘은 특정 집단이 공유하는 배타적 가치가 종교적 신념과 연결된 사례로, 다른 사람들을 자신들 편한 대로 규정하고 배척하는 타자화 이데올로기를 통해 집단이 추구하는 가치의 정당성을 주장한다. 국가 제도에 대한 성찰과 비판 의식과 건전한 견제 관계가 전제되는, 자유 시민들이 중심이 된 시민 종교 대신에 국가 이데올로기에 철저히 순응하는 국민 종교가 탄생하게 된 것이다.

근대 국민 국가는 자유 시민의 권리 주장과, 국가가 만들어가고자 하는 '국민' 사이의 긴장 속에서 형성되었다. 종교 역시 이 둘 사이의 긴장에서 자유롭지 못했다. 서구가 500년 동안 형성해온 이 근대를 압축적으로 경험한 한국 역시 자유 시민과 국민 간의 긴장은 존재했다. 그러나 실상 근대적인 국민 국가 건설이라는 시급한 대의 앞에서, 주체적 시민의 가치에 대한 천착을 하기도 전에 우리는 국민교육헌장의 첫머리에 나오듯 '민족(nation) 중흥의 역사적 사명을 띠고' 이 땅에 태어난 국민이 되었다.

한국 근대와 기독교의 성장은 궤를 같이한다. 더 세부적으로 말하자면 근대화, 산업화를 통해 형성된 한국의 자본주의는 금욕과 성실을 통해 신적 축복을 갈망하며 성장한 한국 교회 속에서도 구현되었다. 한국형 자본주의에 기대어 성장한 한국 교회는 근대화를 추동하는 국가주의의 가치에 철저하게 순응하고 부응하는 모습을 보였다. 예컨대 기독교계의 이승만 정권에 대한 무조건적인 지지, 종교적 정체성의 핵심으로서 '반공'의 등장, 월남 파병 찬성, 박정희 정권 시기 등장한 국가조찬기도회, 유신체제 옹호, 빌리 그래함 전도 집회 등은 상징적인 몇 개의 사례이다.

국가라는 절대 가치를 상정하고 그 속에 다름이나 타자를 용납하지 않는 흐름은 지속되었다. 즉, 한국 사회 속에서 기독교의 정체성은 그 자체의 가치로 구현되기보다는 기독교가 타자로 규정하는 대상들을 통해서 더 명확하게 보인다. 각 시대마다 드러나는 타자화의 대상은 다르지만 변치 않는 원리는 악을 상정함으로써 자신들의 존재 의미를 정당화하는 것이다. 한국 보수 기독교에서 악으로 상정했던 것이 과거 공산주의·사회주의, 북한, 친북 세력이었다면, 오늘날에는 (저 세 가지에 추가하여) 이슬람이나 페미니즘, 성소수자들이 그 타자화의 대상이 되어 있다. 자유민주주의, 반북, 반동성애 등의 레토릭은 철저히 국가주의적이다. 그런 가운데 현 정권이 사회주의 정권이며 북한에 나라를 팔아 넘기는 정권이라는 프로파간다가 실제로 수많은 평범한 그리스도인들에 의해, 그리고 상당수의 목회자들에 의해 여과 없이 '믿어지고' 있다. 시민 사회에서 종교가 순기능을 상실하면 정치 종교로 변질될 수밖에 없다.

이 글은 오늘 들려오는 한국 기독교의 목소리가 새삼스러운 것이기보다 해방 이후 일관되게 지향되어온 정치 종교의 흐름 속에 있다는 점을 논증하고자 한다. 군사정권 시절 시민 사회와 협력하여 시민 종교의 가능성을 보여주었던 또 다른 흐름은 이른바 1987년체제 이후 신자유주의의 물결 속에서 그 영향력을 극적으로 상실하였다. 독재 시절 민주화 이전까지 한국 기독교 안에서 시민 종교의 역할과 정치 종교의 역할은 서로 혼재되었지만, 1987년 이후 정치 종교가 압도하는 변질의 과정을 겪은 것이다.

정치 종교로 등장한 한국 기독교

1) 친미, 반공의 교리를 확정하다

해방 직후 기독교 인구는 채 1퍼센트도 되지 않았다. 그러나 제1공화국 장차관의 거의 40퍼센트에 달하는 이들이 기독교인이었고, 제헌의회 국회의원의 20퍼센트 이상을 기독교인이 차지했다. 초대 국회 개원식은 목사 이윤영의 기도로 시작되었다. 그 자신이 독실한 감리교 신자였던 대통령 이승만은 대통령 취임식 연설에 자신이 가진 기독교 신앙 정체성을 명확히 담았다. 한국 교회는 이승만 정권에 대해 거의 맹목적이다 싶은 지지를 보냈다.

1948년의 5·10선거 당시, 교회는 '기독교선거대책위'를 구성하여 이승만 정권을 무조건적으로 지지하였다. 그 이후 선거 때마다 교회는 조직적으로 선거에 개입하였다. 교회와 정치의 유착은, 부정 선거로 밝혀져 이승만 퇴진의 단초가 된 1960년 제4대 대통령 선거(3·15선거)에서 그 정점에 달한다. 선거 전후 부정 선거에 대한 전국적인 분노와 규탄의 소리가 무색하게, 이승만을 교회 장로로 선임하고 대통령 재출마를 호소했던 정동제일교회는 당선 축하 예배를 드렸다.

1948년 남북한은 각각 정부 수립을 한다. 이 과정에서 발생한 '제주 4·3항쟁'과 같은 해 10월의 '여순사건'은 한국 사회뿐 아니라 한국 기독교의 향후 노선에도 큰 영향을 준다. 바로 한국 기독교와 반공주의가 만난 것이다. 위 두 사건은 해방 후 한국이 겪은 사회의 혼란과 갈등, 미군정과 이승만 정권에 대한 반감의 표현이었지만 남한 내에 뿌리내린 공산주의자들의 반란으로 규정되었고, 그들과의 싸움은 공산 폭도들로부터 자유민주주의를 수호하기 위한 전투로 인식되었다. 제주4·3항쟁에 한국 기독교 우파 세력인 서북청년단이 개입되어 있는 것은 어쩌면 당연하였다. 해방 후 국가 건설에서 국가주의의 정체성을 확보하는 데 종교는 더할 나위 없이 핵심적인 역할을 하였다.

제주4·3과 여순사건은 한국전쟁 이전에 이미 한국 사회와 한국 교회 전반에서 반공이라는 것이 어떠한 반대 의견도 용납할 수 없는 절대 가치로 등장하는 계기가 되었다. 교회는 한국이 반공을 국시로 내건 자유민주주의를 지향하는 과정에서 미국이 주도적 역할을 지속하도록 돕는 데에도 나섰다. 예컨대 1949년 미국이 일방적으로 주한미군 철수를 발표했을 때, 국방부의 요청을 받은 기독교 단체들은 서울운동장에서 미군 철수를 반대하는 대규모 시위를 벌였다. 한국이 공산주의의 침략을 막는 반공체제를 유지하기 위해서는 주한미군의 존재가 필수적이었다. 반공은 곧 친미로 귀결되었다.

'친미반공'을 확고히 한 것은 한국전쟁의 경험이다. 공산주의 때문에 실질적인 피해를 입은 기독교인들은 공산주의와 악마를 동일시하였다.[2] 정치적으로 진보와 보수를 막론하고 공산주의에 대한 적개감은 교회에서 변할 수 없는 교의처럼 되었다. 한국전쟁은 한국 교회가 건전하게 성장하기 위해 반드시 누려야 했던 이념과 사상의 다양성의 싹을 애초에 잘라버린 사건이다.

공산주의에 대항하는 것은 한국이라는 국가의 존립 근거였을 뿐 아니라, 한국 기독교의 존재 이유이기도 했다. 악에 대항하여 자유를 수호하는 것은 국가적 의제임과 동시에 종교적 의제였다. 이렇듯 해방 후 한국 교회는 제주4·3항쟁, 여순사건 및 한국전쟁 등 공산주의와 연결되거나 연결시킬 수 있는 사건들을 겪으며 한국에서 가장 앞장서서 반

---

2 서정민, 「한국기독교 반공, 역사적 이해」, 『기독교사상』, 1988. 7, 58~71쪽.

공을 조직적으로 지원하는 곳이 되었다. 반공을 위해서는 부정 선거도 용납되어야 하고, 반공을 위해서는 쿠데타도 용인될 수 있어야 했다. 여기서 공산주의에 대항하는 실질적인 힘이라고 여겨진 미국의 존재는 절대적이었다. 친미반공이라는 국가적 당위 앞에 개신교의 진보 진영과 보수 진영의 차이는 뚜렷하지 않았다. 적어도 한국 기독교는 한국전쟁을 거치면서 반공이냐 아니냐로 그 정체성이 결정될 정도로 극단적인 정치적 일체성을 갖게 된 것이다.

남북이 분단되고 전쟁까지 치르는 과정에서 한국 기독교는 건전한 시민 종교의 역할을 고민할 틈도 없이 친미반공이라는 이데올로기 속에 함몰된 정치 종교가 되었다. 이 구도는 해방 후 70년이 지난 지금까지도 한국 교회를 지배하고 있다. 1960년의 부정 선거를 통해 명백히 드러난 이승만 정권의 과오에도 불구하고 당시 교회가 정권을 무조건 옹호했던 것은 그 정권이 철저한 반공주의를 견지했기 때문이다. 종교가 삶과 죽음에 대해 고민하는 것이라면, 제도 교회에서 반공은 그 어떤 가치보다 앞서는 '생존'의 상징이었다.

4·19 혁명을 거쳐 박정희의 5·16 군사 쿠데타로 정권이 넘어간 후에도 상황은 변하지 않았다. 한국 교회에서 반공은 시공간을 초월한 유일무이한 신앙고백이었다. 적어도 이 흐름은 유신체제와 그 후 연장된 군사독재를 겪으며, 공산주의자들이 아닌 독재 정권하에 민중이 죽임을 당하는 실존적 경험 앞에서, 교회가 전체주의를 지향하는 과도한 국가주의의 폭력 앞에 저항하는 시민 종교의 필요성을 고민하기까지 아무 거칠 것 없이 지속되었다.

지금 우리에게 대표적 진보 기독교인으로 알려진 한국기독교장로회의 목사 강원룡은 박정희의 군사 쿠데타가 일어났을 때 반공을 국시로 삼은 '혁명공약'을 보고 공산주의자의 혁명이 아니라는 생각에 안심

했다고 회고한 바 있다. 무질서보다는 독재가 더 작은 악이라고 판단할 정도로 당시 한국 교회는 분단국가라는 비극과 겹쳐 국가가 지향하는 이념의 스펙트럼 너머를 생각할 수 없는 지경에 있었다.

아이러니하게도 한국 기독교는 비기독교 정권인 박정희 정권 아래서 더욱 승승장구하였다. 그들은 반공이라는 같은 교의를 고백하는 국가라는 종교에 속했기 때문이다. 국가와 종교 이데올로기가 혼재된 상황에서 한국 기독교는 선두에 서서 국가 이념인 근대화와 산업화를 지원하는 세력으로 진화하였다. 국가주의 기독교라는 정치 종교가 명실상부하게 완성된 것은 박정희 정권 아래서의 일이다.

2) 국가주의 기독교의 형성

여순사건에 연루되어 '좌익', '공산주의자'의 혐의를 받고 있던 박정희는 쿠데타의 명분이 4·19 이후 지속된 사회적 무질서를 틈탄 공산주의의 침공을 막으려는 데 있다고 밝혔다. 쿠데타 세력은 국시로 '반공'을 내세워, 휴전 후 채 10년도 지나지 않아 전쟁의 상흔을 생생하게 안고 있는 이들을 안심시켰다. 본질적인 신앙고백과 무관하게 반공을 가장 큰 실천적 가치로 내세운 한국 교회와 박정희 정권은 이질적으로 보이나 그 결이 같았다. 5·16 쿠데타에 대한 기독교 전반의 분위기는 환영 일색이었다. 한국 기독교의 대표 기구라고 할 수 있는 한국기독교연합회(NCC)는 쿠데타 직후 '조국을 재건하기 위한 부득이한' 조치라며 환영 성명을 발표하였다. 또 군사 쿠데타의 정당성을 홍보하고 미국의 지지를 얻기 위해 미국과 밀접한 관계에 있는 한경직, 김활란 등의 기독교 지도자들이 민간 사절로 파견되었다.

이승만 정권기의 기독교가 소수의 기독교인이 권력을 독점하는 행태로 사회적 비난의 대상이 되었다면, 박정희 정권기에 기독교는 정치적 영향력에서뿐 아니라 수적으로도 큰 성장을 이룩했다. 박정희 정권의 산업화, 근대화와 나란히 이어진 한국 교회의 성장은 전례 없는 것이었고, 그 성장의 폭도 다른 종교들에 비해 압도적이었다. 이 현상을 그저 반공을 매개로 한 권력과의 유착이라는 한 단어로 설명할 수는 없다. 한국 교회가 성장한 또 다른 이유로는 한국 기독교인들이 가진 종교적 심성인 선교·전도의 열정, 성경 공부를 통해 성경 말씀대로 살고자 하는 헌신된 자세 등을 꼽을 수 있다. 어떻든 교세의 성장은 그저 숫자로 환산될 수 있는 것이 아니라 교회에 속한 이들의 사회적·경제적 성장과 연결된다.

박정희의 경제 개발 및 근대화라는 지향과, 열정적인 종교 활동에 뒷받침된 개별 교회의 성장이 지닌 친화성(affinity)과는 별개로, 정권과 교회는 특별한 밀월 관계를 유지하였다. 교회는 국가 시책의 효율적인 홍보와 선전의 통로로 활용되었다. 그 대표적인 사례는 개신교가 앞장서서 베트남 파병을 지지한 것이다.[3] 베트남전쟁이 국가에 가져올 영향과는 별개로 개신교가 점유하고 있던 친미반공의 에토스에 가장 부합하는 선택이 바로 파병 찬성이었다. 베트남전은 공산주의를 상대로 자유민주주의 국가인 미국이 치르는 싸움이라는 구도가 형성되어 있었다. 미국은 한국전쟁 때 자유민주주의를 수호하기 위하여 피 흘린 혈맹이었다. 미국 없이 자유 대한민국은 존재할 수 없었다. 그러니 베트남전 참전은 우방으로서 당연한 도리였다. 교계 지도자들은 참전 용사들을 일컬어 '자유의 십자군'이라고 하거나, 베트남전을 '하나님의 성전'이라고 표현하는 데 아무 거리낌이 없었다.

---

3 류대영, 「베트남 전쟁에 대한 한국 개신교의 태도」, 『한국기독교와 역사』, 2004. 9, 73~98쪽.

베트남전 파병 동의안이 국회에서 가결된 해인 1965년, 정권과 한국 교회는 새로운 협력 관계를 형성하게 된다. 그해부터 한국대학생선교회 대표인 김준곤 목사의 제안으로 국회조찬기도회가 열리기 시작한 것이다. 이듬해부터는 이름을 대통령조찬기도회로 바꾸어 열렸다. 1976년부터는 국가조찬기도회라는 명칭으로 변경되어 지금까지 이어지고 있다. 첫 해에 대통령은 참석하지 않았지만, 국무총리, 국회의장, 주한 미국대사 등 각국 대사들과 김수환 추기경, 한경직 목사 등 종교 관계자들이 대거 참여하였다. 결국 1968년에는 대통령이 참석한 대통령조찬기도회가 열렸고, 여기에서 김준곤은 군사 쿠데타의 성공을 하나님의 뜻이라고 칭송하였다.

그 본래 의도가 종교인들이 모여 국가와 지도자를 위해 기도하는 순수한 것이라고 강변한다면 일리가 없지는 않을 터이다. 그러나 여기서 한 가지 생각해보아야 할 것은 그들의 목적이 순수한 '애국심'이었는가 하는 점이다. 군사독재를 '신의 이름'으로 정당화해준 대가로 개신교가 누릴 수 있던 배타적 특권도 적지 않았기 때문이다.[4] 상징적으로, 당시 '민족복음화'를 위해 여의도에서 대형 집회를 개최할 때 국가로부터 받은 혜택을 들 수 있다. 1973년 5월 여의도 광장에서 진행된 빌리 그래함Billy Graham('빌리 그레이엄'이 옳은 발음이겠으나, 당시 한국인들에게 알려지고 뇌리에 남은 그대로 표기하기로 한다) 목사의 초대형 전도 집회나 그 이듬해 열린 '엑스플로EXPLO 74' 등의 집회는 그 참가 규모나 결과 등을 논외로 하더라도 여러 가지 면에서 국가의 전폭적인 지원이 없었다면 실현될 수 없는 예외적인 행사였다.

---

4 이은선, 「1970년대 한미 관계와 민족복음화 운동의 상관관계」, 『영산신학저널』, 2019. 3, 39~ 83쪽.

빌리 그래함 목사의 전도 집회는 연인원 300만 명 이상이 참가한 초대형 집회였다. 빌리 그래함은 세계적인 전도자인 동시에 공산주의에 맞서 종교의 자유를 선포하는 자유주의의 홍보대사였다. 그때 한국 개신교에는 '민족복음화'라는 과제가 있었고, 정권은 '자유민주주의 국가'의 과시라는 과제를 안고 있었다. 이 둘을 하나로 엮어주는 것은 역시 국가의 안보 위기에 대한 우려, 다시 말해 반공이었다. 1971년에 부분적으로 이루어진 주한미군 철수는 한국의 안보 위기를 부추겼다. 그 이듬해 1월 박정희의 유신 선포가 가능했던 데에는 미군 철수로 인한 안보 공백의 두려움이 큰 역할을 했다. 유신 독재를 시작한 지 채 1년이 되지 않은 상황에서 빌리 그래함 집회는 박정희 체제하 한국의 자유를 세계적으로 선전할 수 있는 유용한 도구였다. 강화된 박정희 독재는 국제적인 비판에 직면해 있던 터였다. 절차적 정당성과 민주주의 훼손에 대해 반발하는 인사들에 대한 인권 탄압이 자행되었고, 미국 내에서도 한국의 군사독재에 대한 우려가 제기되었다. 이런 상황에서 서울 한복판에서 대규모 종교 집회가 열린다면, 한국에서 집회의 자유가 억압받고 인권이 유린되고 있다는 국제 사회의 비난을 일거에 잠재울 선전의 장 역할을 할 수 있었다. 미국을 대표하는 전도자인 빌리 그래함의 방한과 집회는 개신교나 유신 정권 각각의 필요를 모두 완벽하게 충족시켜줄 수 있는 카드였던 셈이다.

그렇기에 이 행사는 종교 집회를 넘어 국가적인 행사에 가깝게 진행되었다. 박정희 대통령은 청와대에서 빌리 그래함 목사를 만나 환담함으로써 자유를 지키고 후원하는 모습을 연출하였다. 빌리 그래함 목사는 군악대 연주 속에서 환영식을 했고, 무대 설치를 위해 공병대가 투입되었다.

서로 지향하는 양태는 달랐으나, 성장 지상주의를 통해 지속 가능한 영향력과 지배 체제를 구축한다는 것은 민족복음화를 희구하는 교회와 산업화를 추진하는 정권, 양자가 공유하는 핵심 가치였다. 거시적 대의를 위해서 개별자의 인권이나 가치는 유보하는 것이 불가피하다는 생각 역시 쌍방이 공유하는 바였다. 국가는 산업 현장의 인권과 노동권에 대한 요구를 거칠게 탄압하였고, 다수의 교회는 침묵함으로써 국가 정책에 동조했다. 이 점에서 한국 교회와 정권은 친화성을 띠고 있었다. 그 친화성에 힘입어 한국의 국가와 교회는 모두 양적 성장을 성취하는 데 성공했다. 그러나 그 성장은 성찰력을 상실한 자본주의와, 모이는 숫자에 따라 영향력이 환원되는 대형 교회 체제의 구축을 각각 뒷면에 두고 있는 것이었다.

국가의 무분별한 정책과 인권 탄압에 대해 건전한 시민 종교는 저항하여 자유 시민의 가치를 수호하여야 했으나 당시의 한국 개신교는 그러한 정체성을 가지고 있지 못했다. 해방 직후부터 정권 친화적으로 형성되고 지속해온 정치 종교의 틀에서 한 치도 벗어나지 못했다. 이는 민주화 이후 보수 기독교에서 원죄와 같이 작용하였다. 오늘 한국 기독교가 끝없는 탐욕과 교회 세습, 가부장적 권위주의, 무분별한 타자화를 통해 배제와 혐오의 주체가 된 것처럼 인식되는 것은 어느 한 순간 일시적으로 엇나가는 바람에 만들어진 결과가 아니다.

제주4·3에서도, 3·15 부정 선거에서도, 5·16 군사 쿠데타에서도, 10월유신에서도 반공 이데올로기가 대다수 한국 교회를 묶어주는 구심점이었다. 유감스럽지만, 여전히 광장에서 울려 퍼지고 있는 기독교의 큰 목소리는 '북한에 나라를 통째로 내어주려는 문재인 정부를 전복시켜 자유민주주의를 수호하자'는 것이다. 적어도 그 안에 있는 이들에게 이 언설은 레토릭이 아니라 절박한 기도 제목인 셈이다.

저항하는 시민 종교의 탄생

여기에서 한 가지 질문이 제기될 수 있다. 그렇다면 사회 속에서 건전한 시민 종교를 형성하려는 한국 기독교의 시도는 없었는가 하는 점이다. 군사독재에 맞선 민주화 투쟁 당시 기독교의 지형도를 어떻게 그릴 수 있을 것인가가 숙제로 남는다. 반공이라는, 교의와도 같은 절대 명제에 대한 기독교 내부의 저항은 왜, 언제 시작되었을까? 직접 대면하지 않는 공산주의라는 적보다 사회 내부의 다름을 억제하고 민주주의를 억압하는 독재의 힘이 더 크게 느껴진 순간부터라고 보아야 할 것이다. 1969년 박정희 정권의 삼선 개헌을 저지하기 위한 범국민투쟁위원회의 결성이 본격적인 첫걸음이다. 김재준 목사가 위원장이 되고 재야, 문학계, 법조계 및 학계에서 참여한 이 위원회는 향후 민주화 운동에서 핵심적인 역할을 한다.

저항의 흐름은 노동자 권익 보호와 근로기준법 준수를 외치며 분신하여 한국 근대화, 산업화의 어두운 이면을 드러낸 청계천 노동자 전태일의 분신 사건(1970년)에서처럼 전방위적으로 퍼져갔다. 급기야 1972년 박정희 정권의 10월유신 선포로 반독재 운동으로 진화한다. 반공을 국시로 자행된 민주주의 압살에 대한 시민들의 항거가 본격화된 것이다. 실상 이 운동은 북한과의 대립 속에서 모든 것을 공산주의와의 대결로 몰고감으로써 영구 집권을 꿈꾸던 정권에 대한 사회 전반의 저항이었다. 천주교와 진보 개신교 인사들은 시국 선언, 금식기도회 등을 통해 대중을 결속하고 민주화 운동의 촉매 역할을 하였다. 보수 개신교 진영은 국가조찬기도회나 대형 집회 등을 연이어 개최하면서 박정희 정권을 무비판적으로 지원하는 정치 종교의 핵심 역할을 하였지만, 이러한 통제되지 않는 보수 개신교계의 행태는 그 안에서 또 다른 비판과 저항의 목소리를 만들었다. 천주교 정의구현전국사제단과 개신교의 한국기독교교회협의회(NCCK)가 주축이 된 민주화 인권 운동은 10월유신과 그 이후 대통령 긴급조치들이 연이어 발동되는 가혹한 여건에서 생겨났다. 이들은 체제 반대 운동을 억압함으로써 시국이 극단으로 치닫는 상황에서, 정치 종교화된 보수 기독교와는 달리 시민의 편에서 민주화와 인권의 회복을 갈망하는 시민 종교의 구심점 역할을 하였다.

이 현상을 놓고 한국 기독교계가 양분되었다고 평가하는 것은 적절치 않다. 숫자에서 절대 다수를 차지하는 교회는 유신체제에 우호적이었고 적극적인 지지를 보낸 반면, 이에 저항하여 민주화 세력의 편에 선 기독교인들은 상대적으로 소수였기 때문이다. 그러나 이 소수의 기독교인들은 민주화를 향한 다수 시민들의 열망을 대변하는 시민 종교 세력이었다.[5]

전통적 우방이자 박정희 체제에 우호적이던 미국조차 언론과 집회 결사의 자유가 원천적으로 차단된 가운데 끝없이 터져나오는 한국의 인권 문제에 대해 문제를 제기하였다. 민주당 출신의 미국 대통령 지미 카터는 1979년 6월 정상회담에서 한국의 인권 문제를 제기하며 주한미군 철수를 시사하였다. 카터의 개입으로 한국의 인권 상황이 개선될 수 있을 것이라는 기대가 생겨났고, 이는 유신 철폐를 외치며 반정부 항쟁을 벌인 10월 부마항쟁으로 이어졌다. 정권은 부산과 마산에 계엄령과 위수령을 선포하고 150명 이상을 군사 재판에 회부하였다. 시민들의 격렬한 저항을 받은 유신체제는 결국 10월 26일 박정희 대통령이 김재규에 의해 저격당하는 것으로 비참하게 막을 내렸다.

---

5 손승호, 「유신체제하 한국기독교교회협의회의 인권이해」, 『한국기독교역사연구소소식』, 2004. 12, 8~11쪽.

민주화의 열망은 이듬해 광주 5·18 민주항쟁으로 이어졌고, 전두환 신군부는 무력으로 이 항쟁을 참혹하게 진압하였다. 이 상황에서 보수 기독교는 또다시 신군부에 적극 협조하였다. 그 상징적인 사례가 광주항쟁 이후 열린 '전두환 국가보위비상대책위원회 상임위원장을 위한 조찬기도회'였다. 1980년 8월 6일 서울 롯데호텔에서 열린 이 기도회에서 한경직 목사는 전두환을 '하나님이 우리 민족에게 주신 모세와 같은 지도자이며, 만연한 사회악을 제거하고 정화하는 일에 앞장선' 인물로 치하하는 설교를 하였다. 이에 전두환은 '광주사태'가 불순분자들의 조종으로 발생한 한국전쟁 후 최대의 위기였다면서, 앞으로의 위기 극복을 위한 교계 지도자들의 협조를 구하였다. 개신교 지도자들은 전두환을 축복함으로써, 한국전쟁 후 가장 큰 단일한 국가 폭력으로 기록될 광주학살에 대해 명확한 태도 표명을 한 셈이다. 그런 이들이 간접 선거로 전두환이 대통령이 되자 성대하게 취임 축하 조찬기도회를 열어준 것은 어쩌면 당연하다고 하겠다.[6]

1987년 6·29 선언으로 대통령 직선제가 이루어지고 노태우가 대통령으로 당선되며 군사정권이 연장되었지만, 이미 민주화의 바람 속에 한국 사회와 교회는 새로운 국면을 맞이하였다. 진보 개신교 진영이 민주화에 적잖이 기여했음에도, 전반적으로 한국 교회는 사실상 민주화 과정에서 가장 적게 피 흘렸고, 정권에 가장 우호적인 입장을 취했다. 한국 교회는 민주화가 가져온 과실을 누리면서도 그처럼 군사정권에 협조했던 과거에 대한 반성은 없었다. 국내는 민주화의 열기로 뜨거웠던 반면, 세계는 1980년대 말과 1990년대 초 소비에트 연방이 무너지고 베를린 장벽이 철거되며 냉전 시대의 한 축이었던 사회주의 체제

---

6 장형철, 「한국 개신교 보수 진영의 정치 담론 분석」, 『사회이론』, 2018, 87~124쪽.

의 몰락을 목격했기 때문이다. 이것은 반공과 반사회주의를 존재 목적으로 상정했던 한국 기독교의 정당성과 존재감을 확보해주는 현상이었다.

다시 말하자면, 한국의 보수 기독교는 반성 없이 탈냉전과 민주화를 향해 나아가는 흐름에 다시 헤게모니를 쥐며 무임 승차하게 된 것이다. 1988년 한국 개신교의 연합 기구인 한국기독교교회협의회는 변화하는 시대에 기독교가 지향할 방향을 전향적으로 제시한 '민족의 통일과 평화에 관한 한국 기독교회 선언'을 발표했다. 이 선언의 핵심은 민주화와 정의 사회의 실현 앞에 무력한 교회의 죄책을 고백하고, 분단된 남북의 통일을 교회의 과제로 상정하는 것이었다. 한국 사회에서 기독교가 드디어 시민 종교로서의 선언을 한 것이라 할 수 있다. 그러나 보수 기독교계는 이 선언이 공산주의를 용인하고 한반도 안보 위기를 초래한다고 거세게 반발하며 한국기독교총연합회(한기총)라는 보수 연합 단체를 구성하기에 이른다.

민주화 이후 기독교 지형의 재편

민주화가 진전되면서 진보 기독교 단체는 민주 정부와 연대하여 시민 사회 속에 시민 종교를 구현하고자 노력했다. 그런데 시민 운동의 핵심에 섰던 일부 기독교 운동 지도자들이 정치권으로 진입하면서, 진보 기독교가 지향한 시민 종교의 정체성은 민주 정부가 들어선 이후 다소 모호해진 측면이 있다. 반면 보수 기독교계는 민주 정부와 치열한 대립 구도를 설정하면서 내부 동력을 확보하게 된다. 군사정권 시절 몸집을 불린 대형 교회 등이 주축이 되어 정치 세력화를 꿈꾸기 시작한 것이다. 특히 김대중 정권과 노무현 정권을 친북좌파 정권으로 규정하고 반공의 향수를 끊임없이 자극하였다. 그 연장선에서 등장한 것이 기독교 뉴라이트 운동과 기독교정당 운동이다.[7]

보수 기독교가 이른바 '87년체제'에서 헤게모니를 장악하게 된 데에는 대형 교회를 중심으로 교회 지형이 급속도로 재편된 상황이 중요하게 작용한다. 대형 교회들은 개신교 인구의 전반적인 감소 속에서도 성장세를 이어가며 대형을 넘어 초대형 교회들을 형성하였다. 이들은 오늘까지도 정치화된 보수 기독교의 든든한 버팀목으로서 물적·인적 재원을 공급해주는 역할을 하고 있다. 87년체제 성립 이후 초대형 교회를 중심으로 이루어진 교회 세습, 창조과학 운동이나 반동성애 운동 지원, 극우 기독교 정치 운동 지원 등은 한국 교회가 사회 속의 건전한 일원으로 구실을 다하고 있는지에 대해 심각한 의문을 던지게 하는 사례들이다.

1987년 이후, 사회주의 국가들의 붕괴와 더불어 한국 교회에 또 하나의 중요한 변곡점을 가져온 것은 1997년의 외환 위기라고 할 수 있다. IMF 구제금융 사태로 인해 전에 없는 신자유주의 광풍이 불어닥쳤다. 시장과 자본의 논리가 사회를 지배하면서 극단적인 양극화가 나타났다. 이제 사회 구조는 건드릴 수 없는 상수가 되어 모든 것은 개인의 능력에 맡겨졌다. 신자유주의하에서 개개인들은 스스로의 가치를 상승시키기 위한 '기업가적 자아' 계발을 요구받았다.

이 신자유주의 체제에 발 빠르게 적응한 것이 대형 교회였고, 개인의 역량 강화가 신앙에서도 가장 중요한 가치가 되었다. 군사독재 정권 당시 시민 종교로서의 공공성을 지향하던 소수 교회들 역시 신자유주의

---

7 김민아, 「한국 복음주의 사회운동의 분화와 개신교 뉴라이트의 등장」, 『한국기독교와 역사』, 2018, 73~116쪽.

물결 앞에 속수무책으로 무너졌다. 이제 신앙은 지극히 사사화私事化된 가치로 전락했다. 대형화가 신의 축복이요 절대 가치가 되어버리자 사회 정의나 공정을 향한 목소리는 효과적으로 제어되었다.

뉴라이트 운동을 위시한 기독교 우파 운동은 사회의 민주화 흐름 속에서 정치적 존재감을 상실한 것에 대한 위기 의식의 반영이었다. 그래서 기독교 우파 운동은 태동기부터 지금까지 한국이라는 나라가 좌파들에 의해 전복될 위기, 공산주의 앞에 무너질 위기에 놓여 있다는 위기 의식을 줄기차게 조장한다.

그 결과 현재 한국 사회에서 보수 기독교는 친미반북의 완전한 자유민주 국가를 지향한다는 미명하에 전체주의 속성을 띤 정치 종교의 색깔을 도드라지게 보이게 되었다. 교회 세습이나 목회자의 성추문에 대한 대응에서 드러나는 전반적 윤리 의식의 실종, 각종 사회적 쟁점에 관해서 교회가 보여주는 공감 능력 상실의 사례들, 극단적 선동에 넘어가는 맹목적인 정치 성향 등은 한국 사회에서 보수 기독교가 시민 종교로 자리 잡는 데 철저하게 실패하였음을 확인시켜준다.

결론: 시민 종교의 복원을 꿈꾼다

오늘 주류 한국 기독교에는 건전한 시민 종교의 면모는 사라지고 지극한 국가주의 이데올로기에 경도된 정치 종교만 남은 모습이다. 대다수 시민들에게 지금 한국 기독교 하면 자연스럽게 떠오르는 것은 아마도 태극기부대, 교회 세습, 반동성애 광풍 등이 아닐까 싶다. 지금 광장에서 태극기를 들고 극단적인 혐오의 목소리를 내고 있는 이들의 한복판에 기독교가 있다. 교단에서 정한 세습금지법도 대형 교회의 힘 앞에서는 무력하게 무너졌다. 교단 총회에서는 앞다투어 반동성애를 노골적으로 내세우며 사회적 소수자의 존재를 인정하지 않고 있다. 인권 조례나 문화다양성 조례에 대한 기독교계의 집요한 거부감과 방해는 자연스레 일반인들에게 기독교가 혐오와 배제에 앞장서는 종교라는 인식을 깊숙이 심어주고 있다

놀라운 사실은, 일부 사례일 뿐 일반 그리스도인의 목소리는 아니라고 애써 거리를 두던 저 광장의 목소리가 실제로는 소수의 것이 아님이 명백해지고 있다는 것이다. 교회 카톡방에서 은밀하게 공유되던 소문과 주장이 이제는 공공연하게 교회 설교단에서, 광장의 연단에서, 한때 많은 사람들에게 신망을 얻었다는 대형 교회 목회자들의 입에서 공공연하게 설파되고 있다. 그 핵심은 예의 안보 위기론이다. 좌파-주사파 정권이 나라를 송두리째 북한에 넘겨주게 되었으니 하루 빨리 이 정권을 끝장내자는 것이다. 이제는 새삼스럽지도 않을 정도로 많은 수의 목회자들이 앞다투어 속내를 드러내고 있다.

이것은 새로우면서도 새롭지 않은 현상이다. 그들은 변하지 않았다. 해방 이후 한국의 보수 기독교는 전체주의적 성향을 띤 정치 종교로 초지일관 지내왔다. 그 실체를 제대로 읽어내지 못했기에 실망감과 분노, 배신감이 드는 것일 뿐이다. 위에서 묘사한 보수 기독교의 현재 모습은 한국 사회 성장기에 교회가 걸어온 길과 사회적 존재감에 대한 향수에서 비롯된 발버둥이라고도 할 수 있다.

문제의 핵심은 87년체제 이후 시민 종교로서의 기독교를 추구하던 흐름이 신자유주의 앞에 패배한 것이다. 독재체제에 맞서 시민 종교의 싹은 텄으나 거센 신자유주의의 물결에 막혀 더 나아가지 못했다. 약육강식의 정글 속에서 세력을 확대한 대형 교회 독식 현상과 그들이 자행한 교회 세습도 막아내지 못했다. 보수 기독교는 여전히 수와 재력을

앞세워 철 지난 반공 이데올로기를 가지고 몸부림을 치고 있다. 그렇다면 그들이 변할 수 있을까? 한국 근현대사 속에서 제도 교회의 행태를 보면 그들은 변화를 기대할 상대가 아니다.

오히려 우리가 고민해야 할 지점은, 독재 정권 아래서 시민 사회와 손잡고 싹을 틔워냈던 시민 종교의 복원이다. 87년체제를 맞았지만 뒤이은 신자유주의 체제 아래서 뿌리를 내리지 못하고 자본에 종속되어 존재감을 상실한 그 시민 의식을 지닌 종교 말이다.

이제 역설적이게도 그 시민 종교, 공적 종교의 필요에 대한 요구는 극단적인 정치 종교 이데올로기에 매몰된 기독교에 대한 반성 속에서 제기된다. 개인과 교회 공동체가 시민 사회 속의 건전한 시민 양성을 목적으로 연대해야 한다. 시민 종교의 목적은 종교인을 넘어 시대 정신에 호응하는 시민을 양성하는 일과 연결된다. 한국 기독교가 그러한 가치를 생성해내지 못한다면 더 이상 시민 사회 속에서 존재 의미를 갖기 어려울 것이다.

지금은 대형 교회 목회자들이 보여주는 정치적 행태에 대해 실망할 때가 아니라, 건전한 시민 종교를 향한 잰걸음을 다시 고민하며 시작해야 할 때다. 한국 사회에서 시민 종교에 대한 자의식은 보수 개신교가 독재체제와 밀착하던 극단의 현실에 대한 반성과 저항에서 출발했다. 이제 다시 시민 종교이다. 교회는 시민을 길러내는 곳이어야 한다.

최종원
영국 버밍엄Birmingham 대학교 역사학 박사. 현 밴쿠버 기독교세계관대학원(Vancouver Institute for Evangelical Worldview) 교수.

혐오와 한국 교회, 그리고 근본주의

배덕만

서론

21세기의 시작과 함께 혐오가 심각한 사회 문제로 떠오르기 시작했고, 이런 부정적 현실의 중심부에서 보수적 개신교인들의 모습이 감지되고 있다. 이후 이들의 활동은 규모와 영향력 면에서 빠르고 강력하게 성장했다. 그 결과, 한국 사회에서 혐오 문제는 한국 교회와 분리해 생각할 수 없게 되었다. 또한 다수의 전문가들은 한국 교회가 혐오의 주체가 된 이유를 근본주의의 영향에서 찾았다. 성경무오설과 문자적 해석, 마니교적 이원론과 도덕적 파시즘을 신봉하는 근본주의의 포로가 됨으로써, 사랑과 정의, 평화와 해방의 복음을 선포하고 실천해야 할 교회가 혐오와 배제, 차별과 폭력의 진원지가 되었다는 것이다. 이런 진단과 분석의 사실 여부와 상관없이, 이런 평가를 받고 있다는 사실 자체가 이미 치명적 문제다. 한국 교회가 혐오의 주체로 기능할 경우, 한국 교회는 교회로서의 본질을 상실할 뿐 아니라 더 이상 한국 사회에서 긍정적인 역할을 수행할 수 없기 때문이다.

이런 문제의식을 바탕으로 본 논문은 혐오와 한국 교회, 그리고 근본주의의 상관 관계를 분석하는 데 일차적 목적을 둔다. 이 작업을 위해 연구자는 본 주제와 관련된 기존의 연구들을 검토했다. 이 작업을 통해 한국 사회에서 혐오 현실에 대한 기본적인 정보, 혐오에 관한 학계의 다양한 연구, 혐오를 둘러싼 한국 교회와 근본주의의 관계, 그리고 한국 교회를 향한 다양한 비판과 제언을 확인할 수 있었다. 이런 선행 작업을 토대로 이 글은 혐오에 대한 다양한 쟁점들을 먼저 나열하고, 이에 대한 학계의 분석을 소개한 후, 혐오와 한국 교회, 그리고 근본주의의 상관 관계를 분석할 것이다. 연구자의 주관적 판단이나 편견을 최대한 피하기 위해 기존 학계의 연구 성과들을 객관적으로 정리하고 인용할 것이다. 이를 통해 현재 혐오의 주된 원천으로 지목된 한국 교회의 현실을 이해하고, 이에 대한 외부의 부정적 평가와 그 이유를 확인하며, 이런 비판을 극복하기 위한 한국 교회의 책임과 과제도 발견하길 기대한다.

본론

1) 혐오에 대한 학계의 진단과 분석, 그리고 대안

혐오란 무엇인가?

흔히, 감정으로서 혐오(hatred, disgust)는 "극도의 싫음, 역겨움, 적대감"을 뜻한다.[1] 하지만 사회적 현상으로서 혐오는 이런 개인적 차원의 감정과는 내용과 범주 면에서 차이가 있다. 즉, 혐오 문제를 연구한 법학자 홍성수에 따르면, "여기서 혐오는 그냥 감정적으로 싫은 것을 넘어서 어떤 집단에 속하는 사람들의 고유한 정체성을 부정하거나 차별하고 배제하려는 태도"[2]를 뜻한다. 혐오가 개인의 감정으로 머물 때는 사회적 문제가 되지 않는다. 하지만 그것이 다양한 방식으로 개인이나 집단에 의해 사적이나 공적으로 표현될 때, 사회적 함의와 영향력을 갖게 된다. 마사 너스바움Martha C. Nussbaum은 원초적 대상 혐오와 투사적 혐오를 구분하여, 감정과 구분된 혐오의 사회적 차원을 설명한다. 즉, 원초적 대상 혐오는 "하수구에 낀 오물이나 동물의 배설물, 인간의 체액 등에 대한 혐오"로서, "학습되는 것이 아니라 인간의 본능"이다. 따라서 이런 혐오는 "위험을 피하면서 생존 가능성을 높이기 위해 필수적"이다. 반면, 투사적 혐오(projective disgust)는 "원초적 혐오의 대상을 향한 역겨운 속성을 특정 집단이나 개인에게 전가하고 구성원 중 몇몇을 '오염원'으로 규정한 것"이다.[3] 이런 구분을 수용한다면, 문제가 되는 것

---

1 홍성수, 『말이 칼이 될 때』(어크로스, 2018), 24쪽.
2 같은 책, 24쪽.
3 이지성, 「혐오의 시대, 한국 기독교의 역할: 극우 기독교의 종북게이 혐오를 중심으로」, 『기독교 사회윤리』 제42집, 2002, 224쪽.

은 바로 이 투사적 혐오이며, 혐오 자체보다 혐오 표현이 좀 더 중요한 관심 대상이다.

그렇다면 혐오 표현이란 무엇일까? 홍성수는 혐오 표현을 "소수자에 대한 편견 또는 차별을 확산시키거나 조장하는 행위 또는 어떤 개인, 집단에 대해 그들이 소수자로서의 속성을 가졌다는 이유로 멸시, 모욕, 위협하거나 그들에 대한 차별, 적의, 폭력을 선동하는 표현"이라고 정의한다.[4] 2016년 발표된 국가인권위원회 연구용역보고서는 "어떤 개인 집단에 대해서 그들이 사회적 소수자로서의 속성을 가졌다는 이유로 그들을 차별 혐오하거나 차별적 폭력을 선동하는 표현"으로 정의한다.[5] 그리고 혐오에 대한 여러 국제 협약들을 검토한 최종선은 "민족, 인종, 종교, 성별 등에 따른 특정 집단을 차별·구별·배척·제한·배제 등의 방법으로 기본권 등의 행사를 침해하거나 저해하는 것"[6]이라고 정의한다. 이처럼 혐오는 여러 방식으로 표현되며 내용도 다양하다. 이들 중에서 선동(incitement)이 대중의 구체적인 행동을 촉발할 가능성이 농후하기에 가장 위험한 것으로 분류된다.[7]

왜 혐오가 문제인가?

기본적으로 혐오는 힘없는 약자를 대상으로 한 비열한 폭력이다. 즉, 혐오는 주류에 의해 비주류에게, 다수에 의해 소수에게, 강자에 의

---

4 홍성수, 앞의 책, 31쪽.

5 구형찬, 「혐오와 종교문화: 한국 개신교에 관한 소고」, 『종교문화비평』 제33권 (한국종교문화연구소, 2018), 24쪽.

6 최종선, 「국내외 혐오표현 규제 법제 및 그 시사점에 관한 연구」, 『법학논총』 제35집 제3호, 2018, 49쪽.

7 홍성수, 앞의 책, 31쪽.

해 약자에게 행해진다. 『계몽의 변증법』에서 막스 호르크하이머Max Horkheimer와 테오도르 아도르노Theodor W. Adorno가 언급했듯이, "분노는 눈에 띄지만 방어능력이 없는 이들을 향해 분출된다."[8] 이것은 인류가 극복하고자 했던 전근대의 수치스런 유물이다. 군주제 아래서 백성은 군주의 소유물이었다. 전체주의 사회에서 개인의 존엄성은 쉽게 무시되었다. 이런 비극적 현실을 극복하려는 치열한 과정이 근대화의 여정이었고, 그 과정이 지향했던 목적지가 바로 민주주의였다. 그런데 혐오는 이 과정과 성취를 전면적으로 부정하는 수치스런 행위이다.

혐오는 단순한 발언에서 파괴적 폭력으로 빠르게 진화한다. 혐오는 강력한 힘을 가진 다수가 자기 방어나 반격의 기회도 능력도 없는 소수를 향해 잔인하게 작동한다. 동시에, 주변 사람들은 무관심 속에 외면하거나 수동적으로 묵인한다. 이런 무방비 상황에서 단순한 언어적 혐오 표현은 쉽고 빠르게, 그리고 너무나 자연스럽게 폭력으로 발전한다. 그리고 혐오의 대상과 범위, 강도는 지속적으로 확장되고 강화된다. "혐오 발언은 단순히 언어적 표현에 그치지 않고 집단과 대중에게 감정적 행동을 일으키며 이어서 폭력으로 번져나가기에 사회 문제로 대두된다."[9]

혐오는 혐오 대상과 혐오 주체, 그리고 주변인들의 인격과 삶을 쉽게 파괴한다. 혐오 대상으로 선택된 개인이나 집단은 단순한 혐오 발언에도 쉽게 기가 꺾이고 불안해진다. 게다가 이런 혐오가 집단적·사회적 차원에서 대규모로 집요하게 진행될 경우, 혐오 대상의 존재 자체가 치명적 위기에 처할 수밖에 없다. 또한, 혐오는 혐오 주체의 인격도 해체시킨다. 혐오는 양심의 가책이나 이성적 성찰을 방해하고, 타인의 고통

---

8 카롤린 엠케, 『혐오사회』(다산초당, 2017), 72쪽.

9 이근식, 「혐오와 덕의 공동체: 스탠리 하우어스의 덕윤리를 통한 혐오문화의 기독교윤리적 극복방안에 대한 연구」, 『기독교사회윤리』 제37집, 2017, 113쪽.

이나 비극에 대한 공감도 가로막는다. 따라서 혐오 주체는 타인과의 관계 회복이나 상생을 기대하지 못하는 병든 자아로 퇴화할 가능성이 매우 높다. 뿐만 아니라 혐오는 이런 비극적 상황을 수동적으로 혹은 비겁하게 구경하는 이들에게도 치명적이다. "자신과 다른 모든 사람에 대한 혐오와 멸시가 계속 심화되고 확대되면 결국 모든 사람이 해를 입게 된다. 유감스럽게도 바로 그런 것이 증오가 가진 힘이다."[10]

혐오는 공공선도 파괴한다. 혐오는 소수자에 대한 다수의 조직적·제도적 폭력이며, 강력한 힘에 의한 일방적 공격이다. 혐오가 확장되고 제도화되는 과정에서, 가해자는 자신의 행동을 정당화하고 강화하기 위해 다양한 방법을 동원한다. 하지만 이 과정은 공정한 절차에 의한 합의와 타협 대신 불법과 편법이 난무하여 민주적 질서가 무너진다. 거짓과 사익의 횡포 앞에서 공공성과 보편성은 설 자리가 없다. "혐오 표현은 배려와 협력 속에서 공존해야 할 다양한 집단의 구성원들의 존재를 부인하고 나아가 그러한 집단의 개별 구성원들을 공동체로부터 추방하려는 시도의 매개체 역할을 한다. 사회적 공공선의 파괴다."[11]

왜 그리고 어떻게 혐오는 발생하는가?

기본적으로 혐오는 정치적·경제적 상황과 밀접한 관련이 있다. 사회가 안정되고 번영을 누릴 때는 사회적 약자들이 오히려 돌봄과 보호의 대상으로 간주된다. 하지만 경제적 불황과 정치적 불안이 고조되어 생존의 위협을 느낄 경우, 대중은 자신들의 공포와 분노를 표출할 대상을 물색하기 시작한다. 이근식의 지적처럼, "혐오문화 속에 숨겨진 감정은

---

10 카롤린 엠케, 앞의 책, 24쪽.

11 이승선, 「공적 인물이 발화하거나 방송에서 발생한 혐오표현의 특성에 관한 탐색적 연구」, 『언론과학연구』 제18권 2호, 2018. 6, 138쪽.

두려움이기 때문이다."[12] 그리고 가장 먼저 눈에 포착되는 것이 바로 사회적 약자들이다.

혐오가 발생하기 위해선, 혐오의 정당성을 입증할 이데올로기의 도움도 필요하다. 이 혐오가 일회적 사건이 아니라 좀 더 많은 사람들에게 동의를 얻고 지속적으로 영향을 끼치기 위해선, 혐오의 이유와 근거를 설득력 있게 설명할 수 있어야 하기 때문이다. 그런 목적을 성취하려면, 이 설명은 "구체적인 역사적 문화적 틀 안에서 산출해낸 것"이어야 하며, "오랫동안 냉철하게 벼려온, 심지어 세대를 넘어 전해온 관습과 신념의 산물"이어야 한다.[13]

이런 정치경제적 상황과 이데올로기, 그리고 종교가 결합할 때, 혐오는 더욱 강력한 힘을 발휘한다. 흔히, 혐오와 조우하는 종교는 근본주의적 속성을 갖는다. 이때 근본주의적 종교는 이원론적·배타적·순혈주의적 특성을 보인다. 그런데 이런 종교적 특성은 특수한 상황에서 작동하는 혐오에 정당성을 부여할 뿐 아니라, 동시에 이 혐오의 작동에 관여하는 다양한 제도와 권력에게도 강력한 동력을 제공한다. "차별구조가 팽배해지는 사회위기라고 일컬어질 만큼의 정치적인 불안정의 시대에서, 교회의 근본주의적 사고는 권력과 정부의 합법성을 보장하여 줄 사회제도와 체제를 유지해 줄 필요성과 만나 종교와 정치의 연계가 발생한다."[14]

끝으로 혐오가 장기적으로 지속되고 널리 확장되기 위해선 주변 사람들의 묵인이나 방조도 필요하다. 이것은 독일의 혐오 현상을 분석하면서 카롤린 엠케가 특히 주목했던 부분이다.

---

12 이근식, 앞의 글, 132쪽.
13 카롤린 엠케, 앞의 책, 76쪽.
14 이근식, 앞의 글, 125쪽.

개입하지 않는 사람들, 스스로 그렇게 행동하지는 않더라도 다른 사람들의 행동을 동조적으로 용인하는 사람들 역시 증오를 가능하게 하고 확장한다. 어쩌면 폭력과 위협이라는 수단은 지지하지 않더라도 분출된 증오가 향하는 대상을 혐오하고 경멸하는 이들이 은밀하게 묵인하지 않았다면, 증오는 결코 그렇게 힘을 발휘하지 못했을 것이다. 그리고 그렇게 장기적이고 지속적으로 사회 전체에 널리 퍼져나갈 수 없었을 것이다.[15]

혐오는 우리의 현실이다

최근에 발표되는 각종 통계 자료들은 혐오가 이미 한국에서 심각한 사회 문제임을 보여준다. 먼저, 한국인의 외국인 혐오증(xenophobia)이 매우 심각한 것으로 드러났다. 여성가족부의 발표에 따르면, 한국인 중 외국인 노동자와 이민자를 이웃으로 삼고 싶지 않다는 응답이 31.8퍼센트였다. 미국(13.7퍼센트), 호주(10.6퍼센트), 스웨덴(3.5퍼센트) 등과 비교해보면, 이 수치의 크기를 좀 더 쉽게 이해할 수 있다. 이런 현실은 최근 난민에 관한 〈중앙일보〉의 여론 조사에서도 거듭 확인되었다. 즉, 제주도 예멘 난민을 받아들이는 것과 관련한 질문에서 반대(61.1퍼센트)가 찬성(35.8퍼센트)보다 두 배 가까이 많았다. 한편, 여성가족부의 같은 조사에서, 한국인 중 동성애자를 이웃으로 받아들이고 싶지 않다고 대답한 사람들이 79.8퍼센트였다. 이런 결과는 네덜란드(6.9퍼센트), 미국(20.4퍼센트), 독일(22.4퍼센트), 싱가포르(31.6퍼센트), 대만(40.8퍼센트), 중국(52.7퍼센트), 말레이시아(58.7퍼센트)와 비교할 때, 우리 상황이 매우

---

15 카롤린 엠케, 앞의 책, 92쪽.

심각한 수준임을 보여준다.[16]

이런 통계의 실체는 현실에서 빈번하고 구체적으로 확인할 수 있다. 몇 가지 예를 들어보자.

(1) 여성 성소수자 인권 단체인 퀴어여성네트워크의 주최로 '제1회 퀴어여성생활체육대회'가 2017년 10월 21일 동대문구 체육관에서 개최될 예정이었으나 체육관 측의 일방적 대관 취소 통보로 무산되었다.

(2) 수년 전, 결혼을 통해 한국 국적을 취득한 한 여성이 국내 모처의 목욕탕을 이용하고자 했으나, '외모가 외국인이고 에이즈를 옮길지 모른다'는 이유로 출입을 금지당했다.

(3) 2017년 9월 5일, 서울 강서구의 한 초등학교 강당에서 열린 '강서지역 공립 특수학교 신설 주민 토론회'에서 수십 명의 장애 학생 부모들이 학교 건축을 허락해달라며 반대 측 주민들 앞에 무릎까지 꿇었지만, 반대 측 주민들은 "쇼 하지 말라"고 외치며 반대의 뜻을 굽히지 않았다.

그 외에도, 다양한 비속어들이 혐오의 매체로 널리 사용되고 있다. 특히 특정 부류의 사람들을 벌레에 비유하여 '○○충'이라고 부르고, 특정 여성을 지칭하여 '○○녀'라고 조롱하는 것이 보편화되고 있다. 남성을 비하하는 '한남충'(한국 남성 벌레), '급식충'(급식 먹는 벌레), '일베충'('일간 베스트' 회원), 노인을 비하하는 '틀딱충'(틀니 딱딱거리는 벌레), 40대 남성을 조롱하는 '개저씨'(개념 없는 아저씨), 그리고 여성을 비하하는 '된장녀'와 '김치녀'가 대표적인 예들이다. 최근에는 초등학생들 사이에서 '월거지'(월세 사는 거지), '전거지'(전세 사는 거지), '빌거'(빌라 사는 거지), '엘사'(LH 임대아파트 사는 사람)처럼, 부모의 소득과 사는 곳에 따라 차별

---

16 홍성수, 앞의 책, 228쪽.

과 혐오를 담은 신조어가 유행하고 있다.[17] 이처럼 혐오는 우리 문화의 일부로 자리 잡았다.

2) 혐오와 근본주의, 그리고 한국 교회

혐오는 한국 교회와 무슨 관계인가?

성소수자, 여성, 장애인, 외국인과 난민을 대상으로 한 편견과 차별, 그리고 혐오는 한국 교회만의 문제가 아니다. 한국 사회 전체가 다른 나라들에 비해 타자(특히 사회적 소수자)에 대한 편견과 차별, 혐오가 훨씬 심하기 때문이다. 하지만 사회적 소수자들에 대한 편견과 혐오 면에서, 한국 교회는 한국 사회에서도 단연 압도적인 모습을 보이고 있다. 주요 사회적 현안들에 대한 한국인들의 인식을 조사한 한국기독교사회문제연구원(원장: 김영주)의 발표에 따르면, 개신교 응답자는 진화론 반대 45.9퍼센트, 공산주의 배격 72퍼센트, 동성애 반대 62.3퍼센트, 이슬람 반대 68.4퍼센트의 결과가 나온 반면, 비신자 응답자는 진화론 반대 12.5퍼센트, 공산주의 배격 58.1퍼센트, 동성애 반대 36.6퍼센트, 이슬람 반대 51.2퍼센트라는 응답을 보였다.[18] 양자의 차이가 상당하다.

혐오와 한국 교회의 상관 관계는 통계 조사 외에 혐오 현상을 연구한 학자들에 의해 공통적으로 지목되고 있다. 즉, 그들에 의하면, 혐오와 배제, 그리고 차별의 현장과 담론에서 개신교인들이 주도적인 역할을 담당할 뿐 아니라, 막강한 영향력을 행사하고 있다. 이때 연구자들이 한국 교회를 지칭하는 명칭은 매우 다양하다. 하지만 그렇게 다양한 표

---

17 「초등학생 사이 유행하는 차별·혐오 표현은 어른 책임」, 〈중도일보〉(2019. 11. 17).

18 최승현, 「'동성애 반대' 비율, 개신교인 62.2%, 비신자 36.6%, 가나안 교인 35.8%」, 〈뉴스앤조이〉(2019. 11. 4).

현들은 궁극적으로 한국 개신교 내의 특정 그룹을 지칭하는 것으로 보인다.

먼저 가장 포괄적인 표현으로, '한국 개신교'가 자주 언급된다. "주목할 만한 사실은 이러한 '혐오' 이슈를 둘러싸고 한국 개신교가 자주 거론된다는 점이다. 개신교는 한국 사회의 '혐오' 이슈에서 매우 중요한 역할을 담당하고 있다."[19] "개신교는 한국 사회의 '혐오' 이슈를 둘러싸고 가장 자주 언급되는 종교 집단이다. '혐오' 이슈의 '혐오의 첨병'으로서 회자되는 경우가 많다."[20] "그런데 개신교 교회는 최근 갑자기 더 노골화된 공격적 태도로 사람들을 대한다. 이와 함께 성소수자, 이방인, 타종교인 등이 타자화되었고, 공격의 대상으로 지목되었으며, 공격을 당하고 있다."[21]

한국 개신교보다 좀 더 구체적으로 '보수 기독교/개신교(계)'라는 표현도 발견된다. "2006년 국가인권위원회가 포괄적 차별금지법 제정을 권고하고 법무부가 법안 마련에 나서자 심상치 않은 상황이 전개되었다. 일부 보수 기독교계에서 '성적 지향' 등을 삭제하라고 요구했고, 결국 법무부는 '성적 지향'을 삭제한 법안을 국회에 제출했지만 이조차 통과되지 못했다."[22] "2000년 이후 혐오 담론을 주도한 세력은 보수 개신교 집단이다. 그들의 주된 혐오 대상은 동성애, 특히 남성 동성애자들이다."[23]

하지만 가장 빈번하게 언급되는 명칭은 '근본주의'다. "문자주의적

---

19 구형찬, 앞의 글, 18쪽.

20 같은 글, 47쪽.

21 김진호, 『산당을 폐하라: 극우적 대중정치의 장소들에 대한 정치비평』(동연, 2016), 151쪽.

22 홍성수, 앞의 책, 203쪽.

23 「혐오표현? 문제는 혐오정치야!」, 〈비마이너〉(2016. 5. 13).

성경 해석과 그것에 근거한 보수/근본주의적 신학과 더불어, 약화되고 있는 헤게모니적 남성성에 대한 깊은 불안감이 한국 개신교 우파의 동성애 반대 운동을 형성하고 확장시키는 데 한몫했다고 볼 수 있는 것이다."[24] "부분적으로는 에이즈에 대한 (대중의) 공포를 이용하여 1980년대와 1990년대에 세력을 넓힌 종교적 근본주의 집단들은 여성 권리 및 동성애자 권리에 우호적인 법률을 폐지하기 위해 열심히 노력했다."[25] "이러한 혐오 발언과 표현들은 최근 사회, 정치, 경제적 불안감, 전통적 가부장적 유교 문화의 서열식 사고, 게다가 현대 기독교 근본주의 사고의 결합을 통하여 사회 전반에 깊이 있게 빠른 속도로 뿌리내리고 있다."[26]

이처럼 학자에 따라 그 표현이 한국 개신교회, 한국 보수 기독교, 근본주의 등으로 다양하지만, 신학적 특성과 행동 방식을 고려할 때 이들이 지목하는 대상은 '한국 개신교 근본주의자들'로 정리할 수 있을 것이다. 한국의 모든 개신교인들이 혐오 현상과 직접 연관된 것은 아니기 때문이다. 오히려 한국 개신교인들 중에는 혐오에 반대하여 다양한 활동에 참여하는 사람들도 적지 않다. 이것은 보수 기독교인들의 경우에도 마찬가지다. 반면 가장 협의의 범주인 근본주의자들은 대체로 현재 진행 중인 다양한 형태의 혐오, 배제, 차별과 관련된 조직이나 행사, 그리고 운동에 적극적으로 참여하고 있는 것으로 보인다.

근본주의란 무엇인가?

오늘날 근본주의(fundamentalism)는 모든 종교 내부에 존재하는 급

---

24 김나미, 「한국 개신교 우파의 젠더화된 동성애 반대 운동」, 『당신들의 신국: 한국 사회의 보수주의와 그리스도교』, 제3시대그리스도연구소 엮음(돌베개, 2017), 273쪽.
25 미셸린 이샤이, 『세계인권사상사』, 조효제 옮김(길, 2010), 507쪽.
26 이근식, 앞의 글, 113쪽.

진적 그룹을 지칭하는 데 널리 사용되고 있다.[27] 하지만 이 용어는 본래 20세기 초반 미국에서 출현한 보수적 개신교 진영을 지칭했다. 남북전쟁(1861~1865년) 후, 미국 사회는 북부를 중심으로 산업화·도시화 시대에 돌입했다. 하지만 자본주의 초기 단계에서 미국 도시들은 경제적 빈곤에 기인한 다양한 사회 문제들과 씨름해야 했다. 동시에 미국 교회와 신학교는 유럽에서 수입된 성서비평학과 생물학적 진화론이라는 새로운 도전에 직면했다. 전체적으로 미국은 산업화와 영토 확장을 통해 신흥 강대국으로 급부상하고 있었지만, 미국의 보수 기독교인들은 다방면에서 위기에 처한 것이다.

이런 현실적·신학적 도전에 대한 응전으로 프린스턴 신학교를 중심으로 성서무오설이 탄생했고, 영국에서 온 존 넬슨 다비John N. Darby(1800~1882년)를 통해 세대주의적 전천년설前千年說이 수입되었다. 이런 신학적 신상품들은 '근본주의의 아버지'로 불리는 무디Dwight L. Moody(1837~1899년)와 그의 동료들, 성서예언대회(1875~1897년), 성서학원들, 학생자원운동(1886~1930년대), 성결운동 그리고 잡지 『근본적인 것들』(Fundamentals, 1910~1915년) 등을 통해 빠르게 성장·확산되었다. 미국 북장로교회가 1910년 총회에서 '성경의 영감과 무오성, 그리스도의 동정녀 탄생, 그리스도의 대속적 죽음과 육체적 부활, 기적'으로 요약되는 5개조 교리를 선포한 것은 당시 근본주의자들의 주된 관심사와 영향을 단적으로 보여준다.

하지만 근본주의는 1920년대에 분열의 동인으로 작용하고 교회와

---

27 예를 들어, Karen Armstrong의 *The Battle for God: A History of Fundamentalism* (Ballantine Books, 2001)은 개신교, 유대교, 이슬람의 근본주의를 역사적으로 정리한 대표적인 연구서다. 아래에 이어지는 내용들은 이 책과 배덕만의 『한국 개신교 근본주의』(대장간, 2010)를 참고하여 정리한 것이다.

사회에서 비난과 조롱의 대상으로 전락했다. 당대의 저명한 설교자 해리 포스딕Harry E. Fosdick(1878~1969년)이 1922년에 행한 설교 '근본주의자들이 승리할 것인가?'가 큰 논쟁을 촉발했다. 1924년 총회 직후에는 북장로교회 내 진보적 그룹이 5개조에 반대하여 '어번 선언'(the Auburn Affirmation)에 서명함으로써 교단 내 갈등이 심화되었다. 그리고 1925년 세상을 떠들썩하게 한 소위 '원숭이 재판'으로 근본주의 진영은 심한 내상을 입었다. 이후 미국의 보수 교단들은 근본주의자 대 진보주의자 사이의 갈등으로 분열의 홍수에 휩싸였다. 그 결과 정통장로교회, 침례교성서연합, 근본주의침례교단 등이 탄생했지만, 무대 중앙에선 모습을 감추었다. 대신 그들은 교회와 신학교, 방송 네트워크를 중심으로 교세를 확장하는 데 집중했다.

한 세대 동안 자신들만의 세계에 갇혀 있던 근본주의자들이 1960년대부터 다시 모습을 드러내기 시작했다. 한국전쟁을 통과하면서 미국 사회가 '매카시 광풍'으로 몸살을 앓을 때, 근본주의자들은 강력한 반공주의자들로 거듭났다. 이후, 공립학교에서 기도하는 것이 금지되고 흑인 인권 운동이 미국 사회를 강타했으며, 히피 문화와 성혁명, 베트남전쟁, 낙태 허용으로 1970년대까지 미국 사회는 급격한 혼란과 변화의 시기를 맞이했다. 이런 현실은 그동안 성속이원론과 묵시적 종말론에 심취하여 사회와 거리를 유지했던 근본주의자들로 하여금 자신들의 권리와 '기독교 미국'(Christian America)을 수호하기 위해 현실 정치에 뛰어들도록 자극했다. 그들은 당대의 변화를 치명적 위협으로 간주했고, 그 원인을 '세속적 인본주의'(secular humanism)에서 찾았다. 이런 새로운 움직임은 '기독교 우파'(Christian Right)의 탄생으로 이어졌다. 대표적인 근본주의자 제리 폴웰Jerry Falwell(1933~2007년)은 1979년 '도덕적 다수'(Moral Majority)를 조직하여 공화당 대통령 후보 로널드 레이건

Ronald Reagan(1911~2004년)을 지지했으며, 1972년부터 본격적으로 시작된 '남녀평등헌법수정안'(Equal Rights Amendment) 비준 운동을 저지하는 데 적극 참여했다. 이 운동에는 단지 개신교 근본주의자들뿐 아니라, 보수적 가톨릭 신자들과 유대인들도 상당수 참여했다.

1980년대 후반, 유명한 근본주의적 오순절파 TV 설교자들인 짐 베이커Jim Bakker(1940년~), 지미 스와가트Jimmy Swarggart(1935년~)의 섹스 스캔들이 연속으로 터지면서 근본주의 진영은 심한 타격을 받았다. 하지만 팻 로버트슨Pat Robertson(1930년~)이 1986년 대선에 출마하고 '기독교연합'(Christian Coalition, 1989년)을 조직하면서 재기에 성공했다. 이들은 '가족의 가치'(pro-family)를 중심으로 동성애와 낙태, 포르노에 강력히 반대하고, 학교와 공공장소에서 기독교 신앙의 실천을 보장받기 위해 분투했다. 또한 자신들의 입장을 지지하는 아들 부시George W. Bush(1946년~)의 대통령 당선을 위해 헌신했으며, 그가 당선된 후에는 네오콘Neo-Conservatives과 함께 부시 정권의 막강한 지지 세력으로 기능했다. 비록 오바마 정부의 탄생과 함께 이들의 위세는 한풀 꺾였지만, 여전히 미국 기독교의 중요한 부분으로 살아 있다.[28]

근본주의자들은 어떻게 혐오를 표현하는가?

근본주의적 개신교인들은 어떤 방식으로 혐오를 표현하고 있을까? 먼저, 혐오는 개인적 차원에서 발생하고 있다. 다음은, 근본주의자들이 개인적으로 발언한 혐오 표현의 예다. "동성애, 이슬람, 차별철폐 이것들 그대로 됐다간 한국 교회 원천적으로 없어집니다. 동성애, 이슬람 이

---

28 미국 개신교 우파의 정치 활동에 대해서는 배덕만의 『미국 기독교 우파의 정치활동』(넷북스, 2007)을 참조하시오.

겨야 합니다."[29] "가정에서 여자가 머리 구실을 하면 그 집안은 그만 중풍 병자처럼 비정상적인 것이 되어버립니다. 그리고 더 나아가서 그 집안은 괴물이 되고 맙니다."[30] "이슬람 진리를 위한 폭력은 그들의 교리에 의해 정당화되고 있습니다. 이것이 극단적으로 나가게 되면 지하드가 되어 테러를 벌이게 되는 것이지요."[31]

조직적 차원에서 진행된 경우도 많다. 예를 들어 자유한국당 김진태 의원이 2018년 7월 11일 '난민법 개정을 위한 국민토론회'를 개최하고, "전 세계 좌파들이 이슬람 난민으로 질서를 흔들고 있다. 우리 아들들도 장가를 못 가는데 저들은 우리 딸들을 데리고 살려 한다"고 주장했다. 그런데 이 행사를 기독교 관련 단체들(우리문화사랑국민연대, 자유와 인권연구소)이 공동으로 주최한 것이다.[32] 또한 혐오 표현으로 가득한 가짜 뉴스들이 SNS를 통해 빠르고 광범위하게 확산되어 사회적 이슈가 되었다. 그런데 〈한겨레〉의 보도에 따르면, 개신교 극우 단체인 '에스더 기도운동'을 통해 '스웨덴에서 발생한 성폭력의 92%가 이슬람 난민에 의한 것이고 피해자 절반이 아동이다', '아프가니스탄 이민자의 성범죄율이 내국인보다 79배 높다' 등의 혐오성 가짜 뉴스들이 제작되어 배포되었다고 한다.[33]

주요 교단들도 총회 차원에서 혐오의 주체로 활동하고 있다. 2019년 교단 총회에서, 예장 통합이 '무지개 퍼포먼스' 신학생들의 목사고시

---

29 2016년 4월 17일 예수사랑교회 주일예배 설교 중. 박기용·박유리, 「차별과 배제, 극우 정치의 두 날개」, 〈한겨레〉(2016. 4. 22).

30 옥한흠, 『예수 믿는 가정 무엇이 다른가』(국제제자훈련원, 1991), 100쪽. 임희숙, 『기독교 근본주의와 교육』(동연, 2010), 41쪽에서 재인용.

31 이억주, 「다원화 사회, 기독교에 대한 도전과 응전」, 『신앙세계』 482호, 2008. 9, 14쪽.

32 김건호, 「김진태, "전 세계 좌파들이 이슬람 난민으로 질서 흔든다"」, 〈세계일보〉(2018. 7. 12).

33 김완·박준용·변지민, 「동성애·난민 혐오 '가짜뉴스 공장'의 이름, 에스더」, 〈한겨레〉(2018. 9. 27).

를 불합격 처리했으며, 소셜 미디어에 동성애자를 '사회적 약자'라고 표기하기만 해도 '동성애 옹호 행위'라고 헌법 시행 세칙에 명시하는 방안을 연구하기로 결정한 것이 대표적인 예다. 예장 합동도 동성애자 및 지지자의 신학교 입학을 불허하고 적발시 퇴학시키기로 결정했으며, 예장 백석도 김대옥 목사(한동대 전 교목)를 동성애 옹호자로 규정하고 이단으로 정죄했다. 예장 고신도 동성애 관련 시국선언문을 발표했다.[34]

개인과 단체들이 협력하여 직접 특정 방송이나 행사를 반대하거나 방해하는 경우도 적지 않다. 기독교방송(CBS) TV 채널을 통해 방영되는 강연 프로그램 〈세상을 바꾸는 시간, 15분〉에서 대학성소수자모임 연대(QUV) 소속 회원이 출연해 '성소수자도 우리 사회의 분명한 구성원입니다'라는 주제의 강연을 했다. 이 방송이 2017년 11월 23일 주요 포털들을 통해 공개되자, 일부 기독교계 단체들이 성명을 발표하고 강력히 반발했다.[35] 또한 매년 서울에서 개최되는 '퀴어문화축제' 행사장 주변에서 개신교 단체들이 대규모 맞불 집회를 개최하고 있다. 이들은 동성애에 대한 혐오를 표출하는 각종 홍보물을 설치하거나 배포하고, 대형 음향 장비를 동원해 북을 치고 노래를 부르며 통성기도를 한다.[36]

끝으로, 차별금지법 반대 운동처럼 소수자들을 위한 법률 제정을 저지하기 위해 한국 교회가 전국적 차원에서 조직적·지속적으로 반대 운동을 전개하고 있다. 2011년 학생인권조례 제정이 인권·시민 단체에 의해 추진되었을 때, 개신교 진영에서 '성적 지향에 따른 차별 금지 조항'을 문제 삼으면서 정부와 갈등이 발생했다. 2013년에는 두 건의 차

---

34 최승현, 「동성애 박살 정책 펴는 교단들」, 〈뉴스앤조이〉(2019. 10. 1).

35 구형찬, 앞의 글, 33쪽.

36 같은 글, 34쪽.

별금지법안이 보수 개신교의 압력과 반발로 자진 철회되었으며, 2014년에도 같은 이유로 '서울시민인권헌장'이 공포되지 못했다. 지역적 차원에서도, 각종 조례들이 '성소수자'나 '성적 지향'의 문구가 포함되었다는 이유로 기독교계의 반대에 부딪혀 통과되지 못했다.[37] 최근에는 보수 개신교가 선거 때마다 정치인들에게 동성애 반대와 차별금지법 제정 반대를 강력히 요구하고 있다.

결론

한국 사회에서 보수적 개신교회가 혐오 표현의 주된 발원지라는 학계의 지적은 한국 교회에 심각한 고민거리를 안겨준다. 이런 지적에 대해 당사자인 보수적 개신교인들은 부정적으로 반응한다. 자신들은 근거도 없이 맹목적으로 사회적 소수자들을 비난하는 것이 아니며, 사회적 소수자들에 대한 반대와 비판은 종교적 신념과 사회적 책임에 근거한 합법적 표현이며 정당한 권리 행사라고 항변하는 것이다. 하지만 그런 항변과 변호에도 불구하고 한국 교회가 사회적 소수자들을 향해 표출하는 언어와 행동은 매우 거칠고 폭력적인 혐오 표현이며, 이로 인해 소수자들은 심각한 정신적 위협과 사회적 박탈을 경험하고 있다. 뿐만 아니라 주류에 속한 다수의 사람들이 한국 교회의 주장과 행동에 대해 불쾌감을 느끼고 부정적인 평가를 내리고 있다. 한국 교회는 이런 비판을 진지하고 정직하게 경청해야 한다.

무엇보다 한국 교회는 결코 '혐오의 정치학'으로 세상을 변화시키거

---

37 홍성수, 앞의 책, 203~204쪽.

나 구원할 수 없다는 사실을 깨달아야 한다. 21세기의 삶은 사회의 급격한 변화와 이동으로 유동적·유목민적 특성을 지닐 수밖에 없다. 동시에 다양한 형태의 하이브리드hybrid가 일상화되고, 주류와 비주류의 역학 관계도 끊임없이 변한다. 특히 신자유주의의 세계적 확산과 4차 혁명의 급진전은 사회 구성원들 간의 경쟁을 극대화하면서 생존을 더욱 어렵게 할 것으로 예측된다. 이러한 '유동사회'에는 불안이 상존하고, 대량으로 배출되는 '호모 사케르homo sacer'들로 인해 위기가 심화될 수밖에 없다. 이런 디스토피아적 상황에서 인간에 대한 최소한의 이해와 배려, 상생을 위한 인내와 관용이 무시된다면, 낙오자들로 가득 찬 이 땅의 삶은 쉽게 지옥으로 돌변할 것이다. 근본주의자들의 눈에는 이와 같은 현실이 불편하고 불만족스러울 것이다. 그럼에도 분노와 증오, 혐오와 폭력으로는 아무것도 바꿀 수 없다. 집단적 시위와 집요한 압력으로 정치가들을 움직일 순 있겠지만, 침묵하는 다수뿐 아니라 힘없는 소수마저 결코 구할 수 없다. 자신의 자리를 지키고 세상을 바꾸고 싶다면, 한국 교회는 전략을 수정해야 한다.

바울이 말했다. 천사의 방언을 말하고 산을 옮길 만한 믿음이 있으며 모든 소유를 내어줄지라도 사랑이 없으면 아무것도 아니라고. 그리고 진정한 사랑은 오래 참고 친절하며, 교만하지도 무례하지도 성을 내지도 원한을 품지도 않는다고. 오직 모든 것을 믿고 바라고 견딘다고(「고린도전서」 13:1~7). 물론 교리적 순수성을 추구하고 세상의 타락한 풍조에 저항하는 것이 종교의 본질임을 누구도 부인할 수 없다. 하지만 낯설고 불편한 타인들 속에서 교리를 지키고 덕을 실천하는 방법이 혐오와 욕설·폭력일 수 없으며, 정치가들을 압박하여 성취한 일시적 법률 개정도 아닐 것이다. 그런 맥락에서 '근본'을 다시 생각하라는 충고에 한국 교회는 마음을 열어야 한다. 행동을 멈추고 그들의 말을 먼저 들으라는 제안도 무시할 수 없다. 그리고 '교회의 정원'이 '세상의 황무지'로 오염되지 않으려면 교회와 국가 사이에 적절한 벽을 세우라는 권면도 가슴에 새겨야 한다. 한국 교회가 혐오에 사로잡힌 수구가 아니라, 사랑으로 인내하며 긍정적 변화를 추구하는 건강한 보수 혹은 창조적 진보로 기능할 때, 교회는 세상의 빛과 소금으로 존재할 수 있을 것이다. 정의의 실현은 오직 사랑으로만 가능하기 때문이다.

배덕만

서울대 종교학과를 졸업하고 서울신학대학교 신학대학원에서 목회학 석사(M. Div.), 예일 대학교 신학대학원(Yale Divinity School)에서 신학 석사(Master of Sacred Theology), 드루Drew 대학교에서 석사 및 박사 학위를 받았다. 현재 기독연구원 느헤미야 전임연구원, 백향나무교회 담임목사로 일하고 있다.

무엇을 위한 낙태 반대 운동인가?

이욱종

들어가는 말

2019년 4월 11일, 헌법재판소(이하, 헌재)가 형법 제269조 1항 '자기 낙태죄'와 형법 제270조 1항 '동의낙태죄'에 대한 헌법 불합치 판결을 내리자 보수 기독교의 반발이 거세졌다. 판결 열흘 뒤 한국 개신교 70여 개 교단 소속의 교회들은 '한국교회 부활절 연합예배'로 모여 헌재의 판결을 세속화라고 규정하면서 반대한다고 선언했다. 단순한 우려의 입장이 아니라, 기독교의 부활 신앙으로 극복해내야 할 사회적 죄로 낙태 혹은 임신 중단(이하, 낙태로 통일한다)을 공식적으로 정죄한 것이다.

이들의 입장이 한국 개신교 교회를 대표한다고 할 수 있을까? 한국 교회는 과연 기독교 진리를 위해 낙태 반대 운동을 추진하고 있었나? 낙태를 반대해온 교회들의 신도들은 낙태를 경험한 여성들을 향한 생명 경시 또는 태아 살해라는 정죄와 혐오의 시각에서 자유로울 수 있을까?

이 연구에서는 한국 보수 개신교 교회의 낙태 반대 운동이 지금까지 취한 획일화되고 흑백 논리적인 시각 때문에 어떤 문제점이 있어왔는지, 또한 이 운동이 한국 개신교 교회의 낙태에 대한 사회적 입장을 대표할 수 있는 것인지 점검해보고, 그것이 과연 기독교 진리를 위한 반대 운동이었는지를 살펴보고자 한다. 또한 한국 교회에 가장 큰 영향을 주고 있고 정치적·사회적인 측면에서 가까운 미래에 대한 예시를 제공하는 미국 보수 개신교 교회의 낙태 반대 운동 사례를 살펴봄으로써, 낙태에 대한 한국 교회의 대안적 시각을 넓혀보고자 한다.

한국 개신교 교회의 낙태 반대 운동, 그 역사적 흐름과 모순점

일제 강점기를 거쳐 한국전쟁을 겪어야 했던 격변기의 한국 사회 정황 속에서 낙태에 관한 사회적 논쟁은 다른 나라에 비해 상당히 뒤늦게 시작되었다. 1912년 일제하에서 낙태죄는 조선형사령으로 법제화되었다. 1920년대에는 경제난의 원인으로 부각된 인구 증가로 인해 산아제한의 필요가 대두되었고 신문에 피임약 광고까지 등장하기 시작했다. 1930년대 말에는 낙태와 피임에 대한 통제가 강화되었는데, 이는 징병

대상 확보를 위한 것이었다.[1] 해방 후인 1953년 국회에서 다수의 지지로 낙태죄가 형법으로 규정되었다. 하지만 1960년대부터 독재 정권하에서 경제 발전을 이유로 강력한 인구 억제 정책이 시행되었고, 1973년에는 보건의학적·범죄적 사유 등으로 낙태를 제한적으로 허용하는 모자보건법이 제정되었다. 현실에서는 낙태가 공권력의 특별한 제지 없이 공공연하게 이루어지고 있었지만 낙태죄로 인한 처벌 사례는 거의 없는 '낙태죄의 사문화' 현상이 생겨났고, 당시 한국 사회는 '낙태 논쟁의 불모지'라고 불릴 정도로 이 문제가 쟁점화되지 못했다.[2]

한국 보수 개신교 교회도 세속 사회의 정치적 정황에 순응하여 친독재 입장을 취하고 있었던 만큼, 이렇다 할 낙태 반대 운동을 실천하지 못하고 있었다. 한국 개신교 교회에서 낙태 반대 운동이 부각된 것은 아이러니하게도 민주 정부가 세워진 후, 사회적으로 의사 표명이 자유로워진 1990년대부터이다.[3] 기독교윤리실천운동(이하 기윤실)이나 IVF(한국기독학생회) 등 개신교 교회 중심으로 낙태반대운동연합(이하 낙반연. 현재는 사단법인 프로라이프로 개명)이 1994년에 결성되어 비로소 전국적 시민 운동으로 부각되었다.[4]

최근 대한예수교장로회 합동(이하 예장 합동) 총회와 대한예수교장로회 고신 총회(이하 예장 고신)가 동성애 허용과 낙태 허용을 '반기독교적'이라고 선포하고 교단적 대응에 나선 것은 낙태 허용이 기독교의 절대 진리에 반한다는 입장을 굳힌 것이다.[5] 하지만 1990년대 이전 이들 보

1 전효숙, 서홍관, 「해방 이후 우리나라 낙태의 실태와 과제」, 『역사학』 제12권 제2호, 2003; 박노자, 「한국교회는 왜 낙태에 반대하지 않나」, 〈한겨레21〉 제670호(2007. 7. 26).
2 조국, 「낙태 비범죄화론」, 『서울대학교 법학』 제54권 제3호, 2013. 9, 697쪽.
3 같은 글, 698쪽.
4 전효숙, 서홍관, 앞의 글, 141쪽.
5 http://www.newsnjoy.or.kr/news/articleView.html?idxno=225227; https://www.

수 교단들이 낙태 문제에 관해 지켜온 오랜 사회적 침묵은 낙태 반대 운동이 절대 진리에 입각해 있다는, 자신들의 진정성에 대한 그들의 주장과 일치하지 않는 모순을 보여준다. 또한 교황청의 낙태 반대 의사를 따르는 한국 가톨릭 교회가 꾸준하게 낙태 반대 입장을 표명하고(예를 들어, 독재 정권 시절에도 자신의 목소리를 내온 김수환 추기경은 1971년에 '모자보건법 제정 반대 성명'을 발표했다), 1976년의 개정안 반대 운동을 비롯해 수십 년 동안 낙태 반대 운동을 벌여온 것과도 사뭇 다른 모습이다.[6] 따라서 보수 개신교 교회의 낙태 반대 운동은 기독교 절대 진리 수호를 표방하는 그들의 정체성과 모순되며, 그때그때의 정치 정황에 편승하여 자신들에게 유리한 사회적 상황 속에서 운동을 전개했다는 의혹도 갖게 한다.

낙태에 대한 집단 트라우마의 생성

1990년대부터 낙반연으로 대표되는 한국 보수 개신교 교회의 낙태 반대 운동은 전국을 돌며 다양한 거리 캠페인, 정기 세미나, 서명 운동 등을 전개하는 방식으로 사회를 향해 낙태의 비윤리성을 강조하기 시작했다.[7] 가톨릭 교회보다 뒤늦게 성장한 전국적 개신교 교회의 낙태 반대 운동이었지만, 그 반대의 단호함은 가톨릭 교회에 못지않았다. 특히 인간 생명체의 시작을 수정된 순간이라고 정의했고 수정 이후의 모

---

kidok.com/news/articleView.html?idxno=203223.

6 http://workers-zine.net/30388; 〈한국일보〉, 1976년 4월 29일, 1쪽; 〈가톨릭평화신문〉, 2008년 10월 5일.

7 전효숙, 서홍관, 앞의 글, 141쪽.

든 낙태 행위를, 개인 사유에 대한 예외 없이, 살인으로 규정했다.[8] 보수 개신교 교회의 낙태 반대 운동의 사상 중 가장 두드러진 특징은 성경무오설에 입각하여 특정 구절들을 통해 태아의 인격과 존엄성을 강조한다는 사실이다. 즉 「시편」 139편 13절 "주께서 나의 모태에서 나를 조직하셨나이다", 16절 "내 형질이 이루기 전에 주의 눈이 보셨으며 나를 위하여 정한 날이 하나도 되기 전에 주의 책에 다 기록이 되었나이다", 「누가복음」 1장 41~42절 "엘리사벳이 마리아의 문안함을 들으매 아이가 복중에서 뛰노는지라", 「예레미야」 1장 5절 "내가 너를 모태에 짓기 전에 너를 알았고 네가 배에서 나오기 전에 너를 성별하였고" 등의 구절들을 태아의 인격성을 강조하는 핵심 근거로 사용하고 있다. 실례로 초이스태아교육선교회는 위 성경 구절들을 강조하며 성경적 태교를 위한 전국 투어 세미나를 열었고 심지어 영어, 히브리어, 헬라어를 가르치는 나실인교육이라는 태교 교육 프로그램도 운영하면서 낙태 반대 운동을 전개하였던 것을 보면, 보수 개신교 교회가 얼마나 태아의 인격성을 강조하려고 했는지 알 수 있다.[9]

한국 보수 개신교 교회가 낙태 반대 운동의 일환으로 태아의 인격성을 강조한 것은 낙태의 절대적 부당성과 살인죄의 심각성을 강조하기 위함이다. 하나님이 태아에게 부여한 인격성을 강조하는 것은 인간의 낙태 행위에 대한 죄성(하나님의 창조 행위에 대한 반역) 강조와 낙태 행위에 대한 예외 없는 정죄로 이어졌다. 이들은 수정된 순간부터 하나님이 부여하신 인격을 지닌 태아를 임신의 사유가 어떠하든지, 즉, 강간이나 근친상간, 장애, 혹은 태아나 산모의 생명을 위협하는 치명적 질병까

---

8 https://www.prolife.or.kr/page/sub_050101.

9 https://www.kidok.com/news/articleView.html?idxno=29436&page=23&total=451.

지도 낙태를 할 이유로 삼을 수 없다고 믿는다. 왜냐하면 모든 태아의 생명은 하나님의 주권하에 있으며 그 생명들은 하나님의 사랑의 대상으로 인격적 관계에 있기 때문이다. 따라서 보수 개신교 교회의 태아의 인격성 강조는 낙태에 대한 무조건적 정죄 풍토와 긴밀하게 연결되었고, 낙태죄에 대한 정죄의 강도는 교회 안에서 극대화되었다.

태아의 신성한 인격성에 대한 강조는 또한 낙태 수술의 잔혹함을 부각시키는 계기가 되었다. 낙태 수술을 할 때 태아가 의사의 확장기와 흡입관을 피하는 듯한 모습을 담은 초음파 영상 기록물이 1990년대부터 한국 개신교 교회 안팎에 널리 유포되었다. 이는 설교의 예화로도 자주 인용되곤 했다.[10] 다음은 목사들의 설교 예화로서 많이 등장했던 낙태 수술에 대한 묘사이다. "태아는 이 흡입관을 피해 이리저리 도망 다녀보지만 결국 핏덩어리로 조각난 채, 병 속으로 빨려 들어가 죽어간다."[11] 당시 유행하던 설교 예화 중에는 지옥을 직접 체험한 사람의 간증 중 낙태죄를 지옥에서 처벌하는 이야기도 있다. 곧, 지옥에서는 낙태를 시술한 의사들과 태아의 부모들을 "시뻘겋게 불에 달군 쇠꼬챙이로 배를 쑤시면서" 영원한 고통을 받게 한다는 예화가 널리 회자되었다.[12] 이처럼 잔인하고 부정적인 낙태 수술 묘사는 교인들에게 낙태에 대한 집단 트라우마를 주입하였고 낙태 포비아까지 형성하였다.

한국 보수 개신교회의 태아 인격성 강조는 또한 태아의 약자성과 생명 선택권을 부각하였고 반대로 낙태 행위자의 강자성과 자기 결정권의 비인간적 폭력성을 극대화하였다. 낙반연 대표로 활동했던 김일수

10 https://www.youtube.com/watch?v=c8Xbor-mNUE.

11 http://www.christiantoday.us/487.

12 https://blog.naver.com/weddingkgm/150020696178; https://www.youtube.com/watch?v=6o_QikGxqg4.

교수는 태아의 약자성을 강조하여 이렇게 썼다. "인간 존재 중 가장 약한 자가 태아이다. (낙태는) 가장 약한 자를 강한 자들의 여러 가지 사정에 따라 살해하는 행위라고 할 수 있다."[13] 강간에 의한 임신에 대해서도, 태아의 존엄성을 강조하는 일부 한국 교회의 태도는 완강하다. 심지어, 강간의 경우 피해자 여성이 위협을 느껴 배란이 거의 안 된다는 연구 결과도 있다며 강간으로 임신했다는 주장은 낙태 허용 사유로 악용될 수 있다거나, 낙태를 허용한다고 강간이 줄어드는 것도 아니라거나, 강간이 피해 여성에 대한 공격이라면 낙태는 세상에서 가장 약자인 아이에 대한 여성의 공격이라면서, 강간죄보다 낙태죄를 더 정죄하는 양상을 보이기까지 했다.[14]

이처럼 한국 보수 개신교 교회가 태아의 존엄성과 낙태죄 정죄를 극대화하는 경향은 최근까지 이어져, '러브이즈플러스'라는 보수 개신교 단체는 '차별금지법(동성애) 반대 낙태 반대를 위한 백만대회 천만 서명' 운동을 현재 진행 중이다. 그들이 만든 웹사이트 선전물은 낙태는 자기 아이를 죽이는 살인이며 낙태 수술은 태아를 긁어내어 신체를 절단하는 잔인한 범죄라고 구체적으로 설명하고 있다.[15] 이 선전물은 보수 개신교 교회가 낙태뿐 아니라 동성애, 트랜스젠더, 학생인권조례 등 자신들의 기준에 어긋나는 사람들과 사안들에 대한 혐오와 정죄를 어떻게 생산하고 발전시켜왔는지를 잘 보여준다.[16]

---

13 김일수, 「낙태죄의 해석과 입법론」, 고려대학교 법학연구원, 『법학논집』 제27호, 1992, 108~109쪽.

14 http://www.christiantoday.us/487.

15 http://xn--jj0bs0yoqm.com/6.php.

16 같은 곳.

개신교 낙태 반대 운동의 정치사회적 효과

위에서 논한 한국 보수 개신교 교회의 낙태 정죄와 집단 트라우마 생성이 실제로 한국 사회와 정치에 얼마나 영향을 끼쳤을까? 또 신도들의 낙태에 대한 집단 트라우마는 낙태율 저하에 어떤 영향을 끼쳤는가? 이를 통계 자료를 통해 알아보자. 가톨릭 교회가 중심이 되었던 낙태 반대 운동이 1976년부터 1980년대까지 수 차례 낙태 허용 사유를 확대하려는 모자보건법 개정을 막았던 반면, 보수 개신교 교회의 낙태 반대 운동은 1994년 낙반연이 낙태죄 폐지 반대를 위한 1만인 서명서를 국회에 제출하고 대중 집회 등을 본격화한 것, 한국기독교총연합회(이하 한기총)가 낙태 반대 운동에 참여한 것 정도로, 정치적 동원의 규모와 성과가 크지 않았다. 가톨릭 교회가 1992년과 2000년에 모자보건법 개정 반대(1994년에는 개정을 저지하는 데 성공했다)와 폐지를 위한 100만 명 이상의 서명서를 국회와 헌법재판소에 제출한 사례가 있는데, 개신교 교회의 러브이즈플러스가 주도하는 차별금지법과 낙태 반대 1,000만 서명 운동에는 2019년 12월 12일 현재 인터넷 서명인 2만 2,644명이 참여하고 있다.[17] 한국 보수 개신교 교회가 태아의 신성한 인격성을 강조하며 낙태에 대한 정죄를 극대화하는 경향에 비해 세속 사회를 상대로 하는 낙태 반대 운동은 현재까지 정치적 효과가 미흡한 수준이라고 볼 수 있다.

낙태 추정 수가 아직도 연간 100만 건이 넘는다는 주장도 있지만, 보건복지부의 최근 낙태율 발표에 의하면, 인구 대비 연간 낙태 추정

---

17 http://xn--jj0bs0yoqm.com/?fbclid=IwAR1PanDbFHCvLmcAwrDGtDyRIw-_al-0MzPwGaP2YmDTBR9bdrP9CDOl6H8; http://workers-zine.net/30388.

수와 낙태율이 2008년의 24만 1,411건과 21.9퍼센트에서 2017년에는 4만 9,764건과 4.8퍼센트로 현저하게 떨어진다.[18] 이같은 변화의 원인을 보건복지부는 피임 실천율의 증가와 여성 인구의 감소로 보았다. 실제로 피임을 하지 않는 비율은 2011년 19.7퍼센트에서 2018년 7.3퍼센트로 절반 이상 감소하였고, 만 14세에서 55세의 가임기 여성의 수는 2010년부터 2016년까지 거의 76만 명이나 감소하였다.[19] 1991년의 한 조사에 의하면 낙태 경험자들의 경우 자신들의 종교적 신념은 낙태 결정에 중요하게 영향을 끼치지 않았음을 보여주었고, 낙태 경험자 중 불교도가 32퍼센트, 기독교도가 30.1퍼센트로 무종교인 22.1퍼센트를 크게 앞서기도 했으며, 2002년 연구에서도 낙태에 대한 한국인의 태도에 종교가 크게 영향을 미치지 않고 있다는 결과가 나왔다.[20] 2019년 한국갤럽의 조사에 따르면 낙태가 살인이라고 생각하는 비율이 1994년에는 전국 성인 대비 78퍼센트였으나 2019년에는 45퍼센트로 감소한 것으로 나타났다.[21] 1991년 국민의 81.6퍼센트가 낙태 허용과 규제 완화를 지지했고 2019년 여성의 75.4퍼센트가 낙태죄 개정을 찬성한 것으로 정부 기관 조사에서 나타났다.[22] 이와 같은 통계 자료에 의하면 보수 개신교 교회의 낙태 반대 운동은 정치적으로 큰 영향을 주지 못했고, 일반인들의 낙태죄 폐지에 대한 경각심을 일깨우는 등 사회적 의식 변화를 일으키는 데 실패했으며, 심지어 개신교 신자들의 낙태

---

18 https://www.mk.co.kr/news/society/view/2019/02/82404/; 이소영 외 13명, 「인공임신중절 실태조사」, 보건복지부, 『정책보고서』 66호, 2018, 115쪽.

19 같은 글, 116쪽.

20 박노자, 앞의 글; 은기수, 「낙태에 대한 태도에 종교가 미치는 영향: 세계가치관 조사 국제비교 연구」, 『정신문화연구』 2002년 여름호(제22권 제2호), 81쪽.

21 http://www.christiantoday.co.kr/news/321156.

22 http://workers-zine.net/30388.

실행률에도 큰 영향을 주지 못한 것으로 보아야 한다. 오히려 보수 개신교 교회의 낙태 반대 운동은 낙태 문제에 직면한 임신 여성들의 현실과 매우 동떨어져 있다는 것과 그들이 주장하는 생명 존중 사회로의 변화에도 실패하고 있음을 알 수 있다. 다만 성경무오설 교리에 기반하여 태아의 인격성을 강조하고 낙태죄를 하나님의 주권을 거스르는 죄로 정죄하는 것을 변함없이 반복하는 가운데, 낙태 반대 운동을 통해 실제적인 낙태율을 줄이는 일보다 자신들의 보수 기독교 사상을 사회적 논쟁으로부터 보호하고 돈독히 하는 데 충실해온 것이 아닌가 의문을 던지게 한다.

보수 개신교 교회의 낙태 반대 운동이 1990년대부터 2019년 말 현재까지 가시적인 정치적·사회적 변화를 생성하지 못하고 있는 반면, 이 운동을 이끌었던 몇몇 지도층들은 다른 주제로 윤리적·정치적 운동을 이어나갈 수 있었다. 낙반연 초대 회장이자 현재도 고문을 맡고 있는 김일수 고려대학교 법대 명예교수는 한국 뉴라이트 운동을 지원하는 단체인 기독교사회책임의 공동대표로서 김진홍 목사, 서경석 목사, 지만원 등과 2004년 설립부터 함께했다.[23] 김 교수가 대표로 있던 2006년에 이 단체는 한미FTA 추진 지지 국민대회를 주도하면서 종묘공원에 있던 노인들에게 돈을 주고 집회에 참여하게 했다는 의혹을 사기도 했다.[24] 뉴라이트 운동의 적극적 지원을 받으며 탄생한 이명박 정부에서 전재희 보건복지부 장관은 낙태를 주무 부처 장관으로서 단속하겠다고 공표한 바 있다.[25] 낙반연 창립 멤버이자 현재까지도 의료전

---

23 http://legacy.www.hani.co.kr/section-005000000/2004/11005000000200411221345001.html.

24 http://www.newspower.co.kr/6373.

25 http://www.dailymedi.com/detail.php?number=710235.

문위원을 맡고있는 박상은 효산의료재단 안양샘병원 원장은 박근혜 정부 시절 대통령 직속 국가생명윤리위원회 위원장을 역임하기도 했다.[26] 낙반연 이사로 활동해오고 있는 황영희 효산의료재단 의료원장은 샘병원은 기독교 선교병원이라고 말했으며, 2017년 군포시 노인회 정기총회에서 "(자신은) 매주 태극기 집회에 참석한다"면서 광화문 촛불집회를 가리켜 "북한 지령을 받고 내려온 사람들이 나라를 차지하고 있다"는 등의 발언을 해서 지탄받은 적도 있다.[27]

뉴라이트 운동에 참여했던 전광훈 한기총 대표회장은 현재 문재인 대통령 탄핵 집회를 이끌며 기독자유당 국회 진입을 위한 대중 운동을 하고 있는데, 그가 현 문재인 정부를 반기독교적이고 주사파 정부라고 억지 비난을 하는 이유는 그들이 차별금지법, 낙태죄 폐지, 이슬람을 내세워 대한민국과 한국 교회를 해체하려 하기 때문이라는 것이다.[28] 전광훈 목사의 각종 집회와 행사에는 또한 황교안, 나경원, 김문수, 송영선, 이재오 등 자유한국당 소속 정치인들이 종종 함께하며 지지의 발언을 해주고 있다. 이런 상황을 보면 한국 보수 개신교 교회의 낙태 반대 운동은 실제로 낙태율을 저하시키고 생명을 중시하는 사회로 변화시키는 데는 실패했으나 몇몇 보수 기독교 사회 활동가들의 대중 정치 활동에는 크게 도움을 주었고, 극단적 보수 기독교 운동의 수단으로 활용되거나, 정권을 비판하는 특정 야당의 강력한 우군 역할을 하는 데에도 성공했음을 알 수 있다. 앞에서도 언급했듯이 보수 개신교 교회 교단인

---

26 http://www.bosa.co.kr/news/articleView.html?idxno=584228.

27 http://news.kmib.co.kr/article/print.asp?arcid=0007944148; http://www.gunponews.net/bbs/bbs.asp?group_name=332&idx_num=24718&exe=view; 「군포G샘병원 황영희 명예이사장, 노인회 행사서 촛불폄하발언 논란」, 〈군포신문〉(2017. 2. 9. http://www.gunponews.net/bbs/bbs.asp?group_name=332&idx_num=24718&exe=view).

28 「전광훈, 동성애·주사파 한 방에 날릴 수 있는 건 기독자유당뿐」, 〈뉴스앤조이〉(2019. 5. 23).

예장 합동과 예장 고신이 최근 총회에서 차별금지법 폐기를 주장하며 낙태죄 폐지 의견들을 반기독교적이라고 규정한 것 역시 현 정부를 반기독교적이라고 반대하는 정치적 흐름과 같은 맥락에 있다고 볼 수 있다. 한국 보수 개신교 교회의 낙태 반대 운동은 따라서 현재까지 정파성을 벗어난 진리 수호 생명 운동이라기보다, 시대 흐름에 편승한 특정 정당들의 정권 창출에 유리한 여건을 만들거나 극단적 보수 정치세력을 결집하는 데 이용된 측면이 두드러진다.

미국 보수 개신교 교회의 낙태 반대 운동

미국 보수 개신교 교회에서도 가톨릭 교회의 낙태 반대 운동에 비해 뒤늦게 낙태 문제가 주요 쟁점으로 떠올랐다. 그것이 1970년대 말이었다.[29] 1960년대까지만 해도 해럴드 오켄가Harold Ockenga, 빌리 그레이엄Billy Graham 같은 복음주의의 거물들마저 기하급수적인 인구 증가 때문에 피임을 가족 계획의 수단으로 보았고, 같은 세대의 많은 복음주의자들 역시 근본적으로 낙태를 반대하지 않는 분위기였다.[30] 심지어 이들은 1973년 연방대법원에서 정부의 지나친 간섭 없이 여성이 낙태를 결정하거나 결정하지 않을 수 있는 권리를 허락해주는 판결이 통과되었는데도(Roe 대 Wade 판결) 잠잠했다.

보수 개신교 교회가 낙태 문제를 전국적인 쟁점으로 끌어올릴 수 있

---

29 George M. Marsden, *Fundamentalism and American Culture* (New York: Oxford University Press, 2006), 243쪽.

30 Frances Fitzgerald, *The Evangelicals: The Struggle to Shape America* (New York: Simon & Schuster Paperbacks, 2017), 253~254쪽.

었던 계기는 그 이후 7년이나 지나 로널드 레이건이 공화당 대선 후보로 출마한 것이었다. 레이건은 1967년 캘리포니아 주지사 시절에 강간, 근친상간, 산모의 건강 악화 시 낙태를 허용하는 법안에 서명했고, 이것은 가톨릭 신자들이 조직한 전국적 시민 단체들인 '생명을 위한 권리연맹'(Right to Life League), '영아 살인에 분노하는 어머니들'(Mothers Outraged at the Murder of Innocents)이 생겨나는 계기가 되었다. 그러나 그는 1980년 대통령 선거에 공화당 후보로 나서면서 입장을 돌변했다.[31] 당시 1979년 제리 폴웰Jerry Falwell 목사가 보수주의 정치 활동가 폴 웨이리치Paul Weyrich와 함께 발족한 '도덕적 다수'(Moral Majority)라는 정치 활동 기구는 당시 민주당 대통령이자 재선 후보인 지미 카터가 기독교 학교의 면세를 반대하는 정책을 추진하자 이에 반발하여 낙태 반대 운동을 전면에 내세우고 가톨릭 교회와도 연대하여 전국에서 가장 큰 정치 로비 단체 중 하나가 되었다.

개인적으로 낙태에 반대했지만 대통령 임기 때는 연방대법원의 여성 선택권 보호 판결을 지지했고 재선 공약에서는 낙태 문제에 침묵했던 카터와 달리, 공화당의 레이건 후보는 반카터 입장이 된 '도덕적 다수'의 전국적 세력과 손잡고 낙태 반대를 적극 지지하여 압도적인 정치적 승리를 얻었고, 집권 후에도 보수 기독교와의 정치적 연대를 견고히 했다.[32] 흥미롭게도 폴웰 목사는 1978년까지 낙태 반대를 위한 설교를 한 적이 없었고, '도덕적 다수'가 낙태 반대 운동을 전면적으로 내세운 것은 웨이리치의 아이디어였다는 분석이 많다. 당시 '도덕적 다수'의 낙

31 Darren Dochuk, *From Bible Belt to Sunbelt: Plain-Folk Religion, Grassroots Politics, and the Rise of Evangelical Conservatism* (New York: W. W. Norton & Company, 2011), 346쪽.

32 Frances Fitzgerald, 앞의 책, 8쪽.

태 반대 운동에 사상적 기반을 제공해주었던 유명 신학자는 프랜시스 쉐퍼Francis Schaeffer였다. 그는 낙태를 살인이자 학살이라고 주장했고 이는 한국 보수 개신교 윤리 사상에도 큰 영향을 미치게 되었다.[33]

빌리 그레이엄은 낙태 문제에 대해 1970년대 중반까지는 온건한 반대 입장이었다. 미국 복음주의자들을 대표하는 조직이자 오켄가가 초대 회장을 지냈던 '전미복음주의자연합'(National Association of Evangelicals)과 함께 그레이엄은 낙태가 여성의 권리도 아니고 그와 동시에 살인도 아니라는 관점에서, 산모의 건강을 지키는 범위에서나 강간, 근친상간의 경우 낙태를 허용해야 한다고 보았다.[34] 이와 같은 태도를 지녔던 기간은 오켄가나 그레이엄처럼 반공 시대를 거친 복음주의자들이 하나님의 심판을 강조해온 기존의 엄숙한 분위기와 권위를 내려놓고 사랑과 평화를 강조할 필요가 있던 시기와 일치한다. 그레이엄이 속한 남부침례교단(Southern Baptist Convention)은 1971년 총회에서 낙태 허용 범위를 강간, 근친상간, 치명적 신체 장애의 경우뿐만 아니라 산모의 정신적·감정적·육체적 손상이 있을 경우로 확대하기도 했다.[35] 하지만 1970년대 후반으로 가면서 그레이엄의 교단인 남부침례교단의 정치적 영향력이 약해지고 그레이엄보다 젊은 새로운 리더들이 등장하면서, 산모 이기주의적이고 의학적 이유가 없는 낙태는 살인으로 정죄하는 쪽으로 선회하기 시작했다. 그레이엄은 1975년 미국에서 가장 큰 임신 센터 네트워크를 가진 곳 중 하나인 '돌봄 연대'(Care Net, 원치 않는 임신까지도 입양을 통해 낙태를 막는 보호 서비스를 운영하는 곳)를 세우

---

33 같은 책, 362쪽.
34 같은 책, 255쪽.
35 같은 곳.

는 데 동참하면서 강경한 낙태 반대 입장으로 선회하였다.[36] 실제 그의 낙태 관련 상담 사례를 보면, 산모의 선택권에 의한 낙태를 모두 죄로 규정하면서 사유를 막론하고 입양이나 치료를 도와주며 아기를 낳도록 권유하고 있다.[37] 그레이엄의 노년에 대통령으로 당선된 버락 오바마가 산모의 선택권을 존중하는 낙태 허용 의사를 내비치자 그레이엄은 평생 해오던 미국 대통령 자문 역할을 거절하며 오바마가 마음을 바꾸도록 기도하겠다고 말했다.[38] 그레이엄과 남부침례교회의 낙태 문제에 대한 태도 변화는 그들이 성경무오설을 주장하면서도 정치적 상황에 따라 낙태의 허용 범위를 달리 판단할 여지가 있는 문제로 인식해왔음을 역사적으로도 보여주고 있다.

1980년대와 달리 오늘의 시점에서 미국 보수 개신교 교회가 낙태나 동성애 반대를 통해 스스로의 정치적 역량을 강화하던 시대는 지났다고 판단하는 사람들이 많다.[39] 그 가장 큰 이유는 미국 공화당과 보수 개신교의 성-가족 윤리를 화두로 탄생한 '도덕적 다수'의 강한 정치적 유대 관계가 1980년대 말 '도덕적 다수'의 내부 분열에 의한 몰락 및 시대 변화와 함께 상당히 약해졌기 때문이다. 미국의 새로운 젊은 세대는 가장 종교성이 강한 층과 가장 무신론적이고 자유주의적 성향이 강한 층이 동성애나 낙태의 문제를 바라보는 윤리적 시각이 거의 일치하는 현상을 보이고 있고, 동성애의 권리를 지지하는 비율이 상당히 높아

---

36 https://billygraham.org/answer/why-is-abortion-such-a-big-issue-for-christians/.

37 https://billygraham.org/story/billy-grahams-answers-on-abortion/.

38 http://www.cc.org/news/billy_graham_will_not_be_advisor_obama_because_his_abortion_position.

39 Fitzgerald, 앞의 책, 49쪽; Robert D. Putnam and David E. Campbell, *American Grace: How Religion Divides and Unites Us* (New York: Simon & Schuster, 2010), 406쪽; Peter W. Williams, *America's Religions: From Their Origins to the Twenty-First Century* (Urbana: University of Illinois Press, 2002), 375쪽.

진 반면, 무조건적인 낙태 찬성에 대한 반대는 늘어나는 현상도 보이고 있다.

로버트 퍼트넘과 데이비드 켐벨은 그들의 책 *American Grace*에서 이와 같은 현재 미국 사회의 상황을 젊은 세대들은 종교적 신념의 차이 (God gap)가 무뎌진 세대이기 때문이라고 분석한다. 하지만 '도덕적 다수'가 공화당과 낙태 반대 운동을 통해 정치적 연대를 강화해서 황금기를 가졌던 만큼, 보수 개신교도들의 지지에 힘입어 집권한 도널드 트럼프 대통령은 무뎌진 종교적 신념의 차이를 자극하여 정치 운동을 전개하려 하고 있다. 트럼프는 최근 자신은 성폭행, 근친상간, 산모의 생명이 위협받는 경우에만 낙태를 허용한 레이건과 같은 입장이라며 과거의 정치적 연대를 그리워하는 발언을 했다. 현재 몇몇 주에서 낙태 금지법을 통과시키려는 움직임도 트럼프가 보수 성향의 연방대법원 대법관들을 임명하자 생겨나고 있는 흐름이다. 트럼프는 1999년에 여성 선택권에 의한 낙태를 공식적으로 지지한 바 있다.[40] 트럼프의 낙태에 대한 입장 변화는 2020년 재선을 준비하는 정치적 행동이고 보수 개신교도들의 전국적 연대를 노리는 전략으로 분석되고 있다.[41]

결론과 대안들

미국 개신교 교회의 낙태 반대 운동은 정치적 연대의 필요성에 의해 시작되었고 미국의 정치적 상황에 따라 잠잠해지거나 다시 목소리가

---

40 BBC뉴스코리아(2019. 5. 20), 「낙태: 트럼프, 침묵 깨고 앨라배마 낙태 금지안에 입장 밝혀」.
41 같은 기사.

높아지는 경향을 잘 보여준다. '도덕적 다수'의 창시자 폴웰 목사가 정치적 필요가 없을 때는 낙태 반대에 대해 설교도 하지 않았던 것, 그레이엄 목사의 낙태에 대한 태도 변화, 트럼프가 낙태 반대를 자신의 재선을 위해 정치적으로 활용하는 모습 등은 미국 개신교 교회의 낙태 반대 운동이 생명 수호라는 진리 수호의 운동이 아니라 철저하게 보수 개신교의 정치적 역량 강화를 위한 운동이었음을 증거하고 있다.

이와 같이 낙태 반대 운동이 정치적 수단으로 활용되는 양상은 한국 개신교 교회의 현실에서도 똑같이 나타나고 있다. 최근 한기총의 전광훈 목사가 주도하는 반문재인 정권 운동과 친보수 성향 정당의 정치 운동에 등장하고 있는 낙태 반대 문구는, 최근 부활절 연합 예배와 일부 보수 교단 총회가 낙태 허용을 반기독교적인 세속화라고 선언하고 투쟁의 대상으로 삼는 흐름과 함께, 정치적 연대 효과를 만들어내는 데 중요한 역할을 하고 있다. 따라서 한국과 미국에서 보수 개신교 교회의 낙태 반대 운동의 역사적 흐름은 생명 수호 운동임을 내세우면서도 상황과 정치적 조건을 초월한 지속성을 보여주는 것이 아니라, 오히려 자신들의 역량 확대에 더 충실해온 정치적 기회주의의 모순을 드러낸다. 나아가 이들의 낙태 반대 운동은 태아의 생명을 위한 운동이라기보다 반대 운동을 하는 자신들과 지지하고 있는 정치가들의 정치 생명을 더 중요시한 운동이었고, 태아의 생명을 정치적 선전 문구로 활용하는 자기 모순적인 정치 운동의 한계 안에 낙태 문제를 가두어왔다고 분석된다. 따라서 한국 개신교 교회의 낙태 반대 운동에 관해 다음과 같은 대안을 제시하고자 한다.

첫 번째 대안은 보수 개신교 교회의 신앙 정체성을 위해 보수 세속 정치 세력과 오래된 연대를 끊는 방안이다. 한국 보수 개신교 교회가 자신의 정체성을 지키기 위해서라도, 성경적 진리 수호를 위한 낙태 반대 운동을 지속적으로 전개하려면 보수 정치 세력과 연대하고 있는 한계를 뛰어넘어야 한다. 야당의 반정부 운동과 같은 특수 당파적 정치 운동과 관계를 독립시키고, 정치적으로는 무당파적이고 기독교계 안에서는 초교파적 교회 연합을 통한 생명 사랑 운동으로 낙태 반대 운동을 발전시켜나가는 것이 신앙 운동에 더 충실해지는 계기가 될 것이다.

두 번째 대안은 낙태에 대한 편견과 집단 트라우마 주입을 통한 정죄에 치중했던 기존의 방식을 바꾸는 것이다. 위의 통계 자료가 증명하듯 한국 개신교 교회의 낙태에 대한 정죄와 살인에 대한 집단 트라우마 주입은 현실 사회의 낙태율을 저하시키는 데 전혀 도움이 되지 않았다. 낙태죄 폐지가 성적 문란으로 이어진다는, 교회가 만든 집단 우려 또한 낙태죄가 처벌 사례가 거의 없이 사문화되어 있는 현실과 실제로 기혼자 부부 군#에서 미혼자 군보다 낙태 수술률이 압도적으로 높다는 통계에 비추어보면, 사실에 근거한 것이 아님이 입증되고 있다. 교회가 낙태는 살인이라는 집단 트라우마 주입을 그만두고 피임이나 건전한 성교육을 통한 낙태 방지 환경 조성에 더 노력하는 것이 태아와 산모의 생명을 동시에 존중하는 성경적 선택이 될 수 있다. 자연 유산의 경우에도 소파 수술을 통해서든 아니든 태아의 조직이 배출되는데, 이때 산모가 겪는 고통과 트라우마는 낙태 수술과 다를 바 없다. 낙태는 무조건 살인이라고 규정지을 수 없을 만큼 현실에서 실제 수많은 태아와 산모에게 닥치는 위급한 질병의 사례들이 있다는 것을 교회가 간과해서는 안 된다. 교회는 일방적으로 낙태를 살인으로 정죄하며 트라우마를 주입하는 것이 현실과 얼마나 큰 괴리가 있는지를 자각해야 한다.

세 번째는 성경무오설에 근거한 무조건적 낙태 반대에 대한 대안이다. 리처드 헤이스는 『신약의 윤리적 비전』에서 성경은 낙태에 대해 실질적으로 언급하고 있지 않으며(「출애굽기」 21장 22절은 사고에 의한 낙태),

임신 단계에 있는 태아를 독자적 생명으로 규정하는 구절도 없다고 지적한다.[42] 실제로 개신교 교회가 낙태 반대의 근거로 제시하고 있는 「시편」 139편 13절과 16절, 「예레미야」 1장 5절, 「누가복음」 1장 41~42절은 하나님의 예지적 관계에 대한 표현이지 태아를 독립된 인격체로 규정하는 구절이 아님을 직시해야 한다. 따라서 성경무오설에 근거한다 해도 교회가 낙태에 관한 현실을 외면한 채 성경이 실제로 부여하거나 규정하지 않고 있는 태아의 독립된 생명을 무조건적으로 보호해야 한다는 주장을 펴는 것은 성경 해석의 오류라고 할 수 있다. 앞서 제시한 그레이엄 목사의 초기 입장과 미국 남부침례교회의 사례에서도 보듯, 성경무오설과 위에 든 성경 구절의 넓은 의미를 받들면서도 무조건적 낙태 반대보다 얼마든지 현실과 함께 낙태 문제에 고민하며 새롭게 접근할 수 있는 길이 많다는 것을 인지하고 대안의 시선을 넓혀야 한다.

마지막 대안은 생명 사랑 실천의 폭을 넓히는 것이다. 2018년 노벨 평화상을 수상한 산부인과 의사이자 개신교 목사인 드니 무퀘게Denis Mukwege는 콩고 내전에서 성폭력에 몸을 다친 여성들 8만 5,000명 이상을 치료해준 것으로 알려졌다. 자신이 복음주의 목사임을 강조하는 무퀘게는 낙태 반대를 강조하기보다 현실 속 여성의 생명을 위해 살인 위협 속에서도 가장 필요한 의료 봉사를 해왔고, 위안부 피해 여성들의 인권 활동에 지지를 보내기도 했다. 세계보건기구(WHO)가 2008년 발표한 자료에 따르면 전 세계에서 매년 불법 낙태 수술로 사망하는 여성이 4만 7,000여 명에 달한다고 한다. 낙태죄가 있는 한 불법 낙태 수술만 늘어나는 현실 앞에서 무조건적인 낙태 반대가 아니라 생사의 위험

---

42 리처드 헤이스, 『신약의 윤리적 비전』, 유승원 옮김(IVP, 2002), 677쪽.

에 처한 여성들을 위해 먼저 일하는 것이 무퀘게가 보여주는 대안적 길이다. 취업난, 주거 불안, 저임금에 시달리는 젊은 세대들을 향해 교회가 생명을 사랑하는 방법은 낙태는 죄라고 외치는 것보다 임신, 출산, 양육의 전인적인 보호가 필요한 일들에 함께 나서주며 구체적인 이웃 사랑을 실천하는 일이다.

이욱종

미국 클레어몬트Claremont 대학원대학교 종교학 박사(미국 종교사 전공). 아프리카학 (Africana Studies) 연구 자격증을 취득하고 아프리카계 미국인의 시민 권리 운동(the civil right movement) 역사로 박사 논문을 썼으며, 보스턴 대학에서 교회사를, 고든콘웰 신학교에서 성서언어학을 전공했고 아세아연합신학대학원에서 목회학 석사 과정을 마쳤다. 20여 년간 여러 교회를 거치며 부교역자로 목회 활동을 하고 있다.

III.

실
천
적 시
각

학력·학벌주의와 한국 교회

———

오제홍

들어가기

"원샷 소사이어티One Shot Society!" 2011년 영국의 〈이코노미스트〉가 한국 교육 특집에서 사용한 이 표현은 출신 대학이 인생을 결정하는 한국 사회의 단면을 가장 잘 설명하는 문구다. 미국 콜게이트의 마이클 존스턴 교수는 한국을 '엘리트 카르텔' 유형에 속한 몇 안 되는 나라로 분류했다. 원샷 소사이어티와 엘리트 카르텔, 이 두 요소는 적절히 상호 작용하며 한국 특유의 유례없이 강력한 학력·학벌주의를 완성해냈다. 대부분 성년 초입, 인생 초반에 결정되는 대학 간판은 한국 사회에서 오랫동안 개개인의 능력을 평가하는 주요 바로미터로 기능해왔다. 이는 계층 간 서열화와 각 계층 간의 갈등을 빚어내고, 사회 구성원들의 인격마저 흔드는, 보다 근원적인 문제에까지 관여된다. 학력·학벌주의 속에서는 개개인의 자아가 자기 자신에 의해서가 아니라 타자에 의해 규정되는 현상이 나타난다. 이는 '자기 인식의 부재', 즉, 생각하고 사유하는 독립된 인간으로서의 자아 인식이 결핍되는 문제로 이어진다. 사유적 인간이 아닌 기능적 인간으로 전락하게 되는 것이다.

타인에 의존한 가치 인식은 하나님의 형상으로 덧입혀진 인간의 존엄성을 무시한다. 결국 기능적 결과에 따라 인간을 평가하고 차별성을 두게 되는데, 이러한 양상은 한국 기독교 조직 속에서도 예외 없이 나타나고 있다. 특히 사회 깊숙이 뿌리내린 학력·학벌주의가 교회 내에 깊숙히 침투하여 계층적 차별 문화를 만들어냈다. 신학교 역시 서열화가 명확히 이뤄졌으며, 이는 한국 사회의 학력·학벌주의를 교회가 그대로 발현할 수 있게 하는 디딤돌이 되었다. 학력·학벌주의를 기반으로 공공연히 행해지는 차별은 기독교의 기본 원리를 위배할 뿐만 아니라, 분명 성경 안에서도 금하고 있는 바이기도 하다. 이에 본 연구는 한국 사회의 학력·학벌주의 문화가 무엇인지, 왜 문제가 되는지를 짚어본 후, 그것이 어떻게 교회 내에서 작용하고 있으며 어떤 문제를 만들어왔는지, 또한 이를 극복하기 위한 방안은 무엇인지 고찰하고자 한다.

한국 사회의 학력주의와 학벌주의

1) 학력주의, 학벌주의란 무엇인가?

사전적 의미로 학력學歷은 학교와 같은 교육 기관에 다녔던 경력을 나타낸다. 교육을 통해 얻은 지식이나 기술을 나타낸다는 뜻의 학력學力이라는 단어도 있지만, 학력주의를 언급할 때는 학력學歷이 쓰인다. 우리나라에서 흔히 통용되는 학력은 교육의 정도를 나타내며 이는 초·중·고 그리고 대학 중 어느 단계까지 교육을 받았는지에 관한 이력을 뜻한다.

학벌學閥은 학문을 닦아서 얻게 된 사회적 지위나 신분을 나타내는 말로 학력과 구별된다. 동일선상의 학력, 다시 말해 같은 대학이라 할지라도 어느 지역에서, 혹은 어느 학교에서 교육을 받았는지에 따라 지위나 신분이 달라짐을 의미한다. 학교의 명성이나 서열에 따라 다른 가치가 적용되는 것으로, 출신 학교에 따라 사회적 지위나 등급을 부여하는 것을 '학벌'이라고 부른다.

학벌과 학력이 인간의 능력을 평가하는 절대적인 기준으로 사용될 때 학력주의 혹은 학벌주의라고 표현한다. 여기서는 학력주의와 학벌주의가 구분되는데, 가령, 학력주의가 "그래도 대학은 나와야지"라는 말과 연관이 된다면, 학벌주의는 "그래도 서울에 있는 대학은 나와야지"라는 말에 해당된다.

학력주의가 한 개인이 사회적 지위를 부여받을 때 교육의 정도를 자격 요건으로 여긴다면, 학벌주의는 출신 학교(학벌)를 기준으로 삼는 신념 체계이다. 우리나라에서는 학력과 학벌을 구분하지 않고 혼재하여 사용해왔으며, 두 가지 모두 개인을 평가하는 주요 기준으로 여겨왔다. 이러한 신념이 사회의 규범적 행동 양식으로 일반화되었고, 조직이나 제도를 통해 오랜 시간에 걸쳐 정착됐기 때문에 한국 사회를 학력·학벌주의 사회라 일컫는다.

2) 학력·학벌주의, 언제부터 시작되었나?

우리나라의 학력·학벌주의는 고려 초, 광종 때 시행된 과거 제도에서 그 연원을 찾아볼 수 있다. 당시 광종은 공신과 호족 세력을 억제하고 왕권을 강화하기 위해, 군주에 충실히 복종할 수 있는 인재 채용을 위한 과거 제도를 실시했다. 이는 지역과 신분에 관계없이 실시된 제도로서 누구나 관직에 등용되어 신분 상승을 할 수 있는 통로가 되었다.

조선 시대에도 고려 시대와 같이 과거 제도를 통해 인재를 선발했다. 하지만, 고려와 달리 조선 시대의 과거는 누구나 응시할 수 있는 것은 아니었고, 신분에 따라 제한적으로 응시할 수 있었다. 이러한 한계 때문에 조선의 과거 제도는 일부 집단의 세력 신장을 위한 도구 역할을 담당했다고 평가된다. 조선 시대의 과거 제도는 당쟁과 파벌을 형성하는 데 일조했고, 이것이 현대적 개념의 학력·학벌주의의 시초가 되었다.

18세기 후반, 조선의 신분/봉건 제도의 동요가 심화되었다. 뿐만 아니라 조선의 통치 이념이었던 주자학이 명분주의로 흘러 사회적·교육적 기능을 발휘할 수 없게 되자, 농민 계층을 필두로 광범위하게 사회 체제 개혁 요구가 생겨났다. 이는 새로운 형태의 사회 구조 창출로 이어졌다. 결과적으로 갑오개혁을 통해 신분 제도와 과거 제도가 철폐되었고 평민 계층은 선교사들이 세운 사립학교에 입학하여 신분에 관계없이 학교 교육을 받을 수 있었다.

일본 강점기, 일제는 한반도의 식민 통치와 더불어 학력 제도화를 재구축하였다. 갑오개혁을 통해 철폐되었던 신분 제도를 다시 도입하여 식민 통치를 위한 수단으로 활용했다. 당시 공립학교를 졸업한 이들은 사회 주요 분야에 진출하여 요직을 차지했는데, 과거 몰락한 양반 계층이 주를 이뤘다. 당시 대부분의 고위 공직자들은 일제 치하에서 학력과 학벌을 통해 '특별 전형'처럼 채용돼 사회경제적 지위와 이득을 획득했던 사람들이었다. 물론 여기서의 학력·학벌주의는 일제가 원하는 식민 지배를 위해 유용하게 길러지고 훈련된 것을 바탕으로 한다.

전쟁 이후 산업 사회로 도약하면서 각 산업 부문에서는 지식과 기술을 가진 인력이 필요했다. 국가는 인력 양성을 위해 학교 교육을 활용했으며, 사회 구성 지표로 학력과 학벌이 적극 활용되기 시작했다. 현대 사회의 학력·학벌주의는 조선의 붕당 정치를 역사적 기반으로 하여, 일제 시대에 식민 사회를 운용하는 시스템으로 악용·고착화된, 식민 지배의 유물이다. 거기에 분단 국가로서의 정치 상황, 전쟁 후 겪은 피폐한 경제와 미비한 사회 제도와 더불어 성공주의, 국민의 교육열 등 다양한 요소가 복합적으로 작용해 학력·학벌주의는 현대적 옷을 입고 새롭게 태어났다. 그리고 현재에도 시대에 맞게 계속해서 진화·변신 중이다.

3) 학력·학벌주의, 무엇이 문제인가?

우리나라는 '학력주의에 근거한 학벌 사회'로 분류된다. 이러한 사회에서는 학력이나 학벌이 평가 항목 중 하나로 적용되기보다는, 그 자체로서 기준이 되어버리기 쉽다. 학력·학벌이 절대적 가치가 되는 것이다. 이러한 양상은 고등 교육 체제가 안고 있는 문제를 비롯해 다양한 사회 문제들을 야기시킨다. 가령 대학 나온 사람을 나오지 않은 사람보다 우대(학력주의)하고, 동기/동문이 서로 밀어주고 끌어주는 학벌주의(연고주의)를 심화한다. 또한 명문대와 비명문대를 구분하여 차별하는 서열화가 강화되며, 출신 대학의 서열에 따라 자신의 능력을 타인에게 판단받는 것이 자연스러워진다. 이는 자아의 본질에 대한 인식, 자신을 인식하는 능력을 약화시키고 자발적으로 부속품이 되는 기능주의를 초래한다.

상징적 폭력, 오인, 그리고 아비투스

학력·학벌주의가 사회문제로서 갖는 심각성을 이해하기 위해서는 프랑스의 철학자 피에르 부르디외Pierre Bourdieu의 '상징적 폭력'(Symbolic Violence), '오인誤認'(Misrecognition) 그리고 '아비투스Habitus' 개념을 이해할 필요가 있다.

먼저 상징적 폭력은 피지배 계층이 스스로 지배 계층에게 권한을 부여하는 현상이다. 즉 피지배 계층으로 하여금 지배적 문화를 합리적인 것으로 인식하게 하는 반면, 피지배층 자신의 문화는 비합리적인 것으로 인식하게 한다. 상징적 폭력은 가시적인 폭력은 아니지만 현상으로서 존재하며, 기존에 운영되고 있는 질서와 지배층의 가치를 보편적인 가치로 받아들이게 한다.

상징적 폭력으로 인해 형성되는 잘못된 인식 체계를 '오인'이라고 부른다. 오인은 피지배층이 자발적으로 사회가 만들어놓은 체계에 복종하며 그 질서에 편입되기 위해 적극적으로 노력하게 한다. 게다가 피지배층으로 하여금 자신의 처지와 취향 등을 부끄럽게 여기도록 만들기도 한다. 우리나라의 경우, 각 지역의 고유한 문화 유산인 사투리가 마치 부정확한 언어인 것처럼 인식되는데, 이러한 사례가 상징적 폭력과 오인의 대표적인 예다.

상징적 폭력에 의한 오인이 장기적으로 지속되면 결국 개개인에게 지배층의 가치와 문화가 자연스럽게 내면화된다. 이는 단순히 기존의 질서를 반복해서 재생산하는 것이 아닌, 새로운 질서를 변형하고 재생산하는 과정을 거쳐 피지배 계층의 '아비투스Habitus'가 된다(아비투스란, 특정한 사회적 환경에 의해 획득된 성향·사고·판단과 행동의 체계를 의미한다).

이와 같은 구조에서는 상징적 폭력으로 인한 오인이 장기화되어 아비투스가 형성되고 그것이 또다시 상징적 폭력을 행사하는 순환이 지속된

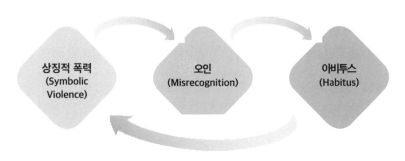

다. 결국, 피지배 계층은 지배 계층이 만들어놓은 구조 속에서 자신이 처한 위치와 상황에 분개하지만, 오인을 바탕으로 형성된 아비투스로 인해 구체적으로 누구를 향해 분개해야 할지 그 대상을 찾지 못하고 주어진 상황을 감내하게 된다. 반면 지배 계층은 상속받은 문화 자본을 바탕으로 상징적 지배를 공고히 할 수 있게 되며, 사회적 위치와 품위에 적합한 학력·학벌 등의 문화 자본을 바탕으로 계층을 유지한다. 문화 자본이란, 직접 돈으로 환산될 수 있는 모든 재화로서의 경제적 자본과 달리 언어 능력, 문화적 상식과 지식, 미적 취향, 학력, 학벌 등을 말한다.

학력·학벌주의 사회에서는 '상징적 폭력'을 통해 학력·학벌을 보편적 기준으로 '오인'하게 한다. 교육이 가하는 상징적 폭력에 피지배 대상이 길들여지도록 하는 것인데, 물리적 폭력은 없는 가운데 그 이상의 폭력이 한 인간의 가치관과 인식에 행사된다. 교육 기관에서는 시험이라는, 표면적으로는 공정해 보이는 도구를 통해 시험 결과에 따라 학력·학벌을 바탕으로 한 사회적 차별을 정당화시킨다. 결국 학력·학벌주의가 만들어 낸 신분 집단의 차별 구조 아래에서 인간은 '존재로서의 가치'가 아닌 기능적인 성공과 실패로 평가받아 인격 손상까지 입게 된다.

주체적 인간으로서의 인간성 상실 및 인간 기능주의

학력·학벌을 매개로 계급화된 사회의 가장 큰 문제는 인간이 인간으로서 주체성을 망각하게 된다는 데 있다. '주체主體'란 스스로 행동의 주인이 되는 것을 말하는데, 이러한 주체는 반성적 자기 의식 속에서만 존재 가능하다. 인간은 '무엇을 가졌는가'가 아닌, 존재 자체만으로도 가치를 지닌다. 하지만 학력·학벌주의는 '나' 자신이 아닌 다른 무언가로부터 자신을 평가받게 만든다. 얼마나 높은 점수를 받았느냐 따라, 혹은 어느 학교에 입학/졸업했느냐에 따라 '나'의 가치가 달라지게 되는 것이다.

이에 그치지 않고 학력·학벌주의는 영속적인 차별을 조성한다. 노동자와 자본가 사이에 아무리 차이가 극명하다 하더라도, 계급 사이의 이동 가능성은 있을 수 있다. 몰락한 자본가가 노동자가 될 수 있고, 반대로 노동자가 자본가가 될 수도 있기 때문이다. 하지만 학력·학벌은 한번 취득하면 영원히 변하지 않는다. 게다가 학력·학벌의 고정성, 폐쇄성은 가족과 유사한 성격을 지닌다. 출생을 통해 결정되는 가족과 같이 학력과 학벌은 한번 정해지면 가족이라는 혈연과 유사한 방식으로 고정되기 때문이다.

이렇듯 학력·학벌주의는 인간의 존재 가치를 결정하고, 현대 사회에서 새로운 계급의 영속성을 만들어내는 데 공헌했다. 이는 학력과 학벌을 성공과 실패의 잣대로 삼는 현상과 직결되며 최근 불거지고 있는 청소년들의 높은 자살률과도 무관하지 않다. 학업의 결과와 자아를 구분하는 것을 배운 적 없는 청소년들에게 성적표는 곧 자아 정체성이 된다. '나' 자체만으로 존중받지 못했기 때문이다. 높은 성적을 받으면 인정받고, 그렇지 않으면 평가 절하되는 사회 속에서 어떻게 자신감을 갖고 주체적인 인간으로서 살아가는 청소년들을 기대할 수 있을까.

에리히 프롬Erich Fromm이 지적하듯, 산업혁명 이후 시작된 자본주의는 인간의 가치를 존재(To Be)에서 소유(To Have)로 옮기는 역할을 했다. 자본의 가치를 우선으로 하는 현대 사회에서 인간은 존재 자체에 의미를 부여하기보다는 소유, 즉, '무엇을 가졌느냐'에 따라 다르게 가치를 부여받게 되었다. 이와 같은 맥락에서 문화 자본으로서의 학력·학벌은 인간을 평가하는 중요한 판단 요소로 여겨졌다. 결국 이러한 사회 분위기 속에서 인간은 존재보다 기능에 초점을 맞추게 된다. 주체적 인간으로서의 인간성을 상실하게 하며, 사유 능력이 마비된 가운데 인간을 기계의 부속품처럼 여기도록 한다.

학력·학벌은 개인의 능력이다?

21세기로 들어서면서 우리 사회에는 '스펙'이라는 신조어가 통용되기 시작했다. 경쟁력의 핵심 지표로 여겨지는 이 단어는 'Specification'(설명서, 사양)이라는 단어의 준말로 공장에서 생산되는 기계, 제품의 특징을 나타낼 때 사용된다. 그런데 아이러니하게도 사물에 쓰이는 단어가 인간의 '사양仕樣'을 표현하는 단어로 사용되고 있다. 이러한 현상은 우리 사회가 인간을 '주체적인 존재로서의 인간'이 아닌, '기계의 부속품과 같은 기능적 인간'으로 인식하고 있음을 나타낸다.

하지만 스펙은 한 개인의 이력을 보여주는 용도일 뿐, 인간의 능력을 측정하는 기준이 될 수 없다. '능력能力'이란 "일을 감당해낼 수 있는 힘"을 의미한다. 개개인에게 주어진 일을 감당할 힘이 단순히 스펙을 쌓는다고 키워질 수 있을까? 능력은 졸업장이나 자격증과 같이 가시적이지 않기 때문에 학력이나 학벌만으로 평가되기는 힘들다.

아쉽게도 우리나라는 학력·학벌에 대한 사회 의식이 일정 수준에 머물러 있다. 능력과 학력·학벌의 개념도 서로 분화되이 받아들여지지 않고 있다. 때문에 학력·학벌이 개인의 능력을 평가하는 절대적인 기준으로 오인되고, '학력·학벌=능력'이라는 잘못된 공식이 일반화되어 있다. 때문에 자신의 능력을 입증하기 위해 어쩔 수 없이 학력·학벌을 취득하는 데 전념하는 악순환이 지속된다. 결국 교육의 목적 역시 참된 배움보다는 자격증, 졸업장 취득이 우선시되는 주객전도 현상이 발생한다.

'학력·학벌=능력'이라는 공식은 실질적인 능력을 키우기보다 우선 '스펙'의 기본적인 요건으로서의 학력·학벌을 쫓게 만든다. 특정 학교에 입학하기 위한 입시 경쟁이 자연스럽게 등장할 수밖에 없는 구조다. 이는 전인 교육이 아니라 높은 점수를 받을 수 있도록 하는 입시 교육을 낳고, 또 성공적인 결과를 얻은 자만이 인정받는 결과주의적 사회를 만들어낸다.

하지만 이러한 입시 위주의 결과주의적 사회는 결과로서 자신의 능력을 인정받기 때문에 인간을 존재 자체가 아니라 '얼마나 우수한 기능을 가졌는가'로 판가름한다. 결국 성적 우수자는 자신이 훌륭한 사람이라는 허위의식을 내면화하는 동시에, 성적이 좋지 않은 이는 자신감을 상실하고 자신을 무가치한 존재로 믿기에 이른다.

4) 학력·학벌주의, 어떻게 해결할 수 있을까?

최근 10여년 사이 학력·학벌주의는 사회 문제라는 인식이 생기기 시작했다. 특히 학력·학벌을 통한 이해관계가 사회의 권력을 독과점하는 데 대한 비판이 지속적으로 제기되고 있다. 하지만 오랜 기간 누적되어 온 상징적 폭력과 이로 인해 발생한 오인, 그리고 내재화되어버린 학력·학벌에 관한 아비투스는 몇 가지 해결 방안을 제시한다고 해결될 사안이 아니다. 더욱이 학력·학벌은 개인의 사회적인 지위를 상승시킬 수 있는 몇 안 되는 수단이자 합리적인 기제로 인식되어왔다. 따라서 이를 통해 일정 수준의 결과를 얻은 계층에게 그간 누려왔던 혜택이나 기득권을 내려놓으라고 요구하는 것도 공정하지 못하다고 느껴질 수 있다.

그럼에도 학력·학벌주의를 해결하기 위한 해결 방안을 제시한다면 가장 우선적으로 필요한 것은 인식의 전환이다. 특정 집단이나 계층에게 기득권을 포기하라는 식의 요구보다는 학력·학벌이 우리 사회에서 행사하는 상징적 폭력이 무엇인지 정확하게 인식하는 것이 필요하다. 학력·학벌주의는 시민 사회 구성원들의 기능을 강조하기 때문에 그 사회가 인륜적 공동체로 발돋움하는 데 장애가 된다. 따라서 학력과 학벌의 문화적 상징성과 사회적 지표성을 약화시키는 정책을 펼침으로써 사회적 인식의 전환을 시도해야 한다.

학력·학벌주의의 상징성을 약화시키기 위한 실질적 방안으로는 최저임금 상승 및 노동직에 대한 처우 개선이 필수적이다. 유럽을 비롯한 서구권 국가들에서는 목수, 배관공, 전기공 등 특수한 분야의 전문가가 일반 사무직보다 더 많은 급여를 받는다. 최저임금 자체만 비교해보더라도 우리나라보다 대부분 2배 가량 높다. 이는 학력·학벌이 우선시되는 것이 아니라 개인의 재능이나 기술만으로도 충분한 대가를 받을 수 있는 사회 분위기가 조성되어 있기 때문이다. 결국 대학을 졸업하여 공무원이나 대기업에 취업해야 한다는 부담을 갖지 않을 수 있고, 재능을 찾아 자신에게 잘 맞는 직업을 선택할 수 있기 때문에 학력·학벌이 절대적인 가치로 역할을 할 수 없게 된다.

학력·학벌주의의 상징적 폭력에 대한 이해와 학력·학벌에 대한 '오인'을 수정하는 인식의 전환과 더불어, 획일적인 주입식 교육에서 탈피하여 창의적인 노동력을 양성할 수 있도록 교육 체계를 변화시키고, 누구나 재능과 노력에 따라 그에 상응하는 대우를 받을 수 있도록 사회적 합의가 이뤄질 때 학력·학벌주의를 벗어날 길이 열릴 것이다.

한국 교회의 학력주의와 학벌주의

1) 한국 교회 내에서의 학력·학벌주의

우리나라에 처음 기독교가 전파된 이후, 약 150여 년 동안 한국 교회는 괄목할 만한 양적 성장을 거두었다. 초기 1~2퍼센트에 지나지 않았던 기독교 인구는 현재 20퍼센트에 다다르고 있고, 인구 성장률을 고려했을 때, 지난 50여 년간 성장 비율은 수직 상승을 했다 해도 과언이 아니다.

한국 교회 성장 요인은 1) 경제 성장, 2) 대형 교회, 3) 카리스마적(Charismatic) 리더십이라고 평가되며, 이들은 상호 연관성을 지닌다. 경제 발전이라는 동력에 의해 산업화와 기계화가 이루어지면서 교통과 정보 교류 수단도 함께 발전했는데, 이는 수천, 혹은 수만 명의 성도가 모이는 대형 교회들이 출현할 발판을 마련해주었다. 여기에 전쟁 후 역경의 시대를 살아가야 했던 이들에게 희망의 메시지를 전한 카리스마적 지도자들이 등장하면서 한국 교회는 급격한 양적 성장을 이뤘다. 더불어 거대 자본이 집약된 형태의 대형 교회들을 중심으로 각종 복지 시설과 교육 기관 등이 세워져 사회 공동체에 기여하고 기독교적 사명 실천의 귀감이 되기도 했다.

하지만, 안타깝게도, 한국 사회의 발전과 함께 성장한 한국 교회는 사회가 가진 문제들도 그대로 흡수했다. 특히 경제 성장을 주된 목표로 삼아왔던 우리 사회의 물질 만능주의가 기독교 문화에 영향을 끼치면서, 부자 교회와 가난한 교회, 대형 교회와 소형 교회 등 물적/양적 기준으로 교회를 구분하기 시작했다. 특히 몇몇 대형 교회가 큰 영향력을 행사하며 한국 교회를 대변하는 역할을 하게 된 것은 오랜 시간 구축된 대기업 중심의 경제 체제 또는 재벌 주도의 성장 모델과 같은 양상이다. 이 외에도 가부장적 문화를 토대로 형성된 여성 하대, 샤머니즘과 같은 토속 신앙에 기반한 주술 문화 등은 사회 문화를 흡수한 사례로 꼽힌다.

하지만 교회가 흡수한 사회 문제들 중 가장 으뜸은 학력·학벌주의다. 왜냐하면, 위에서도 지적한 바와 같이 학력·학벌주의는 사람들의 인식 체계와 구조, 심지어 기독교회의 근간인 신앙에도 영향을 끼치기 때문이다. 한국 사회에 만연한 학력·학벌주의는 출신 학교나 소속 직장 등을 매개로 인간을 서열화·계층화하는 데 큰 역할을 해왔다. 이러한 암묵적인 '룰Rule'은 교회 문화에도 고스란히 녹아 있다. 교회 안에서 직분을 맡을 때 사회적 위신/신분이 크게 영향을 미친다거나, 목회자의 경우, 명문대 출신과 유명 교단의 신학대학원 출신을 우대하고, 몇몇 대형 교회에서는 추가적으로 해외 박사 경험을 공공연히 선호하는 현상이 이를 증명한다. 교회 활동을 헌신적으로 했던 청년보다 명문대에 진학한 청년의 신앙을 높이 평가했다는 한 설문 조사를 보면, 교회 구성원들의 인식 또한 학력·학벌주의가 교회 문화로 굳어지는 데 일조했을 것이라 짐작할 수 있다.

교회 내 특권의식과 학력·학벌주의

우리나라에서 발생하는 대부분의 사회 문제들은 권력형 비리다. 이는 '권력'을 가진 특정 계층의 권한 남용이라는 특징이 있는데, 현재 한국 교회의 존립을 위협하고 있는 세습, 성폭력, 횡령 등의 문제들에도 같은 원리가 작동된다. 교회 세습의 경우, 세습을 결정한 이들은 자신들에게 결정 권한이 있다고 여긴다. 배임이나 횡령 같은 문제도 동일하다. 내가 가진 권한으로 교회 예산의 사용처와 액수를 결정할 수 있다는 일부 계층의 특권 의식은 지금도 제한 없이 범죄를 저지를 수 있는 원인이 된다.

이러한 특권 의식의 형성은 학력·학벌주의와 깊은 연관성을 지닌다.

일정 기간 공교육을 받고 지식 혹은 기술을 습득한 증명으로서의 학위는 부족한 인력을 충당하기 위한 자격 요건으로 사용된다. 하지만 학력이 학력주의로 변질됨에 따라 일정 수준의 교육을 받은 사람과 그렇지 않은 사람으로 구분되는 병폐가 생겨나기 시작했다. 또 일정 수준의 교육을 받은 사람들은 교육을 받은 기관 혹은 지역에 따라 명문과 비명문으로 구분하는 학벌주의를 양산했다. 이렇듯 사회 구성원을 학위나 출신에 따라 구분 짓는 학력·학벌주의의 특성은 집단 간의 계층을 나누고 계급 문화를 형성한다. 이때 권력이 투영된 지배 계층에게는 당위성이 부여되고, 피지배층은 정당화된 상징 권력인 지배 계층을 통해 질서가 유지된다고 믿게 된다.

몇몇 교회들이 담임목사를 청빙하는 과정에서 일반 명문대, 신학대학원, 해외 유학에 박사 학위를 선호한다는 사례들은 학력·학벌주의의 병폐가 얼마나 교회 속에 깊이 스며들어 있는지 말해준다. 이처럼 학력과 학벌로 공고히 된 지배계급으로서 교회 내 지도자 계층은 막대한 권한을 가질 수 있게 되며, 이는 곧 특권 의식으로 이어진다. 게다가 교회는 '하나님의 종'이라는 개념을 통해 신적 권위가 더해져, 일반적으로 드러나는 권력형 비리보다 더 심각한 문제를 야기하고 있다.

이렇게 '상징적 폭력'과 '오인' 그리고 '아비투스'가 순환하면서 학력·학벌에 의해 체계화된 구조는 피지배 계층으로 하여금 이의를 제기하지 못하게 한다. 따라서 교회가 아무리 잘못된 결정을 내린다 할지라도 권력 구조에 따라 피지배층은 복종하게 된다. 교회 세습에 대해 외부의 비판이 거세지만, 해당 교회에선 쟁점이 되지 못하고 오히려 구성원들이 문제를 일으킨 이들을 감싸는 현상이 이러한 지배 계층에 대한 피지배 계층의 태도를 보여준다. 결국 지배-피지배 계층 간의 관계 속에서 나타난 문제는 구체적이고 체감적인 일상적인 문제로까지 발전한다.

하지만 이러한 문제가 개선의 여지가 없는 이유는, 교회는 일반적인 사회와 달리 정기적인 투표로 대표를 선발하는 방식이 아니고 단일적/영구적인 경향이 강하기 때문에 한번 지배 계층이 되면 피지배 계층이 될 수 없다는 데 있다.

학력·학벌주의가 교회 구성원들에게 미친 영향

만인제사장설이 개혁 교회의 기본 가치인 만큼, 교회 안에서 차별이나 서열화는 기독교적 가치를 위배하는 요소이다. 이는 사회뿐만 아니라 하나님의 자녀로서 살아가야 하는 교회 구성원들에게 큰 장애물이 된다. "우리는 하나님의 작품입니다. 선한 일을 하게 하시려고 하나님께서 그리스도 예수 안에서 우리를 만드셨습니다"라고 기록한 「에베소서」 2장 10절과 같이 구성원 모두가 하나님의 자녀로서 그 존재를 인정받아야 하는 것이 기독교의 가치이기 때문이다.

뿐만 아니라 인간은 인간에게 '타자他者'가 아니라, 하나님 앞에서 '타자'로 존재한다. 즉, 그리스도인으로서 인간은 다른 어떤 요소로도 평가받지 않으며 오직 하나님 앞에서만 평가될 수 있다. 이에 성경은 하나님이 모든 사람에게 다른 재능을 주었고, 개개인마다 주어진 각기 다른 재능으로 서로를 섬기며 사랑하는 도구로 사용하라고 증언한다. 또한 하나님의 작품으로서의 인간은 그 존재 자체만으로도 차별받지 않고 존중받아야 한다. 교회는 사회적 지위나 신분에 관계없이 모두가 그리스도 안에서 형제가 되는 공동체이며, 학력이나 학벌이 능력이 될 수 없고 하나님과의 관계성에서 능력이 나타난다.

아쉽게도 한국 교회는 이러한 성경의 원리를 쉽게 무시하는 경향이 있다. 고학력에 명문 대학을 나올수록 높은 지위를 부여하는 한국 사회의 모습이 교회 목회자를 선발하는 과정에서도 똑같이 나타난다. 결국 상대적으로 유리한 대학 및 대학원의 학력·학벌을 가진 이들이 일종의 지위 혹은 신분 집단으로 결집하여 장벽과 위계 구조를 만들고 자신들의 이해관계를 배타적으로 관철하게 된다. 이러한 현상은 성경이 말하는 원리와 배치된다.

교회는 사회 속에서 존재한다. 따라서 교회가 사회의 영향을 받지 않을 수는 없다. 그러나 교회는 사회로부터 영향을 받기보다 '선한' 영향력을 끼치는 기관으로 자리 잡을 때 성경적 가치를 지닌 교회로 발돋움할 수 있다. 하지만 현재 한국 교회는 전반적으로 사회의 부정적인 면을 그대로 흡수하고 있다는 비판을 받고 있다. 공공 조직이나 기업들과 달리 교회들을 견제할 수 있는 사회 시스템이 부재하기 때문에, 교회의 문제는 사회 문제보다 더욱 심각한 양상을 보이고 있다.

근현대사 속에서 나타난 한국 교회의 모습

한국 교회가 처음부터 학력·학벌주의를 표방해왔던 것은 아니다. 우리나라의 초기 기독교 역사를 살펴보면, 양반이나 천민 모두가 하나님 앞에서 동등한 권한과 권리를 가진 자녀이고, 따라서 모두가 평등하다는 원리가 다수의 선교사들로부터 제시된 바 있다. 대표적인 예로 무어 Samuel F. Moore(한국 이름 모삼율毛三栗, 1846~1906년) 선교사는 곤골당 교회(현 승동교회)를 중심으로 백정 해방 운동을 전개하여 우리나라 최초의 백정 출신 장로인 박성춘을 세우기도 했다. 무어 선교사는 1894년 갑오경장 당시 동료 선교사인 에비슨O. R. Avison과 함께 대한제국 정부에 신분제 철폐 및 천민들에게도 공민권을 보장해달라는 탄원을 제기하여, 신분 제도가 역사 속으로 사라지게 하는 데 큰 역할을 했다.

다수 양반 계층의 거센 반발에 부딪혀 어려움을 겪었지만, 조선 후기부터 일제 강점기까지 선교사들을 필두로 시작된 형평衡平운동은, 모든 인간은 하나님의 자녀로서 차별을 받지 않고 존중받아야 한다는 성경의 원리를 바탕으로 전개되어 우리 사회 깊숙이 심어져 있던 신분제 타파의 신호탄이 되었다. 이와 관련해 헌틀리M. Huntly는 무어 선교사의 백정 해방 운동을 "세상을 뒤집어 놓은 사건"(turning the world upside down)이라고 평가하기도 했다.

이렇듯, 차별화된 인식을 타파하기 위해 최선을 다했던 선교사와 피지배층의 노력을 바탕으로 그동안 공고히 유지되어왔던 신분 제도는 법적으로 철폐되어 지금에까지 영향을 끼치고 있다. 이는 교회가 사회에 영향을 끼쳤던 대표적인 사건으로, 현대 사회는 물론 앞으로도 한국 교회가 지향해야 할 표본이다. 사회 전반에 걸친 인식의 구조를 바꾸기까지 시일이 소요되었지만, 사회의 지배 계층인 양반의 전유물로 전락할 수 있었던 기독교가 모든 사회 구성원들, 특히 백정과 같은 최하위 피지배 계층을 흡수하는 데 원동력이 되었다. 이처럼 우리나라의 초기 기독교는 계층 사회에 반기를 듦으로써 다수의 피지배 계층에게 대안이 되었고, 이러한 '평등'의 원리가 한국 교회의 양적 성장에 기틀이 되었다.

해방과 함께 찾아온 전쟁, 그 이후에도 한국 교회는 "가난한 자를 불쌍히 여기는 사람이 하나님을 존경하는 자이다"라는 성경의 가르침에 따라 헐벗고 굶주린 이들을 섬기는 데 주력했다. 자신의 재산을 모두 기부하면서 어려운 이웃을 돌보는 기독교인들은 사회의 귀감이 되었다. 하지만 이러한 상황을 이용하여 자신의 배를 불리기에 급급한 이들을 비롯해 스스로를 재림 예수라 칭하며 기부금과 물자들을 지원받는 사이비 혹은 이단들의 등장으로 한국 교회는 큰 위기에 봉착하게 된다.

무허가 신학교의 난립과 기독교를 빙자한 각종 사이비·이단 세력의 등장은 국가 차원에서 발행하는 학위의 필요성을 생겨나게 했다. 이에 신학 교육을 하던 기존의 기관들이 교육부의 승인을 빌어 신학대학·대학원으로 설립되었고, 공식적인 교육 과정을 이수하고 학력을 쌓아야만 교회의 지도자가 될 수 있는 체계를 갖추기 시작했다. 이는 체계적인 목회자 양성과 교회 운영에 도움이 되었지만, 한국 사회와 교회가 학력과 학벌을 요구해야만 하는 원인으로도 작용하기 시작했다.

2) 하나님 나라로서의 교회가 가져야 할 학력·학벌주의에 대한 태도

성경에서 말하는 '다스린다'는 헬라어 '바실레이아βασιλεια'를 어원으로 하며, 이는 '통치'의 개념으로 이해할 수 있다. 교회가 하나님께서 다스리는 곳이라면, 결국 주권과 통치의 주체는 하나님이다. 하지만 학력·학벌주의는 인간을 구분하고 서열화하기 때문에 특정 부류의 인간을 지배 계층으로 만들어주는 주요한 요소로 작용한다. 높은 학력과 학벌을 가진 지배 계층에게 특권 의식을 부여하고, 통치의 권한을 그들에게 부여한다. 결국 교회의 지배는 하나님을 통해 이뤄지며 교회의 모든 구성원이 피지배자로서 존재하는데, 학력·학벌주의는 이러한 성경적 가치이자 기독교의 핵심 원리를 무너뜨린다.

교회에서는 하나님의 통치가 우선되어야 한다. 하지만 한국 교회의 학력·학벌주의는 인간이 교회에서 통치하는 것을 가능하게 했다. 그렇기에 우리 사회와 교회에 깊숙하게 침투해 있는 학력·학벌주의는 기독교적 자아와 정체성을 갖고 교회의 구성원으로 살아가는 데에 가장 큰 걸림돌이다.

교회는 하나님의 자녀들이 함께 머무는 공동체이다. 교회는 "너희는 그리스도의 몸이요, 지체의 각 부분이라"(「고린도전서」 12:27)라는 말씀과 같이 하나님과 인간의 수직적 관계 안에서 개개인이 수평적 관계를 맺는 곳이다. 따라서 하나님의 자녀로서 교회의 구성원은 모두 잠재적 지도력을 지니고 있다. 이는 학력이나 학벌로 공동체를 구분할 수 없다는 뜻이기도 하다. 만약 학력과 학벌 같은 요소들이 공동체 안에 존재한다면 결국 파벌주의적 집단이 신앙 공동체를 분열시키게 된다.

하나님은 가난한 자나 부한 자, 약한 자나 강한 자, 학문이 뛰어난 자나 문외한인 자의 구분이 없이 모든 부류의 인간이 기쁨을 누리기를 원하신다. 또한 교회는 말씀의 선포와 전도, 가르침과 훈련, 예배와 같은 본질적인 가치 외에도 교제(Koinonia)와 섬김(Diakonia)과 같은 행위들이 중요한 역할을 하는 곳이다. 이러한 구성원 간의 동등함과 헌신과 나눔은 기독교인으로 그 가치를 실현하며 살아가고 있다는 실질적인 표현이고, 이는 교회가 존재하는 데 아주 기본적인 요소이다. 따라서 교회는 하나님 안에서 누구나 그의 백성의 일원으로 차별받지 않고 평등하게 살아가는 곳이 되어야 한다. 이것이 바로 교회가 맡아서 해내야 할 과제이자 책임이다.

3) 교회 내 학력·학벌주의에 대한 영국의 대안

흔히 유럽의 교회를 '죽었다'고 표현한다. 문을 닫거나 갤러리, 도서관, 식당으로 개조되어 사용되는 교회의 모습, 기독교 인구가 급격하게 감소하고 있다는 통계 자료 등은 유럽의 기독교가 쇠퇴했다고 결론지을 수 있는 근거로 사용된다. 하지만 보이는 것이 전부가 아니듯, 역사적·사상적 배경과 맥락을 이해한다면 유럽의 교회가 죽었다고 단순하게 결론을 낼 수는 없다.

선교적 사명과 자본주의적 팽창주의, 식민주의가 결합하여 17세기 유럽 사회는 전 세계 각지에 복음을 전하겠다는 미명하에 식민지를 개척하며 경제 발전에 주력했다. 결국 흑인은 노예였다는 증거를 성경에 등장한 노아의 아들들의 예에 끼워 맞춰 노예 제도를 정당화했고, 땅끝까지 증인이 되라는 예수의 말씀을 오용하여 식민지 개척에 당위성을 부여하는 데 사용했다. 그러나 이러한 일들의 종착역에는 세계대전을 비롯한 전쟁과 대학살 등 반인륜적 범죄가 있었다. 때문에 유럽에서는 이에 대한 성찰과 반성 작업이 여전히 진행 중이다. 막강한 권한을 지닌 국가가 주도적으로 종교를 이끌어온 과거에 대한 반성이요, 강요에 의해 유지되었던 교회의 부와 성장을 객관적으로 보기 위한 노력인 것이다.

특히 영국은 국교인 성공회를 중심으로 과거의 문제에 대한 대안을 국가 차원에서 정책적으로 마련하기 위해 힘쓰고 있다. 교회는 권한을 분산시켜 특권 의식을 갖지 못하도록 하여 부정부패를 방지하는 데 힘을 기울이고 있다. 사실 모든 사회 문제는 의사를 결정하는 개인 혹은 특정 집단이 갖는 권한과 연관이 있다. 영국의 경우, 과거 왕의 권한과 함께 교회의 권위도 매우 존중되어왔기 때문에 성공회의 영향력은 막강했다. 교회가 가진 권한이 컸던 만큼 성직자들의 권력도 매우 컸다. 하지만 그에 따라 특권 의식을 가진 성직자들이 오랜 기간 자행한 부정부패는 교회가 쇠퇴한 주요 원인 중 하나가 됐다.

영국의 성공회는 이러한 권력 구조를 개선하기 위해 교구 제도 (Parish System)를 이용하여 권한에 대한 제도적 한계를 설정해 교회를 운용한다. 영국의 교구 제도는 기본적으로 지역을 중심으로 운영된다. 모든 교회 구성원은 직분에 관계없이 거주지에 따라 해당 지역에 있는 교회에 출석하도록 권유받으며, 목회자를 양성할 때에도 거주 지역을 거점으로 근거리에 위치한 교회와 신학교에서 훈련을 받을 수 있도록 한다.

이러한 이유에서 영국에는 목회자를 훈련시키기 위해 필요한 신학 교육 기관으로서의 '명문' 대학, 혹은 '명문' 신학교가 별도로 존재하지 않는다. 지역에 따라 진학할 수 있는 학교가 정해져 있기 때문이다. 영국의 대표적 유명 대학인 옥스퍼드, 케임브리지도 전통적인 이미지를 갖고 있기는 하나, 다른 대학에 비해 실질적으로 가치가 있다고 여겨지지 않는다. 또한 목회자 훈련 학교를 다니기 위해서는 출석 교회 교인과 목회자의 해당 후보자에 대한 신앙 보증이 가장 중요하게 여겨진다. 이후 장기간의 훈련과 전인격적인 신학 교육을 통해 목회자를 양성하는 데 중점을 두기 때문에 목회자에게 '엘리트'라는 수식어는 사용되지 않는다.

이와 같이 영국의 성공회는 제도적으로 특정 집단 혹은 특정인의 권력을 제한하여 권한을 자의적으로 행사하기 힘든 구조이며, 학력·학벌과 같은 요소들이 사람을 판단하고 목회자를 선발하는 기준으로 적용되지 못하도록 하여 엘리트 의식을 가질 수 없게 한 특성이 있다. 이는 교회가 공동체로서 파벌을 형성하지 않는 데 주요한 역할을 하며, 목회자들의 부정부패나 특권 의식으로부터 발생하는 문제를 줄이는 데 기여한다. 이러한 영국의 사례를 보면, 목회자 혹은 교회 구성원 개개인의 도덕성·윤리성에 의존하는 것이 아니라, 구조적인 규범, 법적인 장치가 필요하다는 것을 알 수 있다. 개인의 윤리 의식과 구성원의 시민 의식, 기독교적인 성찰 수준에 의지하는 것은 한계가 있다.

교회 내 학력·학벌주의, 어떻게 해결할까

우리나라의 초기 기독교 역사는 차별과의 전쟁이었다 해도 과언이 아니다. 150여 년 전, 철저한 신분 사회였던 때, 교회는 하나님 앞에서 모든 인간은 평등하다는 성경의 원리를 바탕으로 신분 제도를 타파하기 위해 몸부림쳤다. 세급으로 사람을 구분하는 일을 법적으로 금지하도록 하는 일에 앞장섰던 것이다. 그 결과 갑오개혁을 통해 신분 제도가 폐지되고 사회 관습이 개혁되었으며, 그 영향은 지금까지도 지속된다. 한국 기독교는 사회를 선도하고 문화적 토대를 다지는 데 일조하며 시작했다.

초기 한국 기독교와 지금의 한국 교회가 처한 상황은 비슷한 양상을 띤다. 초기 한국 기독교 앞에 신분 제도가 있었다면, 21세기 한국 교회는 학력·학벌주의로 인한 계층 문화로 인해 어려움을 겪고 있다. 이러한 구조적인 문제는 사회 혹은 집단 속에 장기간 쌓여 내재되어 있기 때문에 단순히 개개인의 도덕적·윤리적 역량에 기대어 해결할 수 없다. 또한 교회나 교단 내의 규범을 세우는 정도로 정화될 수 있는 수준도 이미 넘어섰다. 다른 무엇보다도 목회자를 양성하는 과정에 대한 제도적 혁신이 있어야 한다.

이를 위해 가장 기본적으로 지켜져야 원칙은 교회가 학력·학벌에 대한 특별한 보상을 받을 수 없도록 해야 한다는 것이다. 영국의 경우, 교회 안에서 학력·학벌주의가 기승을 부릴 수 없다. 가장 근본적인 이유는 이른바 명문 대학을 졸업하든 그렇지 않든 관계없이 모든 목회자가 똑같은 수준의 급여와 대우를 받기 때문이다. 일정 수준의 신학 교육을 받은 이들은 연차에 따라 급여를 지급받으며, 이는 교회의 규모가 크든 작든 상관없이 일괄적으로 적용된다. 이처럼 높은 학력과 학벌이 생활에 영향을 끼치지 못하기 때문에 학력·학벌이 필수적으로 요구되지 않는다.

반면 한국의 경우, 교회마다 처우가 다르고 개개인에 따라 급여의 차이가 발생한다. 따라서 좀 더 안정적인 생활을 누리기 위한 인간의 기본적인 욕구로 말미암아 더 나은 조건을 찾게 되고, 결국 좋은 환경을 가진 교회의 인재 선발을 위한 경쟁에 뛰어들 수밖에 없다. 교회의 요구에 따라 더 높은 학력, 더 좋은 학교를 선호하게 되는 것이다.

교회 내의 학력·학벌주의를 없애기 위해서는 초기 한국 기독교가 법안을 마련하여 신분 제도 자체를 철폐시켰던 것과 같이 강력한 제도

개혁을 바탕으로 구조적인 문제를 개선해야 한다. 특히 학력·학벌에 대한 보상이 과하지 않도록 조정할 필요가 있다. 목회자의 경우 연차별로 일정한 급여를 지급하고 이를 교단 차원에서 관리하는 방안을 시행해야 하며, 노후 연금도 교회의 규모와 관계없이 동등한 수준으로 대우를 해야 한다.

결론

학력·학벌주의는 사회 구성원을 지배 계층과 피지배 계층으로 구분하고 이에 따른 모든 차별을 정당화하는 근본적인 틀을 제공한다. 지배 계층이 갖는 권한은 권력이 되고, 이러한 지배 계층에 대한 '오인'은 피지배 계층으로 하여금 상징적 폭력에 장기간 노출되도록 한다. 결국 피지배 계층이 스스로 지배 계층에게 권력을 쥐여줌으로써, 지배 계층이 무력을 행사하지 않고도 사회 구성원을 통제할 수 있게 하며, 한번 취득하면 바뀌지 않는 학력·학벌을 통해 개인을 서열화하고 규율로써 인간을 순종하게 한다.

이러한 학력·학벌주의는 우리 사회뿐만 아니라 한국 교회도 병들게 하고 있다. 교회 내 구조를 계층화하고 차별 문화를 조성하는 것을 통해서다. 목회자를 선발하는 기준으로 사용된 학력과 학벌은 우수한 인재와 그렇지 않은 이를 구분하는 역할을 했다. 장로와 집사 등 교회 내부 구성원 사이에서도 명문 대학을 졸업한 이와 그렇지 않은 이를 구분하면서, 학력·학벌주의는 교회 안에서 구체적으로 체감되는 일상으로 자리 잡았다.

하지만 성경은 "여러분이 성경을 따라 '네 이웃을 네 몸같이 사랑하라'는 으뜸가는 법을 지키면, 잘하는 일입니다. 그러나 여러분이 사람을 차별해서 대하면 죄를 짓는 것이요, 여러분은 율법을 따라 범법자로 판정을 받게 됩니다"(「야고보서」 2장 8~9절)라고 전한다. 비록 사회가 계층을 구분하고 신분에 따라 차별을 한다 해도, 교회는 이웃을 내 몸과 같이 사랑하고 누구든 차별하지 않고 동등하게 대하며 모두가 하나님의 자녀라 인정해야 함을 뜻한다. 이는 구약에 등장하는 '의로움'(righteousness)의 개념과도 연결된다. 성경에서 말하는 의로움이란 존재의 '가치'(worth)를 뜻한다. 하나님 앞에서 자신의 존재 가치를 인정하고 받아들이는 행위가 성경이 증거하는 의로움이다. 즉, 개개인이 가진 가치는 차별받을 수 없고 차별해서도 안 된다.

인류의 모든 역사 속에서 개혁은 깨어 있는 시민, 아래에서부터의 개혁이었다. 유럽의 종교개혁도 그랬고, 근대의 프랑스혁명 등도 모두 아래에서부터 시작되었다. 교회 내부에서 발생하고 있는 모든 문제들의 원인 규명과 해결은 교회 밖이 아닌 교회 안에서 이뤄져야만 한다. 따라서 교회를 이루고 있는 구성원들이 깨어 있어야 한다. 차별을 조장하고 이를 당연하게 여기도록 하는 학력·학벌주의가 타파되기 위해서는 결국 교회 구성원들의 요구가 있어야 한다. 차별과의 싸움으로 시작했던 초기 한국 기독교의 역사가 말해주듯, 이제 한국 교회는 학력·학벌주의 타파라는 새로운 도약의 시기를 맞이하고 있다.

오제홍
서울장신대학교 학부를 졸업하고, 영국 킹스칼리지 런던King's College London에서 석사를 마친 뒤, 영국 브리스틀Bristol 대학교에서 중세철학·신학 연구 석사 과정를 거쳐 현재 영국 아버딘Aberdeen 대학교 조직신학 박사 과정에 재학 중이다. St. Mark Church, Internationa Church Project 담당 사역자, 〈딴지일보〉 영국 특파원이기도 하다.

혐오와 차별의 공간, 그리고 예수

김승환

공간은 인간이 거주하는 물리적인 장소를 넘어서 영적·정서적이며 문화적이고 역사적인 복합체이다. 공간은 새롭게 탄생하기도 하고 소멸되기도 한다. 장소가 사라지는 것이 아니라 사회가 부여하는 공간의 의미와 가치가 변화되는 것이다. 공간은 정신적인 것과 문화적인 것, 사회적이고 역사적인 것의 구성과 재구성을 반복하면서 공간을 살아가는 이들의 필요에 의해 생산되고 소멸된다.[1] 인간은 누구나 공간을 벗어날 수 없다. 인간으로 존재한다는 것은 특정한 공간에 머무는 것을 의미하

---

[1] 앙리 르페브르, 『공간의 생산』, 양영란 옮김(에코리브르, 2014), 71쪽.

며 동시에 그 공간을 통하여 삶을 영위해나감을 뜻한다. 인간은 자신의 삶의 공간을 창출하기도 하고 또한 공간으로부터 삶이 조각되기도 하는 이중적 관계에 놓여 있다. 그렇다면 우리는 어떤 삶의 공간을 지향해야 할까? 그리고 공간에 어떤 의미와 가치를 부여해야 할까? 오늘날 도시의 풍경을 장악하는 고층 빌딩과 일률적인 아파트 단지는 성공을 향한 욕망과 편리함을 추구하려는 인간의 내면성을 표출한 것이라 할 수 있다. 우리는 도시를 하나의 유토피아로 상상한다. 어디에도 없는 이상향으로서 유토피아를 구현하려는 현대 도시들은 인간을 장소에서 소외된 비존재자로 만들 뿐 아니라 공간의 욕망에 종속된 노예로 만들어간다.

인간의 거주지로서 도시는 단순히 경제적인 욕구와, 외부의 위협으로부터 스스로를 보호하려는 안전의 목적에서 형성되지 않는다. 인간이 한 장소에 모여 거주한다는 것은 물리적 욕구 충족 이외에 집단의 이상과 동질성이 공유된 하나의 가치 체계가 형성되고 그것에 동의하는 공동체가 구성되었음을 의미한다. 다시 말해 공동체가 보존하는 전통과 초월적이고 성스러운 무엇이 그 장소에 깃들어 있다는 뜻이다. 에밀 뒤르켐 Emile Durkheim은 마을과 촌락의 탄생을 영적이고 종교적인 의미로 해석했다. 마을과 촌락은 구성원들이 같은 가치 체계 안에서 하나의 관계성을 유지할 때 지속될 수 있다. 하지만 현대 도시는 그렇지 않다. 공간의 영성과 초월성이 상실된 현대 도시는 개인과 집단의 욕망만을 표출하는 장으로 전락하고 말았다. 개인들은 공생과 공존의 관계에서 경쟁과 배제의 관계로 돌아섰고, 공간은 상품화되어 최대의 이윤을 추구할 수 있는 경제적인 도구가 되었다. 특히 한국 사회에서 땅은 투기의 대상이며, 성공의 척도이다. 삶의 자리로서의 공간이 아니라 투기의 대상으로 전락한 공간은 사회 분열의 진원지이다. 내가 사는 곳이 곧 내가 누구인지 보여주는 사회에서 장소는 우리의 모든 것을 결정짓는 거대한 힘인지도 모른다.

한국 사회의 공간: 혐오와 계급성

2019년 여름 한 트로트 가수가 공연 도중 특정 지역을 비하하는 발언으로 구설수에 올랐다. 어릴 때부터 왜곡되게 듣고 자란 그 지역에 대한 부정적인 인상을 여과 없이 전하면서 누리꾼들의 반발을 샀다. 그의 발언을 옮기면 다음과 같다. "무대에 올라오기 전에 전라도 사람들은 실제로 뵈면 (머리에) 뿔도 나 있고 이빨도 있고 손톱 대신에 발톱이 있고 그럴 줄 알았는데 여러분이 열화와 같은 성원을 보내주셔서 너무 힘이 나고 감사하다." 어린 시절부터 무슨 말을 듣고 자랐는지 알 수 없지만 특정 지역을 향한 잘못된 인식이 어떤 이미지로 나타나는지 잘 보여준다. 이를 보도한 기사에 달린 댓글들은 그 발언에 대한 비판 일색이었고 결국 가수는 사과의 입장을 밝혔다.

국가인권위원회가 발표한 '2019년 혐오차별 국민인식조사' 보고서에 의하면 국민의 64퍼센트가 지난 1년간 온라인 또는 오프라인에서 혐오 표현을 접했다. 이들의 혐오 표현 대상별 경험 빈도를 따져보면 74퍼센트가 전라도나 경상도 등 특정 지역 출신에 대한 혐오이다.[2] 성별, 나이, 인종에 따른 혐오도 상당수 경험했지만, 한국 사회에서 가장 보편화되어 있는 혐오는 출신 지역에 대한 혐오이다. 우리는 언론과 SNS를 통해서 특정 지역을 혐오하는 표현을 자주 접하게 된다. '홍어족', '개쌍도'와 같이 지역을 비하하고 차별하려는 문화는 단순히 표현의 자유라고 하기에는 그 수위를 한참이나 넘어선다. 한 집단에 대한 과도한 배타적 소속감은 스스로의 정체성을 강화하면서 그 안에 속하지 않는 타자

---

2 김민호, 「'홍어족' '김치녀' '정신병자'…혐오 표현 접한 국민 10명 중 2명 "내용에 공감"」, 〈한국일보〉(2019. 11. 3).

를 악마화하는 것을 정당화한다. 그렇기 때문에 악마화된 타자를 폭력과 배제, 혐오의 대상으로 삼는 것이 도덕적, 윤리적으로 용인되는 것이다.[3]

지역에 대한 차별과 배제가 나타나는 원인은 무엇일까? 그리고 지역 감정을 부추겨서 얻을 수 있는 사회적 이익은 무엇일까? 동서로 분열된 한국 사회의 지역 혐오는 근현대사에서만 나타나는 현상이 아니다. 조선 시대에도 태조 이성계의 명에 따라 400여 년간 서북 지역에 대한 차별이 존재했고 그에 대한 저항은 결국 19세기 홍경래의 난으로 표출되기도 했다. 특정 지역의 기질과 정서를 경계하면서 정치권 진입을 암묵적으로 차단한 결과, 민중 봉기가 일어난 것이다. 지역 차별은 기득권의 안전과 이익을 지키기 위한 수단이었고, 사회적 통합 저해와 신뢰의 상실로 여러 갈등과 분열을 야기했다. 장소에 대한 혐오와 배제는 동질성과 이질성을 통해 지역 간의 대립을 조장하고 지역을 서열화하는 결과를 가져왔다.

지역에 대한 차별과 혐오가 최근에는 다른 양상으로 진행된다. 과거 에는 주로 정치적인 이유에서 이루어졌다면 최근에는 경제적인 요인을 배경 삼는다는 특징을 띤다. 도시화의 급격한 진행으로 2000년대 들어 인구의 80퍼센트가 도시에 살게 되면서 빈곤층 형성, 주택 부족, 농촌 인구 감소, 지역 간 불균형과 같은 사회적 문제가 발생했다. 서울 강남 과 신도시의 개발로 지역 간 비대칭적인 성장이 발생했고 서울 강북과 수도권의 공업 지구들은 빠르게 쇠퇴했다. 강남은 한국 부동산의 상징 적인 존재이다. 전국 부동산의 가치는 얼마나 빠르게 서울에 도달할 수 있는지, 더 작게는 강남에 도달할 수 있는지로 결정된다. 부동산 가격 은 강남을 시작으로 수도권, 그리고 지방으로 이어진다. 이것은 땅의 서

---

3 최종원, 「왜 기독교는 배제와 혐오의 대열에 서게 되었는가」, 김선욱 외, 『혐오의 시대를 사는 그리스도인』(IVP, 2019), 41쪽.

열화이다. 강남과 비非강남, 수도권과 지방으로 구분되는 공간의 차별은 보이지 않는 카스트처럼 부와 사회적 지위 같은 신분의 대물림으로 이어진다. 어느 지역에 사는지가 곧 사회적 성공과 개인의 지위를 결정하는 사회에서 공간은 하나의 권력으로 작동한다. 같은 도시, 같은 지역 안에서도 이러한 현상은 반복된다. 아파트의 브랜드에 따라, 사는 동네 이름에 따라 거주민들의 신분과 사회적 위치가 결정된다. 주민들은 임대 아파트의 건축을 반대하고 장애인 시설과 같은 '혐오 시설'을 제한하면서 자신들의 공간 브랜드를 유지하려고 한다.

오늘날 거주지로서의 공간은 신분과 직결된다. 강남 3구와 타워팰리스 같은 상징적인 땅의 권력은 무엇을 의미할까? 비싼 땅에 세워진 고층 빌딩을 보면서 인간은 더 높은 곳으로 올라가려는 성취의 욕구를 느낀다. 고층 빌딩은 중세의 캐슬(城)처럼 집단 신분을 강화하고 차별화하여 독립적인 위치에 머물게 한다. 반대로 도심의 쇠퇴 지역과 오래된 빌라와 주택 지역에 거주하는 이들은 부동산 제국에서 낙오자가 된다. 최근에는 이주민들의 증가로 외국인 밀집 지역이 점차 늘어나면서 지역에 대한 혐오가 인종과 국가로 번져가고 있다. 공업 지역과 값싼 주거지를 중심으로 특정 국가 출신들이 모이면서 혐오 지역으로 분류되기도 한다. 공간의 동질성을 깨트리며 출현하는 낯선 이방인은 공간의 파괴자 또는 잠재적 위협자로 인식되어 공간으로부터 배제된다. 공간이 인간의 정체성과 가치, 더 나아가 인간관계까지 결정짓는 시대이다.

물론 오래된 도시 지역을 새롭게 정비하고자 시행한 여러 정책들이 있었다. 하지만 큰 성공을 거두지 못했다. 대표적인 사례가 경기도 광주시 대단지 개발이다. 정부는 1969년 광주군 중부면 일대에 수택 난시를 조성했고 서울시에서 거주지를 철거당한 도시 빈민을 정착시켰다.

이 지역 인구는 6,000명에서 1971년 15만 명으로 급증했지만 결국 빈민 거주지로 머물렀다.[4] 강제 이주와 철거 방식의 개발로 주민들은 자신의 삶의 터전에서 물러나야 했으며, 기본적인 거주권을 위한 투쟁이 불법 행위로 간주되어 그 공간은 사회로부터 혐오 지역, 투쟁 지역으로 낙인찍혔다. 장소는 사회로부터 배제되고, 그곳 거주민들은 기본적인 거주의 권리마저 박탈당한 셈이다.

앙리 르페브르는 사회적 약자를 도시에서 배제하고 분리시키려는 시도에 맞서 '도시에 대한 권리'(the right to the city)를 주장했다. 도시의 거주자라면 누구나 동등한 거주의 권리, 도시 공간에 대한 전유(appropriation)의 권리가 있다는 것이다. 그는 1960~1970년대 파리의 외곽에 건설된 이주민들의 아파트 단지가 주택 부족 문제에 대한 당국의 잘못된 정책임을 비판하면서 오히려 빈민 지역이라는 사회적 오명을 생산해냈음을 안타까워했다. 최근 한국에서 진행되는 도시 재생 사업도 마찬가지이다. 마을의 공동체성을 회복하고 지역민들의 거주 행복과 지속 가능한 마을이라는 비전을 내걸었지만 정작 자본 논리에 빠져 현지인들이 배제되는 결과를 초래했다. 젠트리피케이션gentrification 현상으로 지대가 폭등하면서 거대 자본이 유입되고 상업화된 결과 경리단길, 망리단길과 같은 지역에서 원주민들이 다른 곳으로 내몰리는 결과를 초래한 것이다. 사람들을 땅으로부터 배제시키는 꼴이다.

그렇다면 이러한 지역 혐오, 도시 공간 차별의 상황에 대해 교회는 어떤 접근을 할 수 있을까? 교회는 지역을 단위로 이루어지는 혐오와 배제 앞에서 어떤 통합적인 메시지를 내놓을 수 있을까? 우리는 예수의 모습

---

4 하성규, 「도시재개발과 젠트리피케이션」, 한국도시연구소 엮음, 『도시재생과 젠트리피케이션』(한울아카데미, 2018), 21~22쪽.

에서 그 단초를 찾아볼 수 있을 것이다. 나사렛 출신으로 출신지에 따른 배척을 받아야 했던 한 인간, 도시로부터 거절당했고 도시민들에게 죽임을 당해야 했던 갈릴리 예수. 사마리아와 같은 차별의 땅 한복판에 서 있었던 화해자. 예수의 삶, 그리고 그가 꿈꾸었던 하나님 나라로서의 새로운 예루살렘은 배제와 혐오의 시대에 화해와 포용을 가르쳐준다.

공간의 치유자, 예수 그리스도

"나사렛에서 무슨 선한 것이 나겠는가?" 예수님께서 활동할 당시의 출신 지역에 따른 차별을 압축해서 드러내는 발언이다. 「요한복음」 1장에서 빌립의 형제 나다나엘은 성경에 기록된 메시아를 만났다는 빌립의 말에 나사렛에서는 그런 사람이 나올 수 없음을 단정적으로 말한다. 나사렛이 갖는 상징적인 의미는 무엇일까? 갈릴리 남부에 위치한 나사렛은 정치적·종교적·경제적으로 전혀 주목받던 동네가 아니다. 나사렛은 베들레헴처럼 예나 지금이나 작은 마을이다. 어느 누구도 주목하지 않는 땅에서 메시아의 탄생이 예고되고 선지자들을 통해서 그 출신지가 선포된 것은 특별한 의미를 지닌다. 예수가 예루살렘과 같은 권력과 힘의 도시가 아니라 무명의 변방에서 구원자이자 화해자로서 삶을 시작했다는 것은 혐오와 차별의 사회에서 우리가 어디에 위치해야 하는지를 보여준다.

　예수님 당시 특정 지역에 대한 혐오를 가장 구체적으로 보여주는 곳은 「요한복음」 4장이다. 여기서 예수님과 사마리아 여인의 대화는 유대인과 사마리아인 사이의 공간적 갈등을 확인시켜준다. 사바리이. 갈릴리 지역으로부터 예루살렘 인근까지의 중간 지역인 사마리아는 역사적으로 참 가슴 아픈 곳이다. 성경에 관심을 두는 이들이라면 사마리아에 대한 어렴풋한 이미지를 가지고 있다. 차별과 배제의 상징, 그 누구도 밟지 않는 비존재로서의 장소라는 인상 말이다. 물론 역사적인 이유가 있다. 기원전 721년, 아시리아에 의해 북이스라엘이 멸망되고 사마리아 지역민들은 뿔뿔이 흩어졌다. 제국의 식민 정책에 따라 정복지 주민들을 이주시키고 시리아와 메소포타미아 지역민들이 사마리아에 들어와 살면서 사마리아인들은 이민족들과 피가 섞이는 혼합 인종이 된다. 단순히 혼혈인이 된 것이 아니라 그들의 문화와 종교 역시 혼합주의적인 성격을 띠면서 이 지역에는 다신교적인 풍습이 남게 된다. 거룩과 정결을 최우선적 가치로 여겼던 유대 사회가 사마리아를 같은 민족, 같은 신앙으로 받아들이기는 쉽지 않았다. 그 결과 사마리아는 유대 사회에서 철저하게 배제된다. 같은 신념과 신앙으로 이루어진 공동체일수록 타종교와 신앙에 대한 강한 배제와 혐오가 작동한다.

사마리아와 유대는 스스로 이스라엘의 정통성을 주장하며 분리하여 각각 그리심 산과 예루살렘에서 예배드리면서 결국 하나의 사회를 이루지 못했다. 이런 상황에서 예수님의 행보는 가히 충격적이라 할 수 있다. 사마리아 땅을 관통하여 갈릴리와 예루살렘을 오고 갔을 뿐 아니라 그 지역의 여인과 대화를 나누며 영원한 생명수를 언급한 것은 예수님의 사역이 화해와 치유에 놓여 있음을 알 수 있다. 배제와 혐오 지역을 찾아가고 그 땅을 밟고 함께 머무는 것은 예수님의 전형적인 사역이었다. 만남과 대화, 그리고 포용과 인정은 비존재를 존재로, 다름을 같음으로 받아들이는 신앙인의 참된 모습을 보여준다.

사마리아 지역에 대한 성경의 포용적 관점은 다른 몇몇 구절에서도 확인할 수 있다. 「누가복음」 10장에 나오는 선한 사마리아 사람의 비유는 가장 잘 알려져 있다. 강도 만난 이를 아무도 도와주지 않을 때 오직 사마리아 사람만이 그를 돕고 치료하는 데 관심을 두었다. 예수님은 율법교사에게 너도 그와 같이 하라고 가르친다. 또한 「누가복음」 17장에서 열 명의 나병환자가 치료를 받았지만 그중에 단 한 사람, 사마리아 사람만이 예수님께 돌아와 감사를 드렸고 구원을 받는다. 비존재자로 여겨졌던 사마리아인들도 하나님의 자녀가 되는 놀라운 선포이다. 그리고 「사도행전」 1장 8절은 다음과 같다. "성령이 너희에게 내리시면, 너희는 능력을 받고, 예루살렘과 온 유대와 사마리아에서, 그리고 마침내 땅끝에까지 이르러 내 증인이 될 것이다." 혐오와 배제의 땅 사마리아에도 복음이 선포될 뿐 아니라 빌립의 전도로 사마리아의 많은 사람들이 세례를 받고 기뻐했다고 성경은 전한다. 혐오지 한복판에서 예수와 그의 제자들은 하나님 나라를 전하며 그 나라를 살아갔다.

성경은 공간에 대한 차별과 혐오를 주목하기보다 도시가 갖는 양면적인 특징을 고발한다. 예루살렘처럼 성스럽게 여겨지는 도시도 있지만 소돔과 고모라와 같이 타락한 도시도 있다. 새로운 예루살렘처럼 하나님의 구원이 도시의 모형으로 임재하기도 하지만, 가인이 건축한 에녹 성이나 바벨탑은 하나님의 대항자로 묘사되기도 한다. 자끄 엘륄은 예수가 도시에 대한 분노를 표출하고 있음에 주목한다. 특별히 고라신, 벳세다, 가버나움을 지목하는데 그들은 기적을 이해하지도 못했을 뿐 아니라 회개하지도 않았다. 그 도시들은 영적으로 분리된 장소였고, 하나님의 말씀을 들을 수 없는 교만과 무질서의 장소이다. 또한 그리스도가 이 땅에서 머리 둘 곳이 없었음에 주목한다. 예수가 스스로 장소를 갖지 않음이 좋다고 말하기도 한다. 이것은 자신을 따르는 삶은 안식할 장소에 머무는 삶이 아니라 인간적인 안락함과 안정을 포기하는 삶임을 말하는 것이다.[5]

---

5 자끄 엘륄, 『대도시의 성서적 의미』, 황종대 옮김(대장간, 2013), 207쪽.

예수는 예루살렘에 오래 머물지 않았고, 늘 빈 들과 산에 있었다. 그는 도시 예루살렘에서 죽었고, 도시 밖에서 십자가에 매달렸다. 예수와 세례 요한은 도시 밖으로 사람들을 끌고 왔고, 세례를 베풀고 말씀을 전하면서 그들을 다시 도시 안으로 돌려보내 전도하게 하였다. 예수는 도시에서 평화를 선포하고, 귀신 들리거나 병든 자를 치유하게 했다. **예수와 그의 제자들은 도시의 치유자이다.**

이 땅에 임할 종말론적인 하나님의 나라는 도시로 묘사된다. 천상의 새 예루살렘은 모든 민족과 방언으로 하나님을 예배하는 신적 공동체로서 진정한 화해와 포용의 도시이다. 예수가 예루살렘에서 죽었지만 다시 구원은 새롭게 단장한 예루살렘의 모습으로 내려온다. 성경이 낙원을 이야기할 때, 그것은 언제나 지상의 한 도시로서 묘사된다. 「에스겔」이든 「요한계시록」이든 마찬가지이다. 「이사야」는 이리와 어린 양이 함께 사는 장면을 묘사하는데 이것은 우리에게 도래할 도시이지 천상의 하늘을 말하는 것이 아니다. 성경의 역사는 에덴에서 시작해서 예루살렘에서 끝이 난다. 그 중심에 그리스도가 있다. 종말에 임할 하나님의 나라, 새 하늘과 새 땅은 도시로 묘사된다. 하나님께서 만드신 새로운 피조물은 도시이며 기쁨과 찬양과 하나님의 영광이 가득한 정의롭고 평화로운 장소이다. 이곳은 더 이상 인간을 위한 장소가 아니라 하나님의 영광을 위한 곳이다. 주님께서 거하시는 '여호와 삼마'는 우리에게 항상 높은 산 위에 있는 것으로 묘사된다. 하나님의 영광이 거주하며, 해와 달이 아닌 하나님의 영광으로 비추이는 곳이다(「요한계시록」21:23). 이 도시는 모든 민족들의 중심이며, 12개의 성문으로 구성되어 모든 민족에게 열려 있으며, 12지파와 12사도로 구약과 신약을 관통하는 하나님의 나라를 의미한다. 평화의 도시, 만인이 하나님 앞을 예배하며 찬양하는, 다양성 속에 일치를 이루는 장소이다.

엘륄의 도시신학은 성서의 문자적인 해석을 전개하기에 다소 논쟁의 여지가 있지만, 그는 도시가 하나님에 대한 대항물의 결과이며, 타락한 도시의 회복자가 예수 그리스도임을 주장한다. 그리고 시민 된 우리는 그분을 통한 새로운 존재로 변화되기 위해 이 땅에서 화해와 용서의 삶을 살아야 한다고 주장한다. 그렇기에 우리가 할 수 있는 것은 용서뿐이다. 용서가 인간의 도시를 하늘의 예루살렘으로 만들 것이다. 더 정확하게 말하자면 용서는 도시가 공허함의 세계로 떨어지는 것을 막을 것이다. 화해와 포용이 단절과 배제로 이루어진 도시 공간을 하나님의 도시로 변화시켜나갈 것이다. 어쩌면 오늘날 도시의 운명은 용서와 포용에 달려 있는지 모른다. 공간의 화해와 회복은 그 땅에 살아가는 이들의 하나 됨이기 때문이다.

환대와 샬롬의 도시, 교회

도시 공간을 향한 다른 상상이 요청되면서 로즈Gillian Rose는 '역설적 공간'(Paradoxical Space), 바바Homi Bhabha는 '혼성적 공간'(Hybrid Space), 또는 에드워드 소자Edward Soja는 '제3의 공간'(Third Space)의 필요성을 다룬다. 도시 공간에 대한 다양한 개념들은 공간의 급진적 개방성을 지향하는 이질적인 공간들의 생산에 초점을 두면서, 한 개인이 갖는 정체성의 복잡함, 모호성, 다면성을 수용하고자 노력한다.[6] 혐오와 배제의 사회에서 다양한 인종, 문화, 언어, 계층이 마주하는 공간으로서 교회는 대안 도시를 상상하게 한다. 다원성과 혼종성의 도시 안에서

---

6 질 밸런타인, 『공간에 비친 사회, 사회를 읽는 공간』, 박경환 옮김(한울아카데미, 2001), 21쪽.

교회는 개인과 개인, 집단과 집단이 연결되는 창조적인 장소가 된다. 교회는 건물의 외관처럼 고정적이고 단단한 형태로 고착된 조직이 아니라 시대에 따라 끊임없이 변화를 거듭해왔다. 낯선 이들의 출현으로 도시의 정체성과 공동체성이 약화될 때 교회는 완충지로서 사귐과 만남, 소통과 토론의 대안적 공간이 될 수 있다. 대안 공간으로서 교회는 낯선 이들에게 집과 같은 안정성과 소속감을 제공할 뿐 아니라, 타자들 간의 만남으로 흐려진 경계들 사이의 갈등과 긴장 속에서 도시 공동체의 새로운 보편성(new catholicity)과 다양성의 공존을 향한 환대의 장소가 된다. 환대란 타자에게 자리를 주는 행위이다. 공동체와 집단 안에서 그의 자리를 인정해주는 것이다. 이를 통해 잠재적인 친교의 공간을 생산하고 그의 존재를 용납하면서 우리의 사람으로 받아들이는 것이 필요하다.

화해와 포용의 공간을 만들기 위해서 필요한 것은 무엇일까? 공간의 공공성, 민주성, 인간성의 개념이다. 첫째, 공간의 공공성은 일본의 텃밭 프로젝트처럼 도시 공동 공간을 두면서 마을의 정체성을 환기시키는 것이고, 바르셀로나의 'City of Justice' 프로젝트처럼 모든 시민들을 위한 공공 건축을 확대하여 장소의 공공성을 확보하는 것이다. 공원이나 광장, 자유로운 도보가 가능한 길과 가로수를 정비하는 사업도 마찬가지이다. 공간의 공공성은 건물 자체가 그 목적을 담보하는 것이 아니라 모든 사람에게 개방적이며 참여하는 이의 주체성을 높이는 방향으로 나아감으로써 얻어진다. 열린 공간의 확보는 혐오와 배제의 지역을 감축시키는 것은 물론이고 시민들에게 공간을 통한 통합이라는 사회적 메시지를 던져주는 것이다. 둘째, 공간의 민주성은 민주적 공론의 장과 같은 개념이다. 이것은 위르겐 하버마스Jürgen Habermas의 의사소통적 구조와 샹탈 무페Chantal Mouffe의 다원적/경합적 구조를 더하는 것이다. 다양한 시민들이 참여하는 공간을 구성하기 위해서 자유스럽게 대화가 오고 가고 서로의 만남에 위계질서가 사라지는 보편적인 공간의 탄생으로 공간적 정의를 추구하는 것이다. 다수와 소수, 빈부, 성별이나 인종에 따른 차별을 두지 않고, 같이 거주하는 것으로도 함께할 수 있는 장을 만드는 것이다. 민주성은 다양성과 다원성을 전제로 하기에 다름과 차이를 자연스럽게 인지할 수 있도록 공간을 마련하는 것이 필요하다. 마지막은 공간의 인간성이다. 모든 인간의 동등한 존엄성과 다양성을 존중하는 방식으로 공간이 운영되는 것으로, 장애인들의 보행을 돕고, 보행자 중심으로 동선을 설계하며, 도시의 지속 가능성을 보장하기 위해서 가로수의 녹지를 늘리고 공간에 여백을 두는 시도를 하는 것이다.[7] 생명 중심의 공간은 인간을 자연의 일부로, 그리고 관계적인 존재로 인식하면서 공간 안에 생명력과 가치를 불어넣게 한다.

교회는 제3의 공간으로서 지역의 낯선 타자들을 환대하고 그들이 편안함과 행복을 느낄 수 있는 장으로 가능성이 충분하다. 도시 안에서 화해와 치유를 위한 최적의 공간 중 하나가 교회이다. 교회는 모두를 향해 열려 있는 공간이자 동시에 세속적 욕망을 성화시켜 이기적 개인을 이타적 개인으로 전환시키는 장소다. 제3의 공간으로서 교회는 사회적 약자들을 위로하고 지원하며, 다양한 사회적 상상을 공동체적으로 실천하는 곳이다. 자본주의에 물든 도시 공간은 인간을 소외시키지만 개개인의 존재 가치를 인정하고 세워주는 공동체로서 교회는 그 자체로 하나의 대안 도시이다. 교회라는 대안 도시는 하나님 나라를 이땅에 구현하는 정치체이다. 올덴버그Oldenburg는 제3의 공간의 특징들을 8가지로 구분했다. 첫째는 중립 지역으로서 모든 사람이 환영을 받아야 하고, 둘째는 어떤 이유로든 계층적 구분이 없어야 하며, 셋째는

---

7 같은 책, 22~25쪽.

대화를 통한 상호 활동이 중심이고, 넷째는 모두가 참여할 수 있는 접근 가능성을 담보하며, 다섯째는 공동체의 참여와 환대를 위한 규칙들이 존재하며, 여섯째는 이 장소를 통해 이익을 추구하지 않으며, 일곱째는 기쁨과 즐거움과 같은 활동적인 면을 강조하고, 마지막은 집과 같은 분위기를 연출하는 것이다.[8] 소속감을 제공하는 공간도 규모에 따라서 다양할 수 있다. 즉 국가나 도시처럼 정치적 소속감(public belonging)을 제공하는 공동체, 경제적 이익이나 특정한 관심사를 나누며 사회적 소속감(social belonging)을 제공하는 학교, 종교, 회사 등과 같은 공동체, 가족이나 친구처럼 사적인 관계에서 발생하는 인격적 소속감(personal belonging)의 공동체 등으로 나뉠 수 있다.[9]

제3의 공간으로서 교회는 이러한 특징들을 수용할 수 있다. 사회적 약자와 배제된 이들을 위한 포용의 장소로서 교회는 그들에게 소속감을 심어준다. 소속감은 그들로 하여금 공동체 안에서 동질감, 일체감을 느끼게 하며 그들이 사회의 주요한 구성원으로서 인정받도록 돕는다. 타자를 의식하고 하나님의 가족으로서 그들을 용납하며 귀 기울이는 삶을 살아가게 한다. 교회는 이웃을 사랑하는 다양한 공간 실천을 통해 공간의 공공성과 인간성을 회복하는 데 앞장설 수 있다. 인간은 물리적인 삶의 영역 외에도 영적인 공간, 정서적인 공간을 가질 필요가 있다. 행복하고 건강한 삶을 위해서는 본질적으로 공동체가 필요하고, 세속화된 개인주의, 파편화된 단절의 문화 안에서는 더욱 그러하다. 영적인 것의 추구는 궁극적인 목적과 삶의 의미를 발견하는 데 관심을 두지만 종교 없는 영성은 좁은 의미의 개인적 만족에 그칠 수 있다. 종교는 과

---

8 Ray Oldenburg, *The Great Good Place* (Paragon House, 1989), 20~42쪽. Eric O. Jacobsen, *The Space Between* (Baker Academic, 2012), 246쪽에서 재인용.

9 Eric O. Jacobsen, *The Space Between*, 250쪽.

거로부터 오늘날까지 시대와 공간과 대화하면서 형성된 신념과 가치의 결정체로서 인류의 상호 관계성과 공동체성을 중요시하기에 교회는 대안 도시 공동체가 될 수 있다.[10]

니콜라스 월터스토프Nicholas Wolterstorff는 19세기 영국의 산업 도시들이 인간의 삶을 어떻게 왜곡시켰는지, 그리고 남아공의 흑인 도시들, 남미의 빈민가, 미국의 슬럼이 시민들의 삶에 어떤 악영향을 미치는지를 고발한다. 그는 이들 도시를 건설한 토대가 바로 인간의 합리성이라고 비판한다. 건축가와 도시 설계자들이 진정한 삶의 원천들을 탐구하고 거기에 맞춰 도시를 설계하는 것이 아니라, 합리적인 설계안을 만들어놓고 거기에다 인간의 삶을 끼워 맞춘 탓에 도시는 생활을 영위하기 위한 기계로 전락했다는 것이다.[11] 이상적인 도시 공간의 추구가 결국 인간의 삶을 기계와 부품, 경제적 착취 대상으로 만들고 서로에 대한 경쟁과 차별의 공간을 가져온 셈이다. 월터스토프는 공간의 샬롬을 요청하면서 진정한 샬롬은 인간이 모든 관계에서 평화를 누리는 상태라 말한다. 여기에는 하나님과의 관계, 자아와의 관계, 동료들과의 관계, 자연과의 관계 등이 포함된다. 샬롬은 단지 적대감이 없는 상태만을 의미하지 않는다. 샬롬이 최고조에 도달하면 그런 관계들을 누리게 된다. 그리고 샬롬은 윤리적 공동체, 책임 있는 공동체의 이상이기도 하다.[12] 성서가 증언하는 샬롬은 도시 시민들로 하여금 평화를 만들어가는(peacemaking) 변혁적 제자도弟子道를 실천하도록 안내한다. 샬롬은 갈등의 부재 상태가 아니라 인간의 번영(flourishing)을 향한 조화로운 관계와 의로움의 반영으로

---

10 Laurie Green, *Building Utopia?* (SPCK Pub, 2008), 128~129쪽.

11 니콜라스 월터스토프, 『정의와 평화가 입맞출 때까지』, 홍병룡 옮김(IVP, 2007), 265쪽.

12 같은 책, 144~147쪽.

서 하나님의 도시를 지향하는 핵심이다. 도시의 평화를 추구하는 것은 죄의 영향력을 전복하고 경제적·사회적 배제와 차별을 바꾸어나가는 것이다. 성례전적 공동체로서 교회는 평화를 세워가는 증인들이며, 도시의 풍성한 비전을 제시하고 시민들의 선한 삶을 안내한다.[13] 샬롬은 교회 공동체가 도시 안에서 다른 상상을 가능케 하는 원동력이자, 깨어진 공동체와 관계, 자아 들을 회복하게 하는 토대가 된다.

교회는 복음의 공적 선포와 더불어 환대의 공적 얼굴을 목격하는 제일의 장소이며 신적 환대의 정의가 추구되는 공공의 영역이다.[14] 물론 교회만을 유일한 환대의 공간으로 보는 것에는 무리가 있을 수 있다. 부르스마Hans Boersma는 교회를 환대의 공동체로 여기면서 동시에 교회만이 유일한 공공영역이 아니며 교회 바깥에도 환대의 가능성이 있음을 인정한다. 그렇지만 교회의 실천과 공동체 전통이 갖는 화해와 포용적 공간의 창출은 독특성이 있다. 복음은 타인 중심적인 용서와 타인을 영원한 하나님의 나라로 초청함을 뜻하고, 세례는 그리스도와 연합으로 공동체의 일원이 되는 것이기 때문이다. 환대의 공동체로서 교회의 실천은 성만찬에서 극에 달한다. 성만찬적 환대는 그리스도와 그의 교회와 연합하는 것이며 용서와 삶을 발견하도록 하는 하나님의 초대이다. 사회적 공간, 관계적 공간, 영적이고 초월적인 공간으로서 성만찬은 세속 욕망을 거룩하게 할 뿐 아니라 구성원들을 그리스도의 형제자매로 고백하며 연대하게 하는 기독교의 독특한 장이라 할 수 있다. 그저 빵과 포도주를 나누는 것이 아니다. 그것은 경계 없는 환대를 지향하는 듯 보이지만 참회와 죄 사함으로 이어진다. 포용의 공간 안에서 존재의 변화, 삶의 변화를 일으키는

---

13 Mark R. Gornik, *To Live in Peace* (Eerdmans Pub, 2002), 103~109쪽.

14 한스 부르스마, 『십자가, 폭력인가 환대인가』, 윤성현 옮김(CLC, 2014), 406쪽.

것이 핵심이다. 단순히 개인적인 죄 고백을 의미하는 것이 아닌, 하나님과 인간, 인간과 인간 사이의 관계의 회복으로 나아가는 것이다.

교회, 하나님의 도시

요한이 「계시록」에서 보았던 거룩한 도시, 새로운 예루살렘의 비전은 하나님으로부터 이 땅에 임하게 될 마지막 완성이다. 그것은 창조주와 구원자 되시는 하나님과의 관계성 안에서 새로운 도시와 삶의 미리봄이다. 우리에게는 오늘날 도시에 대한 새로운 이해가 필요하다. 차별과 혐오의 도시 현상의 이면에 대한 영적이고 심미적·가치적인 접근을 시도해야 할 것이다. 교회는 공적이면서도 사적인 이중적 공동체이다. 가족과 같은 친밀함의 오이코스oikos와 정치체로서의 폴리스polis적인 특성을 모두 지닌다. 오이코스의 친밀함은 먼저 신앙적인 연대로서 모두가 성서의 하나님의 백성, 이스라엘 정체성을 공유한다. 개인주의와 자유주의를 표방하는 세속 사회에서 우리는 분리된 개인, 파편화된 가족으로 살아가지만 확장된 가족으로서의 교회 공동체는 끊임없이 낯선 자를 환대하고 사랑하는 친밀함을 유지한다. 이들의 친밀성은 정의와 같은 화해를 추구하는데, 추상적이고 모호한 개념으로서의 친밀함이 아니라 구체적이고 체화된 삶의 언어로서의 화해를 지향한다. 이것은 이성과 존재 모두를 포함하는 연대로서 하나님 안에 함께 참여함으로써 이루어진다. 확장된 가족 안에서 우리는 하나님의 관점을 공유하면서 과도하게 추상화된 세속 세계가 잃어버린 육체성과 진리들을 다시 회복하게 된다. 밀뱅크John Milbank는 포스트모던의 피편화와 해체된 노마드적인 삶을 대신하는 개념으로 공동체적 순례(ecclesial pilgrim)를 제안하면서 하나님의 도시인 동시에 초월적인 공동체로서 이 땅에서 살아갈 것을 언급한다.

더 나은 도시를 위한 교회의 실천은 도시의 존재론적 변화에 목적이 있다. 데이비드 리옹David P. Leong은 도시의 문화 참여와 관련한 선교적 신학의 가능성을 연구하면서 크게 세 가지를 제안한다. 즉 선교의 방식에서는 성육신(incarnation) 모델을, 예언자적 과제로서는 현실의 직면(confrontation)을, 창조적인 과제로서는 상상력(imagination)을 말한다. 그는 말씀이 육신이 되어 우리 가운데 거하시는 그리스도의 성육신 모델이 그리스도인들의 현실 참여의 하나의 모델이기에 예수를 따르는 제자도적 삶과 그리스도의 현존(presence) 안에서의 참여, 그리고 교회를 통하여 하나님의 성육신하는 선교의 활동에 함께할 것을 제안한다.[15] 또한 도시의 현실적 문제들, 정치·경제·사회적인 과제 앞에 예언자적인 통찰로 하나님의 정의를 선언할 책무가 있다. 그는 사회적 약자들을 고려하는 하나님의 사랑의 관점에서 시대의 죄악상을 고발하며, 억눌린 자들에게 새로운 희망과 구원의 가능성을 선포해야 한다고 보았다. 창조적 과제로서의 상상력에 대해서는 월터 브루그만Walter Brueggemann의 『예언자적 상상력』을 인용하면서, 모세가 하나님의 약속을 통해 새로운 가나안을 상상하며 출애굽을 이끌었던 것처럼 상상력은 교회 공동체가 도시에게 새로운 패러다임과 이상향을 제안하는 방향이라 말한다. 그는 구체적으로 구약의 희년 공동체(Jubilee Community)를 언급하기도 한다.[16]

일레인 그레이엄Elaine Graham은 『무엇이 좋은 도시를 만드는가?』

---

15 David P. Leong, *Street Signs: Toward a Missional Theology of Urban Cultural Engagement* (Eugene: Pickwick Publications, 2012), 38쪽.
16 같은 책, 144~147쪽.

(*What makes a Good City?*)에서 다원화된 사회 속 도시 교회의 역할에 관심을 가지며 정치, 경제, 교육의 문제뿐 아니라 도시의 문화적 이야기, 언어, 기억, 가치 등을 함양하는 역할에 주목한다. 말하자면 시민들의 경제적 문제와 삶의 질, 거주 환경과 실업률, 이웃과의 정서적 관계 등에 대한 교회의 역할을 주문하는 것이다. 도시의 참여적인 시민 의식을 키우고 도시 공동체의 민주주의를 세워나가는 데에서 도시 교회는 사랑과 정의를 기반으로 지역의 신뢰와 상호적 관계의 매개적 존재가 되어야 한다. 교회는 이 땅에서 하나님의 나라를 가시적으로 보여주는 도시 대안 정치체이다. 하나님 나라의 시민으로서, 동시에 이 땅의 시민으로서, 그리스도인들은 공적 삶과 신앙의 삶을 균형 있게 살 필요가 있다. 배제와 혐오의 시대에 화해와 포용의 공간을 만들고, 그 공간을 통하여 신적 사랑과 환대를 구현할 수 있는 한국 교회를 기대해본다.

김승환

장로회신학대학교 기독교와문화 박사. 공공신학과 급진정통주의 관점에서 도시신학을 연구했다. 인문학&신학 에라스무스 연구원으로 활동하면서 공공신학, 기독교 공동체주의, 온라인 교회 등을 연구하고 있다.

'맘충' 혐오의 후기-근대적 의미

백소영

대한민국은 지금 '혐오 공화국'?

"야, 맘충이다. 맘충." 고등학교 남학생들이 지나가며 비웃는다. "아, 나도 남편이 벌어다주는 돈으로 저렇게 비싼 커피 들고 여유롭게 나들이 다니는 팔자면 좋겠다." 점심 시간에 서둘러 식사를 마치고 커피를 테이크아웃해서 들어가는 일단의 직원 무리 사이에서 한 여직원의 말이 들려온다. 이런 혐오의 시선과 수근거림에 울컥했던 것은 비단 영화 〈82년생 김지영〉의 주인공만은 아니었다. 시민 사회의 공인으로 살다가 출산, 육아와 더불어 섬처럼 고립된 '젊은 전업 주부들'은 맘카페를 중심으로 자신들의 실제 경험담을 공유하며 분노했다. 근현대 사회의 이원화 구조와 제도 속에서 비자발적으로 '경력 단절녀'가 된 설움이 폭발해 나온 것이다. '아직' 출산과 육아를 경험해보지 않은 젊은 10~20대 여성 청(소)년들은 '이러니까 결혼과 출산이 두렵다'는 냉소와 좌절을 표출한다.

하지만 광범위하게 집단화한 이러한 분노는, 왜 하필 후기-근대(late-modern) 사회에서 '맘충'이라는 혐오적 단어가 생겨났는지에 대한 비판적 성찰을 동반하지는 않는다. 여자들이, 특히나 엄마들이 육아를 전담했던 것이야 가부장제 5,000년 이래 새로울 것이 없는 일이고, 또 한때는 그런 모성을 낭만화 내지는 숭상하던 문화도 있었는데, '맘충'이라는 비하적 표현은 왜 하필 새 밀레니엄의 출발과 함께 도래했을까? 영유아를 사회 공간에 데리고 나온 상황에서 공적 예절이나 상식적 개념을 갖추지 않았기에 다른 시민들에게 민폐를 끼치는 전업 주부를 지칭하여 '맘충'이라고 비난하기 시작한 것은 21세기가 시작될 무렵이었다. 그러나 당시에는 '맘충'이라는 호칭이 육아기에 있는 전업 주부 전반을 총칭하는 말은 아니었다. 하지만 후기-근대 사회로 진행되어가는 과정에서 이 단어는 점차 생산 활동을 하지 않는 전업 주부군 전체를 일컫는 말로 확장되어갔다. 남편은 생활 전선에서 기를 쓰고 살아남으려 과로사할 지경인데 맞벌이할 능력도 의지도 없는 여자들이라는 경멸과 혐오가 담긴 뜻으로 말이다.

나는 '맘충'이라는 혐오 단어와 응시를 만들어낸 과정이 후기-근대적 제도에서의 '배치'(positioning)와 무관하지 않다고 본다. 최근 우리나라에선 범주화한 혐오 대상에게 '충蟲' 자를 붙이는 것이 하나의 문화 현상이 되었다. 맘충만이 아니다. 급식충, 삼선슬리퍼충, 한남충 등등, 이는 존재의 안정감을 상실하고 경계 끝까지 밀린 후기-근대인들의 정체성 선언과 긴밀하게 연결되어 있다. 특정 집단을 '벌레 같은 존재들'로 멸시함으로써 상대적으로 '우리 그룹'이 존재 가치를 갖게 하는 심리적 전략인 셈이다. 때문에 이러한 혐오 집단의 범주화는 그렇지 않은 '우리 그룹'의 정체성을 견고하고 유의미하게 만드는 심리적 방어 기제로 작동한다. '급식충'이라는 이름에는 학교라는 제도 안에 있으나 미래의 자본 획득을 담보하고 있지 않은 잉여 학습자들에 대한 경멸과 혐오가 담겨 있고, '삼선슬리퍼충'이라는 말에는 아직 대학이나 직장에 합격하지 못한 예비 인력에 대한 비아냥이 담겨 있다. 이에 대한 상대적 범주는 학교와 직장에 합격한 '우리'이다. '한남충'은 성평등 시절을 살면서도 여전히 가부장적 여성 응시와 행동을 아무런 거리낌 없이 수행하는 까닭에 혐오받을 만한 '대한민국 남성 집단'의 총칭이다. 물론 '벌레충' 자를 사용하지는 않았지만, '한녀' '김치녀'라는 이름으로 한국 젊은 여성들을 범주화하여 혐오한 것은 남자들이 먼저였다. 공적 생활을 하는 데 그 어느 시절보다 성별 제한이 적은 때인데, 역대 가장 첨예한 갈등이 젠더 전쟁이라는 것은 선뜻 이해되지 않을 일이다. 하지만 조직심리학적으로 말하자면, 구성원들로 하여금 '우리'라는 집단 정체성을 확고하게 하고 서로가 하나의 운명 공동체라고 느끼게 하는 연대의 힘은 '그들'이라는 외부자들을 설정할 때 만들어진다. 더구나 그 외부자들이 대화 가능하고 상부상조하는 이웃이기보다 '우리'의 안전과 생존을 위협하는 적일 때, 집단 정체성은 더욱 견고해지기 마련이다. 그러니까 '그들'에 대한 비난과 혐오는 나는 이미 유의미한 범주인 '우리' 집단 안에 포함된다는 위안과 긴밀하게 동행하는 짝이다.

도대체 후기-근대를 살아가는 사회 구성원들은 어떤 배치에 놓여 있기에 이렇게 누군가를 혐오하면서까지 자신의 존재 의미를 견고히 하려는 걸까? 더구나 개인적 차원을 넘어 특정한 범주의 사람들을 집단 정체성으로 응시하면서 말이다. 그러나 '내가 살기 위해서'라는 이유는 개인이든 집단이든 누군가를 혐오하는 것에 정당성을 제공하지 않는다. 이 글은 적자생존, 각자도생의 극한 생존 배치에 놓인 후기-근대인들이 마지막으로 붙잡고 싶은 '안전한 집단의 구성원'이라는 키워드를 중심으로 후기-근대 제도가 양산한 혐오의 정체성 정치를 주목하려 한다. 주로 '맘충' 혐오에 담긴 의미망과 구조를 살피겠으나, 그 원인은 동시대적으로 공존하는 다른 혐오의 정체성 정치와 복합적으로 교차하고 있다고 본다.

존재와 의미의 어긋남에서 발생하는 집단 분노

〈82년생 김지영〉에 나오는 주인공 '지영'은 종종 다른 인격체로 변했다. 의지적이거나 의도적인 것은 아니었다. 본인도 인지하지 못하고 벌어지는 일이었다. 그것이 '빙의'인지 '정신분열'인지에 대한 의학적 판단은 제도적 감정을 다루는 이 글에서는 중요하지 않다. 극중 지영은 시어머니의 부당함에 대해서는 친정어머니로, 친정어머니의 짠함에 대하면서는 외할머니로 변하여 주체의 의미를 항변했다. "사부인, 사부인이 따님 보고 싶으신 마음이 있다면 저도 같은 마음 아니겠어요? 지영이도 그만 친정에 보내주세요." 명절날 시집에서의 며느리 역할을 마치고 언제 친정으로 출발하나 눈치만 보던 지영은, 오후 늦게 자기 시집의 일정을 마치고 친정으로 달려온 시누이 가족으로 인해 다시 시집 부엌에 배치된다. 이미 떠날 짐을 다 쌌다며 속삭이던 유일한 아군 남편도 오랜만에 누나를 본 반가움에 은근슬쩍 다시 자리를 잡는다. 똑 부러지게 자기 의미를 전달할 수 없었던 지영은 결국 친정어머니를 소환하여 저항의 목소리를 내었다. "너도 이제는 너 자신을 위해서 살아라. 오빠 대학 보낸다고 공장에 취직했다가 손 다쳐 온 너를 보면서 내가 얼마나 피울음을 울었는지 아니? 이제 딸내미 꿈을 이루어주겠다고 또 희생하려 하면, 너는, 네 인생은 뭐가 되니?" 직장 생활을 이어가려 했으나 육아 도우미를 구하지 못하는 현실적인 문제에 부딪혀 다시 좌절하게 된 딸이 안타까워 친정어머니가 대신 육아를 전담해주겠다고 하던 날, 지영은 외할머니가 되어 엄마에게, 그러니까 딸에게 부탁했다. 더 이상은 자신을 희생하며 살지 말라고.

그런데 좀 이상하다. 82년생이면 비교적 젊은 세대에 속하는데, 68년생인 내 눈으로 볼 때도 지영이의 답답함은 얼른 이해가 되지 않았다. 젊은 사람이, 전문가로서 훈련도 받은 사람이 어쩌자고 그리 답답하게 참다가 자아 분열 상태에까지 이르렀을까? 하지만 지영의 집안 내 배치를 보니 어렴풋이 알 것도 같았다. 주체적으로 자기 일을 하며 비혼을 선언한 큰딸과, 집안의 유일한 아들로서 아버지의 전폭적인 사랑과 기대를 받고 있는 막내 사이에 낀 둘째 딸, 그러니까 첫째로서의 메리트도 아들로서의 메리트도 없는 가족 내 배치가 그녀의 오랜 침묵과 인내의 수행성을 강요했으리라. 관심이든 자원이든 첫째가 누릴 수 있는 것은 일종의 '특권'이다. 남아 선호 사상을 가진 집안에서 아들로 태어난다는 것도 비슷한, 오히려 우월한 지위를 갖는다. 그렇다면 '둘째 딸' 지영의 배치는 그녀로 하여금 자기 존재와 의미를 적극적으로 주체적으로 피력하며 살기 어렵게 했을 거다. 그러나 존재감을 피력하기 어려운 배치라 하여 내 존재가 하찮거나 내 삶의 의미가 가벼운 것은 아니다. 오히려 그때그때 의미 있게 받아들여지고 성취했다면 '자아 분열'이라는 병은 생기지 않았을 거다.

하지만 지영의 자아 분열(혹은 빙의?)은 그저 한 집안의 형제 서열이나 한 개인의 심리학적 나약함에서 기인한 것만은 아니다. 최근 10년 사이에 일상화, 집단화한 분노 현상에 대해 『분노사회』(2014)를 쓴 정지우 작가는 그 원인이 "내면의 어긋남"이라고 분석한 바 있다.[1]

> 과거의 자연은 이제 사회로 대체되었다. 비를 주지 않던 자연은 의식주를 보장해주지 않는 사회와 동일시된다. 이와 같이 나와 세계가 어긋날 때 생기는 부적절감이 분노의 근원이다. 세계와의 빗나감 속에서는 내가 온전한 나로 존재하지 않는다는 느낌, 내 안의 무언가 어긋나 있다는 느낌, 나의 존재가 균열되고 잘못되어 있다는 느낌이 생겨난다. 이와 같이 내면의 부적절감, 즉 '내면의 어긋남'이야말로 모든 분노의 근원이다. 어긋남이 빈번해질수록 분노는 만성화된다.[2]

"어긋남이 빈번해질수록 분노는 만성화된다." 이것만큼 현재 '분노의 집단화' 원인을 잘 지적한 문장이 또 있을까? 정지우가 말한 "내면의 어긋남", "세계와의 빗나감"을 '근대적(modern) 사회 기획'과 연결해볼 때, 오늘날 젊은 여성들의 '공통된' 좌절감과 분노의 뿌리는 다분히 제도적 기원을 갖는다. 전근대(pre-modern) 사회는 공동체만 있고 개인은 없던 시절이었다. '지배층 어른 남자'(가부장)의 답이 불만스럽고 못마땅해도 이를 어기고서는 달리 생존할 가능성이 없었다. 가부장적 공동체 밖의 삶이 불가능했던 시절이니 복종(신하 신臣 자의 모양은 무릎을 꿇고 등을 굽히고 있는 형상이다)할 밖에. 이때 '분노'란 '어른 남자'만의 배타적 영

---

1 정지우, 『분노사회』(이경, 2014), 21쪽.
2 같은 책, 23~24쪽.

역이었을 거다. '내 답'을 감히 거스른 종, 아내, 아이들, 신하들에게 불 같은 분노의 감정이 치밀면 참지 않고 표출할 수 있는 권한도 '지배층 어른 남자'에게만 있었다. 분노를 표출하면 안 되는 '존재'로 배치된 종 들, 여성들, 아이들의 경우는 화가 나도 꾹꾹 눌러 담았을 거다.

전근대 사회에서는 존재의 어긋남에서 오는 분노를 밖으로 표출하 지 못하는 상황이 지속적일 때 생기는 병에 '화병'이라는 이름을 붙였 다. 그러나 오늘날 등장한 문화 현상으로서의 '분노'는 속으로 꾹꾹 눌 러 담아 생긴 화병이 아니다. 오히려 집단화되어 밖으로 분출되는 정체 성 정치의 일환이다. 이는 적어도 신분제와 성차별이 제도적으로는 사 라진 근현대 사회라서 가능한 일이었다. 역사를 돌아보면 종종 극도의 생존 위기에 놓인 노비나 백성들이 집단으로 연대하여 기득권 세력에 저항을 한 개별 사례들은 있었다. 그러나 동시대 사회 구성원들이 다양 한 범주화를 통해 서로가 서로를 혐오하는 것이 하나의 '문화 현상'이 된 상황은 이례적이다. 그러나 나는 이것이 근현대적 기획이 가져온 논 리적 귀결이라고 본다. 개별 경쟁이 시작되고 모두가 '부르주아'가 될 줄 알았던 세상이 환상이었음이 드러나게 된 후기-근대 사회에서 "내 면의 어긋남"을 경험하는 후기-근대인들은 점차 늘어날 테니까.

전근대 사회와 비교하여 근현대인은 공동체적 안정성을 잃은 상태 이다. 주종 관계나 남녀 위계가 부당하긴 했지만, 그래도 혈연과 신분으 로 얽힌 봉건 사회에서 한 공동체에 속해 있다는 것은 생존의 가장 기 본적인 것들이 보장되는 안정성을 의미했다. 그러나 근현대 사회는 혈 연이나 지역 연대와 같은 공동체성이 사라지고 도시 중심의 개별 경쟁 이 기본적인 생활 구조가 된 사회이다. 그렇다고 '자리'(bureau)가 통치 하는 근현대 사회의 후기 상태에 배치된 오늘날의 후기-근대인들은 확 고한 지위(정규직)를 보장받는 상황도 아니다. 근현대 사회의 초기, 중기까지는 그래도 자신들을 중산층이라고 여기며 자수성가의 가치와 가능성을 입증할 만한 개인들의 수가 많았다. 소위 '종' 모양이라는 사회적 배치, 그러니까 극빈층과 극상위층이 소수 존재하고 중산층이 다수를 차지하는 안정적인 구조는 우리나라로 치면 1970~1980년대에나 가능했다. 그러나 후기-근대는 개인의 성실함과 전문가적 자격 요건에도 불구하고 자리를 잃은 개인들이 대거 양산되는 IMF 이후의 세상이다.

우리나라의 경우 '고용 유연성', '명예/희망 퇴직'이라는 단어는 IMF 구제금융(1997년) 이전에는 존재하지 않았었다. 승진을 못한 만년 과장이어도 한번 입사하면 안정적으로 정년 은퇴가 가능했고, 모든 일자리는 '당연히' 정규직이었다. 노동자와 사용자의 구분은 있었으되 같은 범주에 속하는 노동자 집단이 위계적으로 세분화되는 것은 상상도 못했던 일이었다. 하지만 단지 상상하지 못했을 뿐 이는 예상되는 결과였다. 사용자는 노동자들을 세분화하고 그들끼리 갈등하고 경쟁하게 함으로써 좀 더 손쉽게 양질의 노동력을 값싸게 얻을 수 있다는 것을 알고 있었기 때문이다. 그들은 이를 '효율적 노동 관리'라고 부른다. 어디 노동자뿐이랴. 후기-근대적 경쟁에 익숙해진 학생들의 의미 구조를 담아낸 책 『우리는 차별에 찬성합니다』(오찬호, 2013)에서도 관찰되고 있듯이, 평가받아야 하는 사람들은 평가하는 사람들과의 갈등이나 견제 대신에 평가 기준을 '운명적'으로 받아들인 채, 동료들과 경쟁을 하며 그 안에서 '우리'와 '그들' 사이에 선線을 긋느라 최선을 다하고 있다. 내가 너보다 조금 더 노력하고 달렸으므로 너와 나의 배치는 '차별적'으로 달라지는 것이 정의라고 믿으면서 말이다.

하지만 위계적 선이 촘촘해진다는 것이 그들의 생존과 안정성을 담보하는 것은 아니라는 사실이 점점 드러나면서, 후기-근대를 사는 사회 구성원들은 개별 경쟁이라는 근현대적 원칙과 더불어 오히려 전근대 시절에나 있을 법한 '우리'라는 공동체적 연대를 이중의 보험으로 취하려는 듯하다. 그러니까 최근 벌어지는 집단적 연대와 분노는, '주체'(subject)라는 근현대적 존재가 '안정감과 지위 상실'이라는 후기-근대적 상황에서 표출하는 하나의 중층 의미화 현상이라고 분석할 수 있겠다.

'맘충' 혐오 감정을 가진 주체들

'맘충'에 대한 젊은 남성 집단의 혐오는 이러한 중층적 의미망과 연관되어 있다. 가부장제가 끝난 마당에 나이 든 남성들도 아니고 젊은 남자들이 연대를 통해 '여성 혐오'를 공격적으로 양산하는 현상에 대중은 물론 지식인들도 적잖이 당황했었다. 도대체 무슨 까닭인가? 가장 빈번하게 제시되는 원인은 한마디로 '밥그릇' 문제다. 젊은 남자들은 공적 영역으로 들어와 성취하는 여성들을 경계해왔다. 안정적이고 양질의 직장 선택이 극도로 줄어든 상황에서 잠재적이고 실제적인 경쟁자로 등장한 또래 여성들은 자신들의 직업 안정성을 위협하는 적대적 구성원으로 집단화된다. 그런데 이상한 것은 젊은 남자들의 여성 혐오가 '걸크러쉬'를 양산하며 공적인 전문 영역으로 진입해 들어오는 여성들을 향해서보다, 역설적으로 사적 영역인 가정에 남기로 한 또래 여성들을 향해서 더 가혹하고 잔인하게 표출되고 있다는 것이다. 비혼을 선택하고 전문가로 승부하겠다는 '페미니스트' 여성들이 그렇게 싫다면, 제도적으로 다른 선택인 '전업 주부'의 삶을 낭만화하거나 찬양해야 논리적으로 타당하다. 그런데 젊은 남자들의 응시 안에서 '전업 주부'는 생산 활동을 하지 않고 남편의 생산 노동에 얹혀 사는, 그야말로 '기생충'

으로 비하된다. 결국 후기-근대를 사는 젊은 남자들이 이상적이라고 생각하는 여성은, 전근대적 여성 인식과 가치를 가지되 후기-근대적 전문성도 수행하는 존재, 한마디로 '돈도 벌고 밥도 하는 여성'이다. 이러한 기대와 이상이 내면화된 까닭에, 그들은 경쟁적으로 직업 성취를 위해 내달리는 비혼 전문가 여성들도, 유모차를 여유롭게 끌고 햇살 좋은 공원을 산책하는 젊은 엄마의 모습도 혐오와 경멸의 시선으로 바라보는 것이다. 양자 모두 현재 남성 배치에서는 억울하고 분한 여성들만의 특권이라고 응시하면서 말이다.

하지만 후기-근대 사회의 젊은 남성 집단이 자신들의 노력에 비해 좁아지고 불안해진 공적 입지에 대해서, 또한 일하지 않아도 중산층 이상의 삶을 누리는 전업 주부라는 선택지가 가능한 여성들에 대해서 분노한다면, 그들은 먼저 근현대 사회의 관료제 구조와 작동 방식에 대한 이성적 성찰을 진행했어야 한다고 본다. 도대체 무엇이 잘못되었기에 아버지 세대보다 더 노력하는데도 아버지 세대보다 더 가난하고 불안정한지. 그랬다면 그들의 도전적 질문과 저항은 '고용 상태의 유연성'이라는 제도적 장치를 마련하고 비인간적 노동 환경을 정당화해온 사람들을 향했을 거다. 그리고 그 도전을 위한 연대 안에서 또래 여성들은 적대와 혐오의 대상인 '그들'이 아니라 함께 싸워야 하는 '우리' 집단으로 응시되었을 일이다. 그런데 그 대신에 젊은 남성들이 붙잡은 것은 '마지막 기득권'인 남성성이었다. 할아버지와 아버지가 향유했던 권력, 가부장제 5,000년 동안 견고했던 남자라는 특권을 (그것의 동력이 이제 막 꺼진 까닭에) '처음' 박탈당한 이들이 그로 인한 분노를 보복의 형식으로 또래 여성들에게 분출하고 있는 것이다.

대항 십난을 살못 백한 오류는 또래 여성들도 마찬가지이다. '자리'(bureau)가 통치한다는 근현대 관료제(bureaucracy) 사회의 후기 단계에 태어났다는 불리한 조건을 또래 남자들과 공유하는 데다가, 가부장제적 습속과 제도가 아직까지 남아 있는 사회에서 여성으로서 살아남아야 하는 이중의 불리함을 가졌다는 것만으로도, 현재의 여성 청(소)년 집단의 위기감이나 "내면의 어긋남"이 또래 남자들보다 훨씬 가중된다는 것은 명백한 사실이다. 하지만 그것은 또래 남자들 탓이 아니다. 그녀들이 가진 존재의 불안정함과 불안전함은 젠더 이슈이기도 하지만, 그보다 더 근본적으로는 근현대 제도의 작동 방식 문제이기 때문이다. 젊은 남성 집단이 또래 여성들에게 전근대적 역할 수행과 후기-근대적 전문성을 기대하는 것과 마찬가지로, 젊은 여성 집단이 또래 남성들에게 가부장제가 부여한 생계 노동의 우선적 책임성을 기대하면서도 가부장제적 남성 특권은 내려놓으라는 이중적 잣대를 사용하곤 하는 것도 결국 그들이 경험하는 "존재의 어긋남"에 대해 근본적인 원인 파악을 놓친 까닭이다.

덕분에 후기-근대적 사회 구조 안에서의 여성 배치에 대한 불만은 같은 여성들을 또 다른 정체성 집단으로 분열시킨다. 전업 주부를 선택한 여성들에 대한 비하적 응시는 비단 남자들에게서만 오는 것이 아니다. 비혼과 전문 직업을 선택한 또래 여성들은 은근히, 혹은 대놓고 전업 주부를 선택한 여성들을 '경쟁에서 도태된 존재'로 응시한다. 초중고교 시절 내내 내신 성적 상위권을 독차지하고 '걸크러쉬'를 만들어내는 적극적인 여자, 아니 그저 개인으로 성장해온 세대인 후기-근대 여성 청(소)년들이 기존의 '남성/여성' 성별 분업적 패러다임으로 만들어놓은 기획에 동조하거나 침묵·인내할 가능성은 없다. 이들에게 이론적 정당화를 제공하는 급진주의 페미니즘 이론들이 최근 20~30대 영페미니스트들에게 광범위하게 받아들여지고 있는 까닭도 후기-근대의 사회문화적 상황을 배경으로 한다. 현재 자신들의 삶을 위협하는 근본 원인을 가부장제에 돌리며, 여성들의 안전과 생존을 담보하기 위해 자신들이 만들어가는 대안적 세계에 생물학적 남자를 포함시키지 않기로 결단한 이들에게, '전업 주부'는 끝장내버려야 하는 가부장제의 이원화된 구조 속에 스스로 종속적으로 편입된 여자를 의미하기에 경멸의 이름이 되어버렸다.

울리히 벡Ulich Beck도 지적했지만, 근현대적 공간 배치는 생산 영역의 합리화와 가정 영역의 낭만화가 한 쌍을 이루며 진행되었다. 벡은 근현대 사회의 구조적 모순을 "산업적 봉건 사회"라고 비판한 바 있다. 반만 근현대화 과정을 거쳤다는 말이다. 즉, 공적 영역은 합리적 이성에 근거하여 개인 대 개인의 자유 경쟁과 성취를 보장하는 방향으로 '근현대화'(modernization)되었는데, 사적 영역은 여전히 전근대 사회의 봉건적 관계 방식을 유지하는 형태로 기획되었다는 것이다.

> 19세기에 기반을 잡기 시작한 산업화는 핵가족(이것은 이제 다시 전통적 모습을 잃어가고 있다)의 형성을 조장했다. 집 밖과 집 안에서의 노동은 모순적인 방향에 따라 조직되었다. 집 안에서는 무보수 노동이 당연시된 반면 집 밖에서는 시장의 힘이 적용되었다. 가족과 결혼은 공동의 이익을 함축하고 있었던 반면, 다른 관계들은 파트너들끼리의 계약을 함축하고 있었다. 또 취업 시장이 장려하는 개인적 경쟁과 이동성은 가정의 정반대되는 기대, 즉 다른 사람들을 위해 개인의 이익을 희생하고 가족이라고 불리는 공동 프로젝트에 투자할 것을 요구하는 가정의 기대와 충돌하는 것이었다. 그리하여 두 개의 시대, 즉 현대성과 반反현대성, 시장의 효율성과 가족의 지원이라는 정반대 방향과 가치 체계에 근거해 조직된 서로 다른 두 개의 시대가 서로 보충하고, 조건을 규정하고 모순을 일으

키며 서로 결합하고 있는 셈이다.[3]

벡의 사회학적 분석이 말해주고 있듯이 근현대 사회는 출발부터 모든 사람들이 동등한 '시민'이요 평등한 '생산 주체'로 살아갈 수 있도록 구성되어 있지 않았다. 생산수단을 소유하고 있었던 부르주아 계층과 오직 노동력만을 가지고 있었던 노동자의 사회적 배치가 불평등할 수밖에 없었듯이, 막 주체가 되는 가능성을 부여받은 여성들이 '산업적 봉건 사회'의 칸막이화(compartmentalization)된 공간에서 '가정'이라는 봉건적 영역에 배치되는 상황이 전개되었다.

이에 따라 가부장들의 '통치' 방식도 바뀌었다. 할 수만 있었다면 근현대 가부장들은 전근대적 여성관을 그대로 유지하고 싶었는지도 모른다. 전근대 사회의 강한 가부장제는 여성의 주체적 역할이 굳이 필요치 않았기 때문이다. 자립 경제 체제의 한 가문에서 모든 의사 결정이나 공동체의 운영은 남자들만으로 충분했으니까. 그러나 근현대 사회는 다른 종류의 가부장제를 요구했다. 전근대 사회와 달리 핵가족화된 도시 환경에서 가장은 생산 노동을 위해 출퇴근을 할 수밖에 없었다. 즉 '자신의 집 안에 머무를 수 없는 가장'의 탄생이다. 그 해결책은 '전업 주부'였다. 아내요 엄마의 자리와 역할이 그 어느 때보다 중요해졌다는 말이다. 내가 비운 '나의 영토'(가정)에서 내 아이들을 건강하고 현명하게 길러내며 가정을 유지할 수 있는 권위와 능력을 가진 존재, 부르주아 핵가족은 그런 여성을 필요로 했다.

그러나 벡의 본문에서도 이미 드러나고 있듯이("이것은 이제 다시 전통

---

3 울리히 벡, 엘리자베트 벡-게른샤임, 『사랑은 지독한, 그러나 너무나 정상적인 혼란』, 강수영·권기돈·배은경 옮김(새물결, 1999; 2006), 63쪽.

적 모습을 잃어가고 있다"), 서구에서뿐만 아니라 대한민국에서도 후기-근대라는 새로운 외부 환경은 산업화 이후 만들어진 핵가족 체제를 기반으로 하는 삶과 어긋나 있다. 왜 근현대의 초기 기획이 실패할 수밖에 없었는지, 그 어긋남이 후기-근대를 사는 여성들의 배치를 어떻게 곤궁의 상황으로 만들어가는지, 이러한 제도적 문제를 질문할 때 '그 모든 것은 남자들 탓'이라는 급진적 페미니즘은 '여성'이라는 동질적 운명 공동체를 강화하는 방향으로 진행되고 있다. 하지만 이들이 혐오하고 배제하는 사람들은 비단 생물학적 남자만이 아니다. 가부장제로 편입된 여성들, 그들도 결국은 가부장제 존속과 유지의 협조자들이다.

후기-근대 '전문 엄마'들의 존재 증명

전업 주부의 21세기형 모델인 '모성의 전문화' 현상은 이런 상황에서 양산되었다고 본다. 전근대적(혹은 근현대 초기의) 여성 배치를 수동적으로 받아들인 전통적인 여성이 아니라는 주체의 의미 추구요 행동양식으로서 말이다. '또래 남자들, 그리고 비혼 전문가를 선택한 또래 여자들과 비교해서 나는 경쟁력 면에서 전혀 뒤처지지 않는다'는 자기 인식은 사적 영역에 갇힌 전업 주부들을 '전문 엄마'라는 집단 정체성으로 진화(?)하게 만들었다. 『엄마 되기, 힐링과 킬링 사이』(대한기독교서회, 2013)에서 나는 21세기 전문화된 모성을 '전문 엄마'라고 불렀다. 그녀들의 집단적 정체성이 도래한 과정은 이러했다. 무한 경쟁과 고용 유연성의 직업 환경은 남편의 귀가를 불가능하게 만들었다. 남편이 사라진 가정에서 아내의 주된 업무는 가사보다는 육아에 방점이 찍힌다. 더구나 촘촘하게 구분된 수직 위계의 선이 직장만 아니라 학교에서도 적용되는 실정이고 보니, 자녀들을 상위 선 안으로 배치하려는 엄마들의 의지는 그녀들의 육아를 전문화하도록 만들었다.

이미 21세기 초부터 회자되기 시작한, "한 아이의 성공은 할아버지의 경제력, 엄마의 정보력, 아빠의 무관심, 아이의 체력, 다른 형제자매의 희생으로 완성된다"는 말은 농담으로 웃어넘기기에는 너무나 현실적인 치열함을 담고 있었다. 자기가 낳은 아이들 사이에서도 성공을 위하여 선택과 집중을 하게 되는 냉정하고 이성적이며 효율적인 엄마의 등장. 이 엄마는 20세기에 낭만화된 전업 주부와는 구별된다. 아이들의 하교 시간에 맞춰 간식을 준비하고 놀이터로 뛰어나가는 아이들에게 해 지기 전에 들어와 저녁을 먹으라고 권고하는 엄마, 그러니까 늘 '집 안에 있는 엄마'는 이제 낡은 모델이다. 21세기 '전문 엄마'에게 아이는 '나의 업적물'이다. 사교육, 선행학습, 과도한 학업 경쟁은 집에서 밥이나 축내는 '벌레'가 되지 않기 위해서 육아를 성공적으로 해야 한다는 '전문 엄마'들의 간절한 의미 추구를 드러낸다.

그런데 역설이다. 오히려 그녀들의 전문화된 교육 수행이 자녀들의 입장에서는 '맘충'이라는 비하와 혐오의 응시를 가져오기 때문이다. 이미 몇몇 대중문화 콘텐츠를 통해서도 그런 시선이 반영된바, 주체로서 자신의 의미를 만들어가야 하는 자녀들에게 가장 위협적인 존재가 바로 '전문 엄마'라는 사회적 고발이 심심치 않다. 2015년 출간되어 세간을 발칵 뒤집었던 이순영 학생의 시 「학원에 가기 싫은 날엔」은 자녀들의 주체적 자유를 위해서 살해되어야 하는 전문 엄마의 현주소를 적나라하게 고발하고 있었다.

학원에 가고 싶지 않을 땐, 이렇게 엄마를 씹어 먹어. 삶아 먹고 구워 먹어. 눈깔을 파먹어. 이빨을 다 뽑아버려. 머리채를 쥐어뜯어.

살코기로 만들어 떠먹어. 눈물을 흘리면 핥아 먹어. 심장은 맨 마지막에 먹어. 가장 고통스럽게.[4]

"학원에 가기 싫으면 어찌해야 할까요?" 이 질문에 깊이 생각할 필요도 없이 "땡땡이를 치면 됩니다"라고 대답하는 사람들은 근현대 초기와 중기를 살아온 사람들이다. 경쟁이 나노 단위로 치열하지 않았으며, 적어도 자신의 선택을 자신이 책임질 수 있는 주체의 경계가 있었던 시절의 '아이들'이었기에. 그러나 후기-근대인들은 같은 질문에 이구동성 엄마의 허락을 먼저 구한다. 그것이 전문 엄마에게서 자란 아이들의 제도적 상상력의 한계이다. "엄마에게 학원이 다른 날로 옮겨졌다고 거짓말을 해요." "엄마에게 배가 아프다고 해요." "엄마에게 더 중요한 숙제가 생겼다고 해요." 결국 내가 학원에 가지 않아도 된다고 '결재'를 해주는 최종 권력자는 엄마이다. 그 엄마가 존재하지 않아야 내게 궁극적 자유가 온다고 외치는 저 시는 그러니까 21세기 전문 엄마의 존재와 수행성에 대한 자녀 세대의 분노 표현이다. 아니, 살고자 하는 외침이다.

'전문 엄마'는 자녀들의 존재를 위협하고 나아가 자기 존재의 경계조차 세울 수 없게 만드는 무서운 존재이다. 하찮고 허접한 존재인 '벌레'는 아니지만, 거부와 혐오의 감정이 전문 엄마를 향한 아이들의 응시에 담겨 있다. 내가 나로 존재하고 내 의사 결정을 스스로 할 수 있기 위해서 엄마는 사라져야 하기 때문이다. "그래도 괜찮아요. 내 아이만 이 세상에서 안전하고 행복하게 살아갈 수 있다면, 아이가 나를 혐오해도 상관없어요." 전문 엄마인들 모성애가 없을까? 아니 그녀들의 모성애는 그 어느 때보다도 간절하다. 아이가 자신을 혐오하고 부정하더라도, 아

---

4 백소영, 『적당맘, 재능맘: 4차 산업혁명 시대 4세대 엄마되기』(대한기독교서회, 2019), 59쪽.

이가 살아남을 만큼의 전문성을 훈련시키는 과제가 자신에게 주어져 있다고 믿는 엄마들이기 때문이다.

그러나 자녀를 경쟁력 있는 후기-근대 시민으로 만들려는 전문 엄마들의 전문적인 모성 실천에는 자기 욕망의 확장이 중첩되어 있다. 물론 한 인간의 특정 행동에 단 하나의 의미만이 담겨 있어야 하는 것은 아니다. 하지만 범주화할 수 있는 다수의 구성원들이 같은 의미망 안에 갇혀 있다면, 그리고 그 중첩된 의미망이 긍정적 결과를 가져올 전망이 희박하다면, 심각하게 주목하고 성찰해보아야 한다. 나는 점점 더 첨예하게 전문화되어가는 전업 주부군의 모성 실천에, 자신의 업적을 세상에 증명해야 하는 근현대 경쟁적 개인의 의미망과 자녀가 이 세상에서 생존과 안정을 획득할 수 있도록 준비시키려는 후기-근대적 모성의 의미망이 중첩되어 있다고 본다. 이것이 하나의 범주화된 집단 정체성, 즉 21세기 '전문 엄마'를 낳았다고 생각한다.

그렇다면 전문 엄마의 두 가지 의미망은 성취될 수 있을까? 자녀를 수직 위계의 구분선에서 최상위에 배치하는 과제를 성공시킨 경우, 전자의 의미 추구를 성취했다고 볼 수도 있겠다. 그러나 내가 『적당맘, 재능맘: 4차 산업혁명 시대 4세대 엄마 되기』(대한기독교서회, 2019)에서도 지적했듯이, 시행착오를 겪으며 효율적인 학습 방법론을 개발한 어른들에 의해 주입식으로 습득한 지식은 생각하는 기계가 등장한다는 4차 산업혁명 시대에는 대부분 무용지물이 될 확률이 농후하다. 나아가 수동적이고 순종적인 학습 과정에 익숙해진 자녀들에게, 아직 도래하지 않은, 그러나 사회 제도나 사는 방식에서 전면적인 변혁이 예상되는 4차 산업혁명 이후의 세상을 주체적이고 창조적으로 살아낼 기본기가 과연 남아 있을까? 자연 법칙에만 예측 가능성이 있는 것이 아니다. 인간 행동에는 당연히 변수가 있지만, 범주화되고 집단적으로 획일적인

'전문 엄마들'의 학업 관리는 벌써부터 매우 동질화된 문제적 현상들을 낳고 있다. 엄마에 대해 '살해 감정'이나 '혐오 감정'을 갖게 되는 자녀들, 혹은 엄마의 뜻과 자신의 의미를 분리하지 못하고 영원히 엄마의 아바타로 살아가는 비주체적 자녀들, 그 어느 경우이든 결국 자신의 모성 실천에 자괴감 내지는 혐오를 갖게 될 사람은, 전문 엄마 자신이 될 수밖에 없다.

혐오가 아니라 변혁을

실은 그 누구 탓도 아니다. 범주화시켜서 정체성 정치를 통해 해결될 일이 아니라는 말이다. '그들'의 제거와 '우리'의 승리가 세상을 살기 좋게 바꾸지 못한다. 결국 제도적 변화를 통해 극복해야 하는 문제이고, 이는 사회 구성원 모두가 합력하여 이루어야 하는 '선'이고 '사회적 과제'이다. 근현대적 관료제의 '자리'에 배치되는 순서에서 끝자락에 있는 청(소)년 세대는 젠더 갈등보다는 자리가 배치되는 방식에 대한 전면적인 문제 제기와 재배치에 관심하여야 한다. 효율성과 유연성이라는 조직의 가치가 과연 구성원 개인에게 유의미한 것인지와 궁극적으로 조직의 미래에도 건강하게 작동할 수 있는지를 묻고 따지고 대들어야 한다. 개인으로 하면 곧이어 해임 통보에 직면해야 하겠으나, 의미망을 집단화한다면 가능성은 있다. 세상은 이미 또 한 번 거대한 판이 바뀌고 있는 시점이기 때문이다.

사회학자들은 앞으로 올 사회를 '재능 사회'(meritocracy)라고 전망한다. 실은 이미 시작된 노동 배치이다. 자리가 아니라 재능에 의해서 노동이 배치되는 방식 말이다. 그렇다면 안정성은 자리가 아닌 재능에 있다. 물론 관료제에서 재능 사회로 이동 중인 과도기에 신자유주의적 고용 유연성이 맞물리니 악한 방식으로 적용되는 사례도 많다. 그러나 오래지 않을 것이다. 빠르게 변화하는 정보화 사회는 오래도록 한자리에 앉아 통치하는 사회를 '비효율'이라고 선언할 것이기 때문이다. 아이러니이기는 하다. 효율성을 가장 중요한 가치라고 여겼던 관료제 사회가 사라지는 원인이 관료제 자체의 비효율성이라니. 그러나 그 마지막이 가까이 왔다. 물론 앉아서 입을 벌리고 있다고 내 입안으로 떨어지는 사회 변동은 아닐진대, 정체성 정치로서 집단화된 분노를 표시하는 일을 변혁의 시발점으로 삼는다면, 뭉쳐야 하는 사람들은 청(소)년 세대이다. 여성들도 마찬가지이다. 비혼 전문직 여성 집단 대 기혼 전문 엄마 여성 집단으로 양분된 싸움은 아무것도 해결하지 못한다. 오히려 오랜 가부장제와 비합리적인 관료제의 끝자락 오물만 뒤집어쓰는 꼴이다. 우리가 끝장내야 하는 것은 '여자'라는 생물학적 실재를 획일화된 정체성으로 제한하고 단일하게 배치하려는 불평등한 사회적 인식과 제도여야 한다. 혐오로 획득할 수 있는 안전과 안정은 세상 어디에도 없다.

백소영
보스턴 대학교 신학대학 기독교사회윤리학/비교신학 전공(Th.D). 전 이화여대 이화인문과학원 연구교수. 현재 강남대 기독교학과 초빙교수.

성소수자 혐오와 차별의 반대편에서
만나는 낯선 하느님

———

민김종훈/자캐오

질문 없는 맹목적 신앙과
성서 해석에 근거한 혐오와 차별

오늘날 한국 그리스도교 안팎에서 쉽게 찾아볼 수 있는, '성소수자 배제적인 교회와 지도자, 신자들' 사이에 만연한 '혐오'를 다루는 글을 시작하면서, 다시 한 번 나를 돌아보게 되었다. 그리고 나 또한 그리스도교 신앙을 갖고 살면서 불안과 공포의 문법에 근거해 아무렇지 않게 혐오와 차별의 언어를 활용하던 사람 중 한 명이었음을 절감했다.

그런 내가 최근에 또 한 번 그와 같은 '혐오와 차별의 작동 방식'을 적나라하게 마주한 일이 있었다. 2019년 겨울, 중국 후베이성 우한시를 중심으로 신종 코로나바이러스(COVID-19. 2019 novel coronavirus)가 확산되고 한국 사회에도 영향을 주기 시작하자, 보수적인 개신교회와 신자들을 중심으로 황당한 메시지가 전파되기 시작했다.

그 내용은 신종 코로나바이러스는 그리스도교를 탄압해온 중국에 대한 하느님의 심판이다, 한국도 계속해서 동성애를 옹호하는 차별금지법 등을 추진하면 비슷한 심판을 당할 수 있다, 그러니 깨어 있는 그리스도인들과 교회가 앞장서서 회개하며 싸워야 한다는 것이었다. 물론 이 메시지는 말 그대로 질문 없는 맹목적 신앙과 근본주의적이고 문자주의적인 성서 해석에 근거한 '허위 사실 유포'에 가깝다.

그런데 이 코로나바이러스뿐만 아니고 2003년도에 발병된 사스도, 2015년도 발병된 메르스도 그 발병이 중국에서 시작이 되었다는 거예요. […] 시진핑이 딱 들어서고 난 뒤에 이 양반이 권력에 탐이 들어서 일인 독재 체제를 구축합니다. 그 과정에서 자신의 과오를 지적할 수 있는 공동체를 다 무너뜨려버린 거예요. 그리고 교회들을 탄압하기 시작하는데, 교회를 폐쇄시켜버려요. […] 교회 짓고 학교 짓고 수많은 투자를 하고 신학교 세워서 정말 교회를 일으키려고 수많은 선교사님들이 중국에 갔어요. 그리고 많은 물질을 투자했어요. 그런데 그거 다 놓고 도망가게 만들었어요. […] 그러니 하나님께서 시진핑을 때리고 중국을 때리는 거예요. 성경에 보면 전염병은 하나님의 심판이었습니다. 하나님의 저주였습니다.

[……] 여러분, 우리나라도 마찬가지입니다. 우리나라가 기독교를 은근히 탄압하고 하나님을 대적하는 정책을 만들고 동성애법

이라든지 차별금지법, 이거 전부 다 하나님의 창조 질서를 거역하는 짓입니다. […] 쾌락도, 여러분, 남녀 간에 행복한 사랑의 결말로 아이를 낳아야 되는데, 여러분 에이즈가 뭐냐, 동물하고 성교하고 남자끼리 이러다가 에이즈가 생긴 거잖아. 그 뒤로 나라가 일어나 이걸 잘못됐다고 말해야 되는데, 지금 대한민국은 하나님의 질서를 파괴하고 있어요. 에이즈에 걸린 사람들요. 약값 다 대주고, 밥값 다 대주고요, 병원비 다 대주고, 미친 짓을. 세금이나 덜 받으라고 그래. 나쁜 놈들이야, 진짜. 소수자 보호 같은 소리 하고 있어. 하나님의 창조 질서를 파괴하니까 그런 거라고."[1]

일요일마다 2,000명 가까이 모인다는 교회의 강단에서 이와 같은 '허위 사실 유포'가 아무렇지 않게 이뤄지고 있다. 문제는 그 논조나 심각성은 조금씩 달라도 간단한 인터넷 검색만으로 자신들의 '확증 편향'을 강화하는 유사한 메시지를 쉽게 찾아볼 수 있다는 점이다.[2] 더군다나 이와 같이 왜곡된 메시지는 보수적인 개신교 교회와 신자들이 주로 사용하는 모바일 인스턴트 메신저를 중심으로 순식간에 퍼지고 지속적

---

1 송도가나안교회 김의철 목사, 2020년 2월 2일 주일설교, '우한 코로나바이러스의 교훈-민수기 16장 34-38절'. http://www.ganaanch.com/board/view.do?iboardgroupseq=2&iboardmanagerseq=7&currentpagenum=&searchitem=&searchvalue=&iboardseq=3537&irefamily=3537&ireseq=0 (2020. 2. 26. 방문).
관련 기사는 다음과 같다. 최승현 기자, 「송도가나안교회 김의철 목사 "신종 코로나, 시진핑이 교회 탄압하니 하나님이 중국 때리는 것"」, 〈뉴스앤조이〉(2020. 2. 12). http://www.newsnjoy.or.kr/news/articleView.html?idxno=226583(2020. 2. 26. 방문).
2 "또한 소셜미디어의 정보 소비는 나와 신념이 일치하는 생각이나 글만 선택적으로 찾고 재확산시키는 '확증 편향(confirmation bias)'을 가속화시킨다. 소셜미디어에서 관심사가 비슷한 사람과 네트워크를 맺고 유사한 정보를 공유함으로써 확증 편향에 따라 자신들이 갖고 있던 신념을 강화하는 방향으로만 정보를 공유하기 시작하는 필터버블filter bubble이 형성된다. 그 결과 소셜미디어는 가짜뉴스 전파를 위한 최적의 환경이 된다." 차미영, 「네트워크는 가짜뉴스를 알고 있다」, 『SKEPTIC』 제18호(2019년 6월), 54쪽.

으로 확대 재생산된다.[3]

동성애가 '코로나19보다 더 무서운 재난'?

더 큰 문제는 이처럼 허위 사실을 근거로 불안과 공포를 자극하고 혐오와 차별의 메시지를 지속해서 퍼트리는 게 보수적인 한국 교회 일부의 문제가 아니라는 점이다. 예를 들어, 현재 한국에서 가장 큰 규모의 개신교 신학대학원 실천신학 조교수인 장로교회 목사도 비슷한 주제를 유사한 패턴으로 설교한 것을 쉽게 찾을 수 있었다.[4]

이와 같은 설교는 마치 약속이라도 한 듯이 비슷한 패턴을 보여준다. 먼저 전염병은 "하나님의 심판"이고 "저주"나 "진노"라고 강조한다. 이에 대해 현대 과학이나 상식 등을 들어 의문을 품거나 반박하면, "신앙과 관계없는 세속주의 사고방식이고, 인본주의 사고방식이고, 과학지상주의 사고방식"이라고 비난한다.

무엇보다 이번 전염병의 원인은 중국 지도자들이 그리스도교, 그중에서도 한국 개신교 선교사들을 탄압한 것에 대한 "하나님의 심판"이자 "하나님의 경고"라고 반복해서 강조한다. 그리고 한국 사회와 교회도 그와 같은 하나님의 저주와 경고·심판을 피하려면 "하나님을 대적하는

---

3 이를 풍자하거나 비판하는 '카톡교'(카카오톡 종교)라는 신조어가 생겨났을 정도다.

4 대한교회 윤영민 목사, 2020년 2월 9일 오전 11시 설교, '신종 코로나를 성경으로 보기-민수기 16장 41-50절'. http://www.daehan.org/posts/view/1749?code=speech&s_category =%EC%A3%BC%EC%9D%BC%EC%98%88%EB%B0%B0 (2020. 2. 26. 방문).
관련 기사는 다음과 같다. 최승현 기자, 「대한교회 윤영민 목사 "코로나는 중국 심판…신앙과 상관없다는 건 인본주의·과학지상주의적 사고방식"」, 〈뉴스앤조이〉(2020. 2. 20). http://www.newsnjoy.or.kr/news/articleView.html?idxno=300078(2020. 2. 26. 방문).

정책"을 만들지 말고 회개해야 한다고 외친다. 이때 하나님을 대적하는 정책으로 차별금지법, 간통죄 폐지, 낙태죄 폐지, 동성 결혼 합법화 추진 등을 지목한다.

이처럼 불안과 공포의 문법에 근거해 '허수아비 적'을 만들고, 혐오와 차별의 언어로 공격하며 '우리 편'을 구분하고 규합하는 패턴은 오래 전부터 반복되어왔다. 그리고 이와 같은 패턴이 반복되도록 하는 '질문 없는 맹목적 신앙과 근본주의적이고 문자주의적인 성서 해석'에 대한 비판도 다양한 방식으로 이뤄졌다.[5] 그런데 이런 비판에 대해 어떤 이들은 신앙적이고 영적인 영역의 얘기를 세속적인 기준으로 판단해 '혐오와 차별'로 치부해서는 안 된다고 항변하기도 한다.

정말 그럴까? '사회 속의 교회'를 말하는 종교사회학적 관점이나 '사회와 연동되어 다양한 영향을 주고받는 종교'에 대한 이해까지는 바라지 않는다. 그렇더라도 특정한 교회 지도자나 신자들이 굳게 믿는 '정상성의 범주'에서 벗어나는 사람들에 대해 맹목적인 신앙과 성서 해석에 근거해 왜곡된 비난과 공격을 일삼는 걸, '일부 교회 안에서 통용되는 신앙적이고 영적인 표현'이라는 식으로 이해하고 넘어갈 수 있을까? 더군다나 그런 주장이 '허위 사실'이 분명한데, 신앙의 영역이라고 이해해야 할까?[6]

---

5 나는 한국성소수자연구회에서 공저한 책에 「성소수자와 그리스도교: 성공할 수 없는 그들만의 마녀재판」이라는 글을 써서, 이와 같은 보수 그리스도교 주류의 패턴이 어떻게 변주되어 반복되고 있는지를 밝혔다. 한국성소수자연구회, 『무지개는 더 많은 빛깔을 원한다: 성소수자 혐오를 넘어 인권의 확장으로』(창비, 2019). 또한 신진 신약학자인 한수현 선생의 기고 글도 참고할 만하다. 한수현, 「흑사병 겪을 때 저주·혐오로 돌파구 찾은 중세 교회…기독교인, 역사의 고통 짊어지는 것으로 예수 따라야」, 〈뉴스앤조이〉(2020. 2. 21). http://www.newsnjoy. or.kr/news/articleView.html?idxno=300116 (2020. 2. 26. 방문).

6 "세계적인 흐름은 정반대다. 잘 알려져 있듯, 1973년 미국정신의학회는 '동성애는 질병이 아니다'라는 학문적 결정을 공표했으며, 동성애를 병리화해서는 안 된다는 학술적인 증거는 계속 쌓여왔다. [……] 이런 인식의 변화 속에서 성소수자는 '어디에나 있고', 우리 모두가 성적 다양성을 가지고 살아가며, 함께 일하고 도움을 주고받는 사회적 존재임을 깨닫게 되었다. 현재 전 세계의 권위 있는 학회 중 동성애를 병리적인 현상으로 간주하는 곳은 존재하지 않는다.

백번 양보해도 자신들로 인해 발생하는 여러 차별과 혐오, 배제를 선량하고 의로운 그리스도인의 의무나 권리라고 믿거나 가르치는 이들은, 자신들이 누리고 있는 다양한 특권을 망각하거나 애써 외면하고 있다고 봐야 한다. 강릉원주대 다문화학과 교수이자 한국성소수자연구회의 일원인 김지혜는 그와 같은 특권에 대해 다음과 같이 지적한다.

> 특권(privilege)이란 주어진 사회적 조건이 자신에게 유리해서 누리게 되는 온갖 혜택을 말한다. 불평등과 차별에 대한 연구가 진행되면서 학자들은 평범한 사람들이 가진 특권을 발견하기 시작했다. 이것이 '발견'인 이유가 있다. 일상적으로 누리는 이런 특권은 대개 의식적으로 노력해서 얻는 것이 아니라 이미 가지고 있는 조건이라서 많은 경우 눈치채지 못하기 때문이다. 특권은 말하자면 '가진 자의 여유'로서, 가지고 있다는 사실조차 느끼지 못하는 자연스럽고 편안한 상태이다.[7]

우리는 전 세계적으로 닥친 감염병 재난 앞에서, 다양한 불평등에 노출된 상대적 약자나 사회적 소수자들이 유령 취급을 받으며 속수무책으로 고립당하거나 생명을 위협당하는 상황을 매일같이 목격하고 있다.[8] 그런데 사회의 빈틈에 갇혀 고립당하고 생명과 존엄성을 위협당하는 이들은 안중에도 없다는 듯이, 아무렇지 않게 감염병이라는 재난과 "하나님의

하지만 한국 사회의 현실은 참담하다. 인터넷 공간에는 성소수자에 대한 부정확한 정보를 담은 게시물을 셀 수 없다. 이른바 '가짜뉴스'에서 가장 자주 다뤄지는 소재 중 하나가 바로 성소수자다." 한국성소수자연구회, 앞의 책, 5~6쪽.

7 김지혜, 『선량한 차별주의자』(창비, 2019), 28쪽.

8 이근아 기자, 「밥줄도 위생도 끊겼다…바이러스에 '고립된 섬' 쪽방촌」, 〈서울신문〉(2020. 2. 6).

저주"를 연결해서 공개적으로 선포하는 이들을 어떻게 이해해야 할까?

더군다나 이들은 앞에서 살펴본 설교를 비롯해 공개적인 기자회견에서 "동성애, 코로나19보다 더 무서운 재난"이라거나 "전 세계적으로 동성애 전체주의가 확산하고 있다"는 등 비과학적이고 위협적인 발언을 의도적으로 던지며 성소수자 혐오와 차별을 주도하고 있다. 이들은 그런 주장이 일반인의 상식에 크게 어긋나는 무모한 주장이라는 것도 상관하지 않는다.[9]

성소수자 혐오와 차별이
신의 뜻이라는 사람들

이들은 질문 없는 맹목적 신앙과 근본주의적이고 문자주의적인 성서 해석에 근거해, 감염병 재난과 우리 안팎에 존재하는 성소수자들을 당연한 듯이 엮어 "하나님의 심판"이나 "진노"와 연결시킨다. 그 둘 사이에 어떤 상관 관계가 있거나 유효적절한 논리가 존재하는지는 중요하지 않다. 더군다나 이들에게는 다양한 이유와 왜곡된 구조로 인해 고통당하고 혼자 극복하기 어려운 불평등과 슬픔 앞에서 절망하는 이들이 잘 보이지 않는다. 마치 이 사회와 교회에 그런 사람들은 없는 것처럼 말하고 행동하며 선언한다.

왜일까? 이들은 김지혜 교수가 지적하듯, "가지고 있다는 사실을 느

---

9 송경호 기자, 「한교연 "동성애, 코로나19보다 더 무서운 재난"」, 〈크리스천투데이〉(2020. 2. 21). https://www.christiantoday.co.kr/news/328983 (2020. 2. 26. 방문); 노형구 기자, 「이상원 교수·변희수 하사 사건…"동성애 전체주의 확산"」, 〈기독일보〉(2020. 2. 21). https://www.christiandaily.co.kr/news/86738(2020. 2. 26. 방문).

끼지 못하는 자연스럽고 편안한 상태"에서 다양한 특권을 누리면서도 스스로 눈치채지 못하고 있는 건 아닐까? 그러다 보니 '이성애-가부장 중심 사고와 제도'(heteropatriarchy)의 수혜자이자 적극적인 공모자로 동성 결혼이나 다양한 가족 구성권은 물론, 그와 같은 평등을 요구할 수 있는 성소수자의 존재 자체가 불편하고 불쾌한 건 아닐까?[10]

어떤 사람들은 자신들의 특권을 알아차리면, 이로 인해 불평등하게 차별받는 또 다른 구성원이나 이웃이 있는지 살핀다. 때로 그들과 적극 연대하여 그와 같은 특권을 해체하고 불평등을 바로잡기도 한다. 그런데 많은 그리스도교 지도자와 신자, 교회는 그처럼 자신들의 특권을 지적하거나 드러내는 목소리와 존재 자체를 부정하고 삭제하려 한다. 왜일까? 왜 이들은 혐오를 '사랑'이라고 믿으며, 차별을 '본질을 지키는 행위'라고 우기고, 편견과 배제를 어떻게 '신의 뜻이자 성서와 교회의 가르침'이라고 가르치는 것일까?

> 가련하고 불쌍하며 절망적인 무리가 우매자와 신분상의 약점으로 사회질서를 이탈하여 쉽게 신앙에 빠져드는 여성을 백성의 하부 계층에서 끌어모으고 평판이 나쁜 모반 집단을 형성하고 있다. 밤에 집회를 갖고, 금식과 인육식 등 정결한 행위가 아닌 범죄를 통해 형제애를 맺는다. 음흉하고 대중의 눈을 꺼리며 공개된 장소에서는 침묵하고 후미진 곳에서만 말하길 즐긴다.[11]

---

10 "나에게는 아무런 불편함이 없는 구조물이나 제도가 누군가에게는 장벽이 되는 바로 그때, 우리는 자신이 누리는 특권을 발견할 수 있다. 결혼을 할 수 있는 사람은 이를 특권이라 생각하지 않는다. 결혼을 할 수 없는 동성 커플이 나타나기 전까지는 말이다. [……] 하지만 안타깝게도 이런 발견의 기회는 자주 오지 않는다. 오더라도 자신의 특권을 눈치채지 못하곤 한다." 김지혜, 앞의 책, 29쪽.

11 고대 그리스도교 변증가로 알려져 있는 미누치우스 펠릭스는 로마의 한 지식인을 인용해서,

우리는 이와 같은 기록들을 통해 313년 콘스탄티누스 1세 때 발표된 '밀라노 칙령'(Edictum Mediolanense)으로 종교의 자유를 얻기까지, 꽤 오랜 시간 동안 온갖 비방과 허위 사실 유포에 시달리며 박해받아 온 그리스도인들과 교회의 아픔을 잘 알고 있다. 그런데 아이러니하게도 그와 같은 허위 사실 유포로 큰 고통과 아픔을 겪은 이들 가운데 일부가 역사를 잊어버린 듯, 성소수자에 대한 허위 사실을 유포하고 온갖 혐오와 차별로 박해하는 일에 앞장서고 있다.

더 큰 문제는 그 와중에 일부 그리스도교 지도자와 신자들, 교회가 자신들의 언행과 주장을 '신의 뜻이자 성서와 교회의 가르침'으로 포장하고 있다는 점이다. 이들은 자신들이 성소수자들을 향해 내뱉는 말과 행동이 혐오 표현이라는 점을 인정하지 못한다. 그런 상태에서 '우리의 언행은 신의 뜻이자 성서와 교회의 가르침이다'라고 항변하니, 이제는 이들로 인해 한국 그리스도교 전체가 성소수자를 비롯해 사회적 소수자에 대한 혐오 집단이 아니냐는 손가락질을 받게 되는 형국이다.

> 우선 혐오 표현의 개념을 좁게 보는 사람들은 혐오 표현을 소수자 집단의 특성을 겨냥한 적대적인 표현으로 정의한다.[……] 반면 혐오 표현을 넓게 정의하는 사람들은 소수자의 도덕성이나 능력에 대한 의심을 나타내는 표현에서부터 해당 집단에 대한 전형적인 묘사까지, 다양한 의사소통을 아우르고자 한다. 예컨대 '여성은 리더십이 필요한 지위가 아니라 가정생활에 적합하다'고 묘사하는 것, 인종 분리에 대한 추상적인 옹호, 소수자들을 정형화하는

동시대 그리스도인들과 교회가 어떻게 평가받고 있는지 들려준다. 쿠어트 디트리히 슈미트, 『교회사』, 정병식 옮김(교회와신학연구소, 2004), 100쪽.

'농담'들, 혹은 어떤 개인이나 집단을 지금까지 언급된 특징들 가운데 하나로 낙인찍거나 주변화하는 경향이 있는 모든 의사소통을 혐오 표현으로 간주한다.[12]

혐오 표현 연구자인 유민석은 혐오 표현에 대해 위와 같이 정의한다. 이런 정의에 따르자면, 보수적인 그리스도교 주류에서 '신의 뜻이자 성서와 교회의 가르침'이라고 항변하며 성소수자를 향해 내뱉고 행하는 대다수 언행들이 혐오 표현에 해당한다고 볼 수 있다. 지면 관계상 넘쳐나는 여러 가지 예를 일일이 지적할 수는 없고, 대신 한국 보수 개신교에서 구독률이 높은 편이라는 한 중앙일간지 연재물 중 일부 기사의 제목만 언급해볼까 한다.

(7) 새엄마 폭력에 가출한 초등생, 동성애자 먹잇감으로 전락
(12) 엽기적인 쾌락 좇던 미국 동성애자들의 말로
(15) 인간 본성에 어긋나는 동성애에서 벗어나려면
(17) 초등학교 옆에 도사린 '동성애의 덫'[13]

이 연재물의 연재 제목은 무려 "동성애에 맞선 하나님의 의병"이다. 2019년 10월부터 연재를 시작한 이 연재물은 성소수자에 대한 왜곡된 보수 개신교의 시선을 가장 극명하게 보여준다. 이 연재물의 주인공인 요양병원 병원장은 물론, 이 기사를 정리한 기자는 '가짜 뉴스'로 불리는 허위 사실 유포를 주도하는 것으로 알려진 '반反동성애 운동'에 적극

---

12 유민석, 『혐오시대, 철학의 응답』(서해문집, 2019), 16~17쪽.
13 이 연재물 중 본문에 언급된 기사들은 2020년 1월 7일부터 2월 18일 사이에 〈국민일보〉에 게재되었다.

앞장서는 사람들로 유명하다.[14]

그들은 이 연재물에서도 동성애를 다양한 성폭력이나 여러 성적 착취와 곧바로 연결해서 왜곡하고 비난한다. 그런데 미국성공회 사제이며 대표적인 퀴어신학자인 패트릭 S. 쳉은 퀴어신학을 소개하고자 쓴 『급진적인 사랑: 퀴어신학 개론』에서 다음과 같이 이야기한다.

> 급진적인 사랑은 모든 규칙을 없애는 것이 아니며, 성적인 도덕이든 아니든 도덕률을 폐기하는 존재를 합리화하려는 것이 아님을 분명히 밝힙니다. 급진적인 사랑은 궁극적으로 '사랑'에 관한 것입니다. [……] 이에 따라 급진적인 사랑이란 안전하고 건전하며 합의된 행동을 전제로 합니다. 따라서 강간이나 성적 착취와 같은 합의되지 않은 행동은 급진적인 사랑의 정의에서 제외됩니다.[15]

다시 말해, 반동성애 운동 진영에서 활동하는 이들이 그토록 강조하는 강간이나 여러 성적 착취처럼 합의되지 않은 불평등한 관계에서 발생하는 여러 성적 문제들은 퀴어신학을 비롯한 성소수자 인권 운동에서도 경계하며 비판한다. 이때 중요한 건, 이와 같은 다양한 성폭력과 성적 착취의 문제는 동성애 때문에 생기는 게 아니라, 왜곡된 권력 관계와 문화 가운데 깊고 넓게 자리 잡은 문제라는 점이다. 그렇기에 반동성애 운동 진영에서 마치 동성애 영역만의 문제인 것처럼 침소봉대

---

14 최슝현 기자, 「'캐나다 항문 성교 교육'부터 '네덜란드 수간 합법화'까지…법원, 반동성애 주장 '허위 정보' 판단」, 〈뉴스앤조이〉(2020. 2. 21)
   http://www.newsnjoy.or.kr/news/articleView.html?idxno=300128(2020. 2. 28. 방문)

15 패트릭 S. 쳉, 『급진적인 사랑: 퀴어신학 개론』, 임유경·강주원 옮김(무지개신학연구소, 2019), 19쪽.

하는 사안들은 실상 이성애자들 사이에서 더 자주 더 많이 발생하는 문제라는 점을 간과해서는 안 된다.

모든 사람들과 동등하며
독특한 존재들

그러므로 내가 봤을 때, 반동성애 운동 진영의 허위 사실 유포에 쉽게 휘둘리거나 적극 동조하는 보수 개신교회 지도자와 신자들은, 동성애를 비롯해 다양한 성소수자에 대한 '제대로 된 사실'과 정직하게 마주한 적이 별로 없다고 판단된다.

그보다는 질문 없는 맹목적 신앙과 근본주의적이고 문자주의적 성서 해석 뒤에 안주하며, 그동안 별 고민 없이 이성애-가부장 중심 사고와 제도에 여러 방식으로 공모하며 얻은 다양한 특권을, 불안과 공포 마케팅을 활용해 지키는 데 더 애를 쓰고 있다. 그러다 보니, 오늘날 많은 한국 개신교회와 신학교, 선교 단체는 성소수자에 대한 허위 사실 유포의 최적지로 물들어가고 있다.[16]

그렇다면 보수적인 주류 그리스도교 교회가 그토록 경계하며 비난하는 동성애와 동성애자에 대한 제대로 된 사실은 무엇일까? 한국성소수자연구회(준)가 2016년에 발행한 『혐오의 시대에 맞서는 성소수자에 대한 12가지 질문』에서 소개하는 동성애와 동성애자의 정의를 살펴보자.

---

16 〈한겨레〉 탐사팀은 2018년 9월 27일부터 네 차례에 걸쳐, "'가짜뉴스'의 뿌리를 찾아서"라는 탐사기획 보도를 냈다. "가짜뉴스의 생산, 유포, 배후 등 전 과정을 보도"한 이 기사에서 '에스더기도운동본부'를 비롯해, 반동성애 운동 진영이 어떻게 연결되어 작동하는지 구체적으로 드러났다.

가장 단순한 의미에서 동성애는 이성이 아닌 동성에게 지속적으로 사랑의 감정과 성적 친밀성을 느끼는 것을 의미한다. 동성애는 이성애나 양성애와 마찬가지로 인류가 수행해 온 섹슈얼리티의 한 형태로 그 역사 또한 장구하다.

[……] 이성애는 이성에게 성적 욕망과 정서를 갖는다는 뜻이며, 이를 실천하는 사람은 스스로 이성애자로 인지하면서 자신의 성적 지위를 인정받는다. 동성애는 동성에게 정서적 끌림과 성적 친밀감을 갖는 것, 양성애는 남성과 여성 양쪽 모두에게 정서적 끌림과 성적 친밀감을 갖는 것을 의미한다. 이성애자, 양성애자, 동성애자 등 성적 정체성을 획득해 가는 과정은 다양하다.[17]

이처럼 동성애는 보통 '끌림과 인식'으로 식별하는 여러 '성적 지향과 성별 정체성'(sexual orientation & gender identity) 가운데 하나를 지칭하는 표현이다.[18] 또한 동성애자는 '성소수자'(sexual minority) 가운데 하나로, 성소수자는 "성적 지향, 성별 정체성, 성 특징 등이 사회에서 주류로 여겨지는 사람들과 구별되는 집단을 가리키는 말"이다.[19]

성소수자는 'LGBT / LGBTI / LGBTAIQ+'라고도 표현한다. 이는 "여성 동성애자(lesbian), 남성 동성애자(gay), 양성애자(bisexual), 트랜

---

17 한국성소수자연구회(준), 『혐오의 시대에 맞서는 성소수자에 대한 12가지 질문』(한국성소수자연구회, 2016), 11~12쪽.

18 "성적 지향은 '어떠한 성별을 가진 사람에게 성적, 감정적으로 끌리는가'를 나타내는 개념이고, 성별 정체성은 '자신을 어떠한 성별로 인식하는가'를 나타내는 개념이다. 따라서 지정 성별과 다른 성별 정체성을 가지고 있다면 그 사람이 어떤 성적 지향을 가지고 있는지와 무관하게 트랜스젠더라 할 수 있는 것이고, 자신과 같은 성별에 대한 성적 지향을 갖고 있다면 그 사람의 외모, 성격 등과는 무관하게 동성애자라 할 수 있다. 한편 성적 지향과 성별 정체성은 교차할 수 있다." 같은 책, 22~23쪽.

19 한국성소수자연구회, 『무지개는 더 많은 빛깔을 원한다』, 12쪽.

스젠더transgender, 인터섹스intersex의 영문 첫 글자를 따서 만든 용어로서, 국제적으로 성소수자를 가리키는 일반적인 용어"인데, "무성애자(asexual), 정체성을 탐색 중인 사람(questioner)을 더해 LGBTAIQ라 하거나, 좀 더 다양한 정체성을 포괄하는 의미에서 마지막에 '+'를" 붙여 표현하기도 한다.[20]

그런데 종종 성소수자를 왜 사회적 소수자로 지칭하는지 질문하는 사람들이 있다. 그렇다면 사회적 소수자는 어떤 이들을 지칭하는 표현일까? 사회적 소수자는 주로 공공의 공간과 관계에서 유령 취급을 받는 존재를 가리키는 말이다. 무엇보다 주류로부터 '없는 존재'나 '가시화되어서는 안 되는 존재'로 취급받는다. '공공의 장에서 보이지 않는 사람', 나아가 사회 주류에 의해 '공공의 장에서 보이면 안 되는 사람'이 사회적 소수자다.[21]

그렇다면, 오늘날 사회나 교회 주류에 의해 공공의 장에서 보이면 안 되는 사람으로 취급받는 성소수자를 사회적 소수자라고 표현하는 데 무슨 문제가 있겠는가? 다만 이때 조심할 게 하나 있다. '사회적 소수자는 곧 상대적 약자다'라고 납작하게 규정해서는 안 된다. 무엇보다 성소수자를 비롯해 다양한 사회적 소수자는 '그런 취급을 받아서는 안 되는 사람들'인데, 사회나 교회 주류가 가진 여러 편견과 무지로 인해 소수자 취급을 받는 이들이기 때문이다.

그러므로 성소수자는 당신과 나를 비롯한 모든 사람들처럼 동등하

---

20 같은 책, 12쪽.

21 "공공의 공간에서 거절당한 사람은 보이지 않는다. 보이지 않는다는 것은 어떤 사람을 소수자(minorities)로 만드는 중요한 성질 가운데 하나다. '소수'라는 건 수의 많고 적음으로만 결정되지 않는다. 여성처럼 숫자로는 많아도 어쩐지 공공의 장에서 보이지 않는 사람들이 있다." 김지혜, 앞의 책, 137쪽.

고 독특한 존재라는 전제를 놓쳐서는 안 된다. 다만 당신과 나, 지금 우리 사회와 교회가 가진 한계와 편견 때문에 유령처럼 취급받을 뿐이다. 우리는 우리가 속한 사회와 교회에서 성소수자의 존재가 가시화되고, 평등한 가운데 그 나름의 독특함을 존중받을 수 있도록 노력해야 한다.

그래서 우리는 '바로 지금 여기에서' 성소수자가 겪는 불합리하고 불평등한 취급을 문제 삼고 변화시키는 과정에 동참해야 한다. 그런 취급으로 인해 마음과 삶이 깨어지고 부서진 '비통한 사람들', 그 '몫 없는 사람들'과 동행해야 한다.[22]

퀴어신학, 금기와 경계 너머에 계신 하느님께 안내하는 급진적인 사랑

그런 맥락에서 우리는 성소수자를 지칭하는 또 다른 표현인 '퀴어 queer'에 대해 살펴봐야 한다. 퀴어는 사전적으로는 '기묘한, 이상한' 등의 의미를 갖는 말인데 꽤 오랫동안 성소수자를 비하하는 용어로 사용되었다. 그러나 오늘날 퀴어라는 용어는 성소수자 인권 운동의 변화와 진전 가운데 '용어와 개념의 전유'를 거쳐 매우 다양한 가능성을 가진 용어가 되었다.[23]

패트릭 S. 쳉은 퀴어라는 용어가 1980년대 중반을 거쳐 1990년대

---

22 "이 시대의 정치는 '비통한 자들(the brokenhearted, 직역을 하자면 마음이 부서진 자들이라고도 할 수 있다: 인용자)의 정치'다. 이 표현은 정치학의 분석 용어나 정치적 조직화의 전략적인 수사학에서는 발견되지 않는다. 그 대신 인간의 온전함의 언어에서 그 표현이 나온다. 오로지 마음만이 이해할 수 있고 마음으로만 전달할 수 있는 경험이 있다." 파커 J. 파머, 『비통한 자들을 위한 정치학: 왜 민주주의에서 마음이 중요한가』(글항아리, 2012), 38쪽.

23 한국성소수자연구회, 『무지개는 더 많은 빛깔을 원한다』, 12쪽.

초에 이르러, 중립적인 것을 넘어 여러 가능성을 가지게 되었다고 말한다. 그리고 크게 세 가지 의미를 논하는데, "첫 번째는 포괄적인 용어로서, 두 번째는 관습을 거스르는 행위로서, 세 번째는 경계선을 지우는 것으로서의 의미"를 지닌다고 주장한다.[24]

우리는 그중에서도 세 번째 가능성에 대해 집중해서 살펴봤으면 한다. 왜냐하면 퀴어라는 용어가 가진 세 번째 의미는 우리를 금기와 경계 너머에 계신 하느님께 안내하는 발판이 될 것이기 때문이다.

> "퀴어"의 세 번째 의미는 퀴어 이론으로 알려진 학문 분과에 기반을 두고 있다. 퀴어 이론은 1990년대 초반에 생겼으며 프랑스 철학자 미셸 푸코가 했던 작업의 덕을 크게 보았다. 간단히 말해, 퀴어 이론에서 섹슈얼리티란 "(의학적인 것은 말할 것도 없이) 단순히 선천적인 사실이라기보다, 계속 자기성찰을 통해 결정되며 파급되는 것"으로 본다.
> 이처럼 "퀴어"의 세 번째 정의는 섹슈얼리티와 젠더의 범주들과 관련된 경계선을 지우거나 해체하는 것을 가리킨다.
> 다시 말해, 퀴어 이론은 섹슈얼리티와 젠더 정체성의 전통적 범주들이 지닌 의미는 사실상 사회적 구성물이라고 주장한다. [……] 그러므로 섹슈얼리티의 범주는 궁극적으로 사회적 구성물이다. 더욱이 섹슈얼리티가 전통적으로 "동성애" 대 "이성애"라는 이분법으로 환원되었다는 사실은 섹슈얼리티가 전체 스펙트럼 어디에서나 존재한다는 보다 복잡한 생각을 무시하는 것이다.[25]

---

24 패트릭 S. 쳉, 앞의 책, 26~27쪽.
25 같은 책, 32~33쪽.

우리가 퀴어라는 용어를 세 번째 의미로 사용할 때, 퀴어는 사회적 구성물인 섹슈얼리티를 뒤흔들고 경계를 넘나들며 해체하는 존재다. 그래서 패트릭 S. 쳉에게 퀴어신학은 기존의 사회와 교회가 만들어놓은 사회적 구성물들을 뒤흔들고 경계를 넘나들며 해체한다. 나아가 그 같은 금기와 경계 너머에서 만날 수 있는 하느님께 안내하는 '급진적인 사랑'을 알려주는 게 바로 퀴어신학이다.

> 주장하건대, 급진적인 사랑은 '너무나 엄청나서 기존의 경계선들을 녹이는(해체하는) 사랑'입니다. 그것이 우리를 타인들과 분리시키는 경계선이든, 섹슈얼리티 및 젠더 정체성에 관한 선입견이든, 우리를 하느님과 분리시키는 경계선이든 말입니다. 그리스도교 신학과 퀴어 이론의 연관성이 실제로는 생각보다 훨씬 밀접하다는 것이 바로 이 책의 논제입니다. 다시 말해서, 급진적인 사랑은 그리스도교 신학과 퀴어 이론 '모두'의 핵심입니다.
>
> 급진적인 사랑은 그리스도교 신학의 핵심입니다. 왜냐하면 우리 그리스도인들은 하느님이 예수 그리스도의 성육신과 삶, 죽음, 부활, 승천을 통해 죽음과 삶, 시간과 영원, 인간과 신의 경계선을 녹였다고 믿기 때문입니다. 마찬가지로 급진적인 사랑은 퀴어 이론의 핵심이기도 합니다. 왜냐하면 섹슈얼리티(이를테면 "동성애자" 대 "이성애자")와 젠더 정체성("남성" 대 "여성")에 대한 기존의 경계선들을 본질적이거나 고정된 개념이 '아니라' 사회적 구성물(social constructions)이라고 도전하기 때문입니다.[26]

---

26 같은 책, 18~19쪽.

유효성을 상실한 금기와 왜곡된 경계,
그 너머에서 만나는 낯선 하느님

그러므로 나는 오늘날의 그리스도인들과 교회가 옛 렌즈를 고쳐 사용하기보다, 새로운 렌즈들을 교차 사용하는 방식을 터득하고 공유하는 게 더 유효적절하다고 생각한다.[27] 무엇보다 이런 신학적 관점과 신앙의 맥락에 서게 되면, 또 다른 성서 해석과 입장을 만날 수 있다.[28]

말 그대로 성소수자를 '허용'하거나 '수용'하는 게 아니라, 앞에서 살펴본 퀴어신학처럼 성소수자라는 존재 자체가 성서를 읽고 해석하는 '축복'이다. 또한 성소수자의 관점이 성서를 읽고 해석하는 새로운 관점이 된다. 사회와 교회 주류의 기존 입장을 어렵게 열어 새로운 자리를 하나 마련하는 게 아니라, 오래 전부터 우리 안팎에 존재해 온 성소수자의 존재 자체가 성서와 교회를 새롭게 해석하고 변혁하는 '또 다른 이야기'가 된다.

그녀는 과감히 물었다. "왜 사람의 두 배 정도로 크고, 턱수염을 기

---

27 "읽기와 이해하기는 함께 간다. [……] 21세기에 접어들면서 성서를 읽을 새로운 렌즈가 필요하게 되었다. 근대성(modernity)에 의해 갈고 닦여진 옛 렌즈가 더는 많은 사람에게 효과가 없다. 이 렌즈는 교체될 필요가 있다. [……] 따라서 새로운 렌즈에 대한 필요성은 교회 자체 내에 존재한다." 마커스 J. 보그, 『성서 제대로 다시 읽기』, 염승철 옮김(동연, 2019), 17~18쪽.

28 마커스 J. 보그의 짝꿍이기도 한 성공회 사제 마리안 보그는 마커스 J. 보그의 글 모음집인 『놀라움과 경외의 나날들』 서문에서 마커스 J. 보그의 신학에 대해, 다음과 같이 이야기한다. "도대체 왜 21세기에 기독교인으로 살아가는가? 기독교가 우리에게 비전을 주기 때문이다. [……] 신약성경은 '하나님 나라'에 관해 말한다. 그 나라는 지금 여기에 있다. [……] 정의롭고, 온전하며, 비폭력적인 세계에 대한 기독교의 비전은 유토피아적인 것이 아니다. 그것은 우리의 능력 안에 있다. 그리고 그런 능력은 우리가 변혁이라는 호된 시련을 짊어질 것을 요구한다. 개인적이며 집단적인 변혁은 해방의 핵심 요소다. 우리가 변혁에 참여하지 않고, 또한 함께 아파하는 자비의 삶을 구현하지 않는다면, 하나님 나라는 오지 않는다. 그것은 우리에게 달려 있으며, 또한 우리는 혼자가 아니다." 마커스 보그, 『놀라움과 경외의 나날들: 21세기에 어떻게 기독교인이 될 것인가?』, 김기석·정준화 옮김(한국기독교연구소, 2019), 13쪽.

른 백인 남자처럼 보이시는 거죠?" [……] 신은 그녀가 그리스도의 그림에서 정말 자주 본, 목에서 발목까지 오는 길고 하얀 로브 같은 옷을 입고 있었다.

"너는 네 삶이 너에게 준비시킨 대로 본단다." 신이 말했다.

[……] 마사는 멈춰 서서 흠칫하고는 한숨을 내쉬었다. "이제는 여성으로 보이시네요. 사실은 저와 조금 닮아 보이세요. 자매같이요." 그녀는 지친 미소를 짓고 사과주스 잔을 건넸다.

신이 말했다. "이건 정말로 네가 하는 일이란다. 하지만 네 마음이 어지럽지만 않다면 상관없겠지."

"신경이 쓰이기는 해요. 만약 이게 제가 하는 일이라면, 왜 당신을 흑인 여성으로 보게 되기까지 이렇게 오래 걸린 거죠? 당신을 백인이나 흑인 남자로 보는 것보다 더 진실인 것도 아닌데요?"

"말했다시피, 너는 삶이 너를 준비시킨 대로 본단다." 신은 그녀를 바라보았고, 잠시 동안 마사는 거울 속을 들여다보는 듯한 느낌을 받았다.[29]

이제 우리는 또 한 번 질문해야 한다. 이 땅에서 우리는 언제쯤 '우리들의 하느님'을 성소수자의 모습으로도 마주할 수 있을까? 여러 한계가 있음에도 그리스도교 성서와 전통이 가르치는 건 분명하고 일관된다. 불평등한 세계와 관계가 악마적이다. 우리는 그와 같은 '악마적인 불평등한 세계나 관계'와 맞서 싸워야 한다.

그런 맥락에서 저항과 평화의 사도라고 불리는 남아프리카공화국 성공회 데스몬드 투투 대주교가 '동성애를 혐오하는 천국'에는 가지 않

---

29 옥타비아 버틀러, 『블러드 차일드』, 이수현 옮김(비채, 2018), 225~226, 252쪽.

겠다고 한 건, 우리가 상상하는 지옥에 가겠다는 말이 아니다. 그는 이웃을 향한 혐오와 차별, 배제를 선택한 사람은 하느님의 반대편에 서게 되기에, 결국 천국으로 가는 길을 만날 수 없다는 성서와 교회의 가르침을 다시 한 번 강조하며 확인했을 뿐이다.[30]

그러니 이제 당신과 나도 성소수자를 혐오하고 차별하는 거짓 천국이 아닌, '환대와 연대, 은총의 낯선 하느님'이 계신 우리 이웃이 있는 곳으로 가자. 나는 기꺼이 그 멋진 순례의 여정에 당신을 초대한다.

민김종훈/자캐오
성공회대학교 신학전문대학원(목회학 석사). 현재 대한성공회 서울교구 사제. 대한성공회 용산나눔의집 원장 겸 길찾는교회 담당 사제, 대한성공회 정의평화사제단 총무, 성공회대학교 겸임교수, NCCK 여성위원회 교단파송 위원으로 일하고 있으며, 무지개예수와 차별금지법제정연대의 일원이기도 하다.

---

30 "I would refuse to go to a homophobic heaven. No, I would say sorry, I mean I would much rather go to the other place." "Archbishop Tutu 'would not worship a homophobic God'," BBC NEWS(2013. 7. 26). https://www.bbc.com/news/world-africa-23464694 (2020. 2. 26. 방문).

아랍 난민을 향한 그리스도인의 자세
- 혐오와 차별을 넘어 포용과 환대로

한동희

시작하며

'아랍의 봄'과 '아랍의 겨울'은 중동 국가들에 지형 변화를 가져왔다. 아랍 국가들은 정치와 경제의 어려움을 겪었고, 이 과정에서 내전과 테러가 증가했으며, 극단주의 이슬람 세력의 확장과 쇠퇴로 인해 유례없는 난민 사태가 발생했다. 아랍 국가들 중에서 시리아는 내부 난민을 포함해 1,300만 명이 고통을 겪었고, 예멘은 순니파, 시아파, 무슬림형제단, 알카에다, 외부 세력 등의 내전으로 인해 국내외 난민 365만 명이 생존을 위한 이주를 하고 있다. 특히, 예멘 난민은 집단적으로 한국에 도착해서 쟁점이 되기도 했다.

성서는 난민에 대한 그리스도인의 태도를 알려준다. 구약성서에 기록된 거류민과 나그네는 현대의 난민으로 이해할 수 있다. 구약성서는 난민을 학대하지 말고, 같은 민족으로 여겨 사랑하라고 명령한다(「레위기」 19:33~34). 이들을 보호하고 함께 생활하며, 이들에게 음식과 의류를 공급하고, 압제와 학대를 하지 말라고 가르친다(「출애굽기」 22:21; 「레위기」 25:35, 23:22; 「신명기」 10:18; 「여호수아」 20:9). 신약성서에 언급된 나그네도 현대의 난민으로 볼 수 있다. 신약성서는 난민을 대접하고 돌보아주라고 가르친다(「마태복음」 25:32; 「디모데전서」 3:2; 「요한3서」 1:5).

복음주의권과 에큐메니칼 진영도 난민에 대한 그리스도인의 행동을 촉구한다. 근래에 발표된 로잔운동의 '케이프타운 서약'과 세계교회협의회(WCC) 진영의 '함께 생명을 향하여'(TTL) 성명서도 난민들의 이주 현상을 주목한다. 케이프타운 서약은 전쟁과 테러의 피해자, 경제 난민, 고아와 과부를 도우라고 명령한다. 세계교회협의회 성명서들은 주변화된 난민의 목소리를 듣고, 약자인 난민 여성, 어린이, 미등록 노동자들의 정의와 인권을 보호하라고 선언한다.

이 연구는 아랍 난민이 처한 현실을 돌아보고, 성서의 가르침과 신학적인 선언들이 어떻게 난민에 대하여 말하고 있는지를 살펴볼 것이다. 그리고 결론으로 그리스도인들은 아랍 난민들을 향하여 어떠한 태도를 견지해야 하는지 제시할 것이다.

서론

아랍[1] 세계에서 유례없는 난민[2] 사태가 발생했다. '아랍의 겨울'[3]을 지내며 해당 국가들은 내전과 사회 혼란, 경제적 어려움에 처했고, 종족과 종파의 극심한 대립을 경험했다. 중앙 정부의 통제력이 약화되면서 순니파와 시아파, 지역을 기반으로 하는 무장 세력들은 서로 충돌했고, 극단주의 이슬람의 출현으로 이어져 초유의 난민 사태가 일어났다. 이 과정에서 아랍 난민들은 심각한 고통을 겪었으며, 생명의 위협에 노출되어 타국으로 이주하게 되었다.

그리스도인은 세상의 문제들에 직면하면서 성서와 신학의 관점을

---

1 '아랍인'은 아랍어를 자국어로 사용하는 사람을 가리킨다. 이슬람의 확장 이전에는 '아랍'이라는 용어가 아라비아 반도에 거주하는 셈족 계열의 유목민을 지칭했으나, 현대에는 아랍어를 사용하는 민족들을 포괄하는 개념으로 사용된다. 아랍 국가들의 협력과 권익 보호를 위해 '아랍연맹'(Arab League)이 결성되었는데, 사우디아라비아, 이집트, 요르단, 이라크, 시리아, 레바논, 예멘, 리비아, 수단, 모로코, 튀니지, 쿠웨이트, 알제리, 바레인, 카타르, 오만, 아랍에미리트, 모리타니, 소말리아, 팔레스타인, 지부티, 코모로 등 22개국이 회원국이다. 시리아는 2011년에 회원권이 정지되었고, 내전의 대립 세력이던 '시리아국민연합'(SNC, Syrian National Coalition)이 의석을 차지했다. 리비아의 의석은 동부 토브룩Tobruk 정부의 하원下院 (HoR, House of Representatives)이 담당하며, 내전 중인 예멘의 의석은 정부 단체인 '예멘 내각'(Cabinet of Yemen)이 회원권을 행사한다.

2 난민은 국경을 넘어 이전 정부의 보호를 받지 못하는 비자발적 이주민을 가리킨다. 역사적으로 난민은 정치, 경제, 종교, 재난 그리고 인종 갈등의 결과로 발생했다. 1951년 '난민의 지위에 관한 협약'(Convention Relating to the Status of Refugees)과 1967년 '난민의 지위에 관한 의정서'(Protocol Relating to the Status of Refugees)를 따르는 대한민국의 난민법(법률 제11298호, 제정 2012. 2. 10., 시행 2013. 7. 1.) 제2조(정의)는 '난민'이란 인종, 종교, 국적, 특정 사회집단의 구성원인 신분 또는 정치적 견해를 이유로 박해를 받을 수 있다고 인정할 충분한 근거가 있는 공포로 인하여 국적국의 보호를 받을 수 없거나 보호받기를 원하지 아니하는 외국인 또는 그러한 공포로 인하여 대한민국에 입국하기 전에 거주한 국가로 돌아갈 수 없거나 돌아가기를 원하지 아니하는 무국적자인 외국인을 말한다고 정의한다. 본 연구에서 다루는 '아랍 난민'은 아랍 국가의 내전으로 인해 이주하게 된 아랍인들을 지칭하며, 시리아와 예멘의 난민에 초점을 맞춘다.

3 2011년 아랍 국가들의 시민 혁명으로 시작된 장기 집권 세력들의 몰락을 '아랍의 봄'이라고 불렀으나, 정치와 경제의 위기, 내전과 테러의 증가, 종족과 종파의 분쟁, 극단주의 이슬람 세력으로 인한 난민의 발생 등을 언론에서는 '아랍의 겨울'이라고 칭한다.

따라 삶에 실천해왔다. 난민이 발생한 아랍 세계의 변화된 지형을 이해하고, 아랍 난민과의 만남에서 성서와 신학의 가르침을 실천해나가는 일은 그리스도인과 교회가 지켜야 할 본질이다. 최근에 아랍 난민들의 이주를 겪으며 그리스도인들은 새로운 과제들에 접하고 있다. 최근에 진행된 연구는 성서에 대한 근본주의적 신앙과 이슬람이라는 종교가 난민 혐오에 부정적인 영향을 끼친다고 보고한다.[4] 이는 성서에 나타난 난민을 향한 태도를 바르게 이해하고, 이슬람 배경에서 살아가는 아랍 난민의 처지를 돌아보도록 이끈다.

본 연구의 목적은 그리스도인이 아랍 난민에 대한 혐오, 차별, 배제의 모습을 버리고 포용과 환대를 실천하는 데 있다. 최근에 학자, 법률가, 인권 운동가들은 아랍 난민, 특히 예멘 난민에 관한 연구를 통해 한국 사회의 혐오 현상에 대해서 논했다. 그러나 삶의 터전을 잃고 주변화된 아랍 세계의 난민들은 이들에 대한 사회문화적 이해와 함께 성서, 신학적인 해석과 적용을 그리스도인과 교회에 제안하고 있다. 이 연구는 그리스도인이 내전을 피해 온 약자인 아랍 난민들을 돌보고 도와주어야 한다고 논증할 것이다. 성서와 신학 성명서들이 다루는 주제들이 아랍 난민을 향하고 있고, 아랍 세계의 그리스도인들도 아랍 난민들의 아픔에 동참하고 있음을 사례를 들어 제시할 것이다. 따라서 이 연구

---

4 최근 '개신교인의 난민 혐오'에 대한 연구는 다음과 같이 분석한다. 난민에 대한 혐오적인 사고 정도는 종교에 따라 차이가 없으나, 개신교인은 타종교인에 비해 난민 혐오 방지 정책을 지지하지 않는다. 개신교와 타종교는 연령이 낮을수록 혐오적 사고 비율이 낮고, 가톨릭은 낮은 연령일수록 혐오적 사고가 높다. 또한, 개신교와 타종교는 학력이 낮을수록, 가톨릭은 학력이 높을수록 혐오적 사고가 높게 나타난다. 개신교는 소득이 낮을수록 혐오적 사고 비율이 높고, 개신교와 가톨릭의 보수층, 중도 성향 계층이 난민 혐오가 낮다. 성서에 대한 근본주의적인 신앙과 더불어 난민이 무슬림이라는 사실이 난민 혐오에 부정적인 영향을 미친다. 성신형, 「개신교는 난민을 혐오하는가?」, 김혜령·정병오·고재실 외, 『한국 개신교의 혐오를 분석하다: 합당한 자성과 책임을 모색하기 위하여』(기독교윤리실천운동 주최 세미나 자료집, 2019), 37~48쪽.

는 아랍 난민과 함께하는 방법에 초점을 맞춘다. 이를 위해서 한국인들의 아랍 난민에 대한 여론조사 내용과 난민들의 한국 체류 상황을 살펴볼 것이다. 성서가 언급하는 거류민과 나그네에 대한 그리스도인의 태도를 고찰하고, 복음주의권과 에큐메니칼 진영의 아랍 난민을 고려한 주제들을 분석할 것이다. 난민이 발생하게 된 아랍 세계의 배경을 이해하며, 현재 진행되는 아랍 난민을 향한 그리스도인의 실천을 사례로 논의할 것이다. 이 연구에서 살펴보는 시리아, 예멘 난민들과 이들을 향한 그리스도인의 실천은 모든 아랍 세계를 포괄하지 못하는 한계가 있다. 그렇지만, 아랍 난민을 향한 공존·존중·공급·실제적인 환대로 이어지는 실천 방법은 실질적인 제언이 되리라 본다.

그리스도인은 아랍 난민을
어떻게 바라볼 것인가?

1) 아랍 난민에 대한 한국인의 반응과 현황

일반적으로 한국인들은 아랍 난민 수용에 다소 비판적이고, 한국의 그리스도인들은 무슬림 난민을 혐오하는 경향을 보인다. 이러한 반응의 바탕에는 이슬람에 대한 두려움이 자리한다. 한국인들이 아랍 난민 수용을 비판하는 이유는 무슬림들의 테러와 범죄가 증가할 것이라는 왜곡된 인식 때문이다.[5] 실제로 독일과 스웨덴 등 수용 국가에서는 난

---

5 예멘 난민 수용을 반대하는 응답자들은 '테러, 범죄, 안전'을 가장 많은 이유(55.4퍼센트)로 선택했다. 〈중앙일보〉 조사연구팀, 「중앙일보 긴급 여론조사」, 〈중앙일보〉(2018. 8. 5).

민 유입 전보다 범죄율이 감소했다. 그리스도인들의 혐오는 종교적인 측면에서 근본주의적 해석을 적용한 결과로 보인다. 성서에 대한 근본주의적 관점으로 인해 이슬람에 대한 배타적 성향이 표출된 것으로 이해할 수 있다.[6]

시리아 난민과 예멘 난민을 향해 한국인들은 서로 다른 반응을 보였다. 시리아 난민은 점진적으로 한국 사회에 정착했으나, 예멘 난민은 국민 여론을 양분하며 큰 영향을 미쳤다. 2011년 내전 이후 시리아 난민들은 한국으로 향했고, 최근까지 약 1,200명이 인도적 체류 허가(Humanitarian Status)를 받았다. 이들은 가족을 초청할 수 없고, 건강보험 혜택도 받지 못한다. 시리아 난민이 세계적 이슈가 되었던 반면, 이들은 한국 사회에 큰 저항 없이 점차로 들어왔다. 2018년 제주도에는 500여 명의 예멘 난민이 집단적으로 도착했다. 이들은 한국 사회의 여론을 양분했고, 결과적으로 난민 수용 반대가 우세함을 보여주었다.[7] 추후 실시된 여론 조사는 난민에 다소 '우호적'이었으나, 이슬람계 난민을 특정했을 때는 '적대적'이라는 결과가 높게 나타났다.[8] 특히 개신교인의 난민 수용 반대 비율은 58퍼센트로 종교들 중에 가장 높다.[9] 예멘 난민들 대다수는 인도적 체류 허가를 받아 일자리를 찾았지만, 적성에 맞지 않아 노숙을 하기도 했다. 현재 예멘 난민의 75퍼센트는 국내의 중소

---

6 성신형, 앞의 글, 37~48쪽.

7 1차 여론 조사는 수용 반대 49.1퍼센트 대 찬성 39.0퍼센트, 두 주일 후 2차 여론 조사는 수용 반대 53.4퍼센트 대 찬성 37.4퍼센트의 비율을 보여준다. 여론 조사 기관 리얼미터의 'tbs 현안조사: 제주도 예멘 난민 수용에 대한 국민여론'(2018. 6. 20), 'tbs 현안조사: 제2차 제주도 예멘 난민 수용에 대한 국민여론 조사'(2018. 7. 4).

8 난민에는 '우호적' 50.7퍼센트 대 '적대적' 44.7퍼센트의 비율이지만, 이슬람계 난민에는 '적대적'이 66.6퍼센트이고 여성의 적대감은 73.9퍼센트까지 올라간다. 〈중앙일보〉 조사연구팀, 앞의 기사.

9 한국리서치, '여론속의 여론: 6월 정기 조사'(2018. 6. 30).

도시에 정착해 제조업체에서 일하고 있고, 두 명의 언론인이 법적 난민으로 허가되었다.

2) 아랍 난민을 위한 성서 해석[10]

성서는 이스라엘과 타민족의 공존을 증거하며, 거류민과 나그네를 보호하고 대접하라고 명령한다. 구약성서는 이스라엘 자손이 다민족들과 함께 거주했다고 기록한다. 출애굽한 이스라엘 백성은 '수많은 잡족'[11]과 함께 시내 산에 도달했다. 시내 산에서 이스라엘은 이방 족속에 대한 태도를 내포한 율법을 받았다. 이 민족들은 이스라엘이 출애굽 여정을 마치고 팔레스타인에 정착할 때도 함께했을 것이다. 요르단 동편에는 그술과 마아갓 족속이 이스라엘과 함께 거주하게 되었고, 팔레스타인에서는 이스라엘이 블레셋, 시돈, 가나안, 헷, 아모리, 브리스, 히위, 여부스 족속과 함께 살게 되었다.[12] 신약성서도 그리스도인들이 다양한 구성원과 함께 살았음을 보여준다. 팔레스타인에는 그리스도인과 더불어 유대인, 헬라파 유대인, 사마리아인, 헬라인, 로마인, 수리아인 들이 공존했다.[13]

구약성서는 거류민과 나그네를 보호하고 도우라고 가르친다.[14] 창세

---

10 성서는 2005년의 개역개정판 제4판을 인용한다.

11 「출애굽기」 12:38, '에레브 라브'(בר ברב).

12 「여호수아」 13:11~13; 「사사기」 3:3~5를 보라. 「신명기」 7:1~7은 우상 숭배를 이유로 타민족을 진멸하라고 명한다. 이스라엘 자손은 명령 수행에 결과적으로 실패했고, 이들과 함께 거주하게 되었다.

13 「마태복음」 4:24; 「마가복음」 7:26; 「요한복음」 11:48, 12:20; 「사도행전」 6:1, 9:29, 10:1; 「골로새서」 3:11.

14 구약성서에서 이방인을 가리키는 용어는 타민족과 거류민이라는 뜻을 내포한 '게르'(רג), 중립적으로 외국인이란 의미를 가진 '자르'(ח, 「출애굽기」 29:33; 「레위기」 22:12; 「민수기」

기와 출애굽의 시작부터 말라기 선지자 시절까지 이스라엘 자손은 이방 족속들과 공존했는데, 성서는 이들을 약자로 여겨 보호하라고 지속적으로 말한다. 이들에게 음식과 의복을 공급하며, 압제와 학대를 하지 말고, 자녀같이 여겨 사랑하라고 명령한다. 이들과 함께 생활하고, 쉼과 안식도 함께 하며, 죄를 지어 은신한 도피성에서도 차별 없이 보호하라고 가르친다. 거류민과 나그네를 같은 민족으로 여겨 동일하게 대우하라고 말한다.[15] 신약성서도 나그네를 대접하라고 가르친다. 복음서와 서신서는 이들이 병들거나 갇혔을 때 돌아보고, 의복을 공급하며, 환대하라고 명령한다. 나그네를 잘 영접하고 돌보아주라고 권면한다.[16]

성서는 난민에 대한 그리스도인의 태도를 알려주고 있다. 구약과 신약 성서에 나타난 거류민과 나그네는 현대의 난민으로 볼 수 있다. 이는 내전으로 인해 삶의 터전을 잃고, 경제적 어려움에 처한 아랍 난민들과 맥을 같이한다. 성서는 약자인 이들에게 생필품을 공급하고, 가족같이 여겨 사랑하라고 명한다. 성서는 아랍 난민을 환대하고 돌보아주라고 가르친다.

3:10, 38 등), 이방신을 섬기는 위험한 외방인이라는 뜻이 있는 '노크리'(נכרי, 「출애굽기」 12:43; 「레위기」 22:25; 「신명기」 14:21, 17:15 등) 등으로 구분된다. 이 연구는 내전의 피해자인 아랍 난민을 약자로 인식하고, 원주민과 함께 살아갈 존재로 보기에 이방인에 대한 일반적인 용어인 '게르'를 중심으로 논의를 전개한다.

15 「출애굽기」 22:21, 23:9, 23:12; 「레위기」 16:29, 19:10, 19:33~34, 23:22, 25:35; 「신명기」 10:18~19, 24:19; 「여호수아」 20:9; 「시편」 146:9; 「예레미야」 7:6; 「스가랴」 7:10; 「말라기」 3:5.

16 신약성서에서 나그네를 지칭하는 단어는 어려움에 처한 객이란 뜻을 가진 '제노스'(ξένος, 「마태복음」 25:35, 43; 「에베소서」 2:19; 「디모데전서」 3:2, 5:10; 「디도서」 1:8; 「요한3서」 1:5 등)'와 고통스럽고 외로운 외방인이란 의미가 있는 '파로이코스'(πάροικος, 「에베소서」 2:19 등) 등으로 분류된다. 이 연구는 아랍 난민의 처지를 고통스럽고 어려움에 처한 이방인으로 보고, 앞에 나타난 두 가지 용법을 포괄하여 내용을 전개한다.

3) 아랍 난민을 고려한 복음주의 진영과 에큐메니칼 진영의 신학 선언

복음주의권의 연합 조직인 로잔운동과, 세계 교회의 연합과 일치를 실천해나가는 세계교회협의회[17]도 신학 선언을 통해 아랍 난민의 상황을 반영하며, 그리스도인의 역할을 제시한다.

로잔운동의 케이프타운 서약[18]

1974년 '로잔 언약'(the Lausanne Covenant)에 기초한 2010년의 '케이프타운 서약'(the Cape Town Commitment)은 전쟁과 빈곤의 증가 등 "변하는 현실들"(the realities of change)에 주목하며, 아랍 세계의 실제 상황을 고려한다. I부 신앙고백에서는 전쟁과 테러로 억압받는 자, 경제적으로 어려운 난민들, 고아와 과부들을 도우라고 권면하며, 무슬림도 사랑하라고 제언한다. 신앙고백의 '7C. 우리는 이 세상의 가난한 자들과 고통받는 자들을 사랑한다'에서 성서의 하나님은 억압받는 자들을 위하여, 나그네들을 살피며, 굶주린 자들을 먹이고, 고아와 과부들을 돌보신다고 말한다. 가난한 자들에 대한 사랑은 자비와 긍휼을 넘어서서 억압과 착취를 폭로하고 반대하여 정의를 실천하라고 촉구한다. 그리스도의 사랑은 타종교의 무슬림도 포함하며, 미워하고 박해하는 사람들에게도 확장된다고 선언한다.

'케이프타운 서약'은 이주 현상에서 파생된 문제 해결을 위한 그리스

---

17 World Council of Churches, 이후로는 WCC로 약칭한다.

18 Lausanne Movement, "The Cape Town Commitment: A Confession of Faith and a Call to Action," 2011(로잔운동, '케이프타운 서약: 신앙고백과 행동'). 이 서약은 2010년 10월에 채택되었고, 2011년 10월에 IIA6와 IIC5에 약간의 개정을 했다.

도인의 행동을 촉구한다. II부 행동지침에서는 디아스포라로 이동한 난민과 이주자들에게 다가갈 것을 제안한다. 서약의 II부는 '우리가 섬기는 세상을 위하여: 케이프타운의 행동 요청'을 핵심 내용으로 다룬다. 행동 지침의 'IIB2. 종족 갈등 속의 그리스도의 평화'에서는 종교 전쟁과 정치적, 종족적 폭력, 팔레스타인의 고통을 언급하며 아랍 민족들의 고통에 관심을 기울인다. 사건들이 발생했을 때 교회들이 침묵했던 것을 부끄럽게 여긴다. 'IIB3. 가난하고 억압받는 자들을 위한 그리스도의 평화'에서는 억압받는 자들과 가난한 자들을 위한 정의와 평화를 위해 그리스도인의 효과적인 행동을 요청한다. 이 서약은 이주 현상으로 인해 인신 매매가 발생하고, 여성과 아동이 성매매로 노예화되었으며, 강제 노동과 징집을 통해 아동 학대가 발생하고 있음을 주시한다. 'IIC1. "이웃을 네 몸과 같이 사랑하라"는 명령은 타종교인을 포함한다'에서는 타종교인들을 '우리처럼' 만들거나, '우리의 종교를 받아들이게' 강요하는 개종을 거부하며, 수용자들에게 자유를 주어서 정직하게 개방적으로 진술하도록 독려한다. 즉, 그리스도인의 활동은 윤리적으로 '온유함과 존경'으로 해야 하며, 아랍 무슬림 등 타종교인들과 우정, 사랑, 따뜻한 모습을 나누라고 독려한다. 'IIC3. 행동하는 사랑은 은혜의 복음을 구체화하며 권고한다'에서는 수치와 복수가 종교적 율법주의와 결합된 '명예'를 중시하는 문화를 예로 드는데, 이는 아랍 세계의 '명예' 문화를 고려하고 있다. 'IIC5. 사랑은 흩어져 있는 사람들에게 전파된다'에서는 대규모의 인구 이동에 주목하며, 출생지를 떠난 사람들을 '디아스포라'로 정의한다. 경제적 이주자들, 전쟁과 자연 재해로 격리된 사람들, 난민과 망명자들, 인종 청소와 종교 박해의 피해자들, 전쟁으로 인한 기근 피해자들 등 아랍 세계의 현실을 반영하며, 이러한 기회에 환대를 실천하고 우정을 나누는 그리스도인의 응답을 권고한다.

WCC의 선교 성명[19]

2012년에 나온 WCC의 성명은 전 세계적인 지형 변화와 이주 현상에 초점을 맞춘다. 기독교 지형을 재구성하는 세계적 현상인 이주를 주시하며, 중심에서 주변으로 향하는 선교가 아니라 주변화된 사람들이 선교의 대리자로서 변혁되는 선교의 진행에 주목한다. 2012년에 WCC 중앙위원회가 승인한 '함께 생명을 향하여: 변화하는 세계 지형 속에서 선교와 전도'는 지난 30년간 교회의 급격한 지형 변화와 선교학적 발전을 반영하여, 선교와 전도를 새롭게 이해하고 실천하기 위해 작성되었다. 선교가 '주변을 향한 선교'에서 '주변으로부터의 선교'로 옮겨졌을 때 주변부에서 온 사람들의 선교에 대한 공헌, 경험과 비전을 중요시한다. 이는 아랍 세계에서 일어나는 난민의 이주를 고려하고 있다.

성명서는 삼위일체 하나님의 선교(missio Dei) 안에서 발전한 성령의 선교 네 가지를 다룬다. 그중 '해방의 성령: 주변으로부터의 선교'는 아랍 세계의 주변화된 난민들을 고려하고 있으며, 주변화되고 소외된 자들이 선교의 대안으로서 중심부의 교회와 선교 구조를 변혁시킬 것을 제언한다. 예수는 주변화된 사람들과 함께하셨고 선교를 성취하셨기에, 특권 있는 자들의 소외된 자들에 대한 선교에 반해 대안적인 선교 운동이 될 수 있다고 본다. 주변에 있는 자들을 중심부의 사람들과 대면케 함으로써 교회의 권력 구조들이 변혁되도록 요청받는다고 확언한다.

---

19 WCC CWME, Jooseop Keum (Ed.), *Together towards Life: Mission and Evangelism in Changing Landscapes* (WCC Publications, 2013). WCC, 금주섭 편, 『함께 생명을 향하여: 변화하는 세계 지형 속에서 선교와 전도』, 정병준 옮김(대한기독교서회, 2016)을 참고하라. 2018년 WCC CWME의 아루샤Arusha 대회, '변혁적 제자도로의 부르심'에서도 '주변부로부터의 선교'(Mission from the Margin)가 심도 있게 다뤄졌다. 성명서에서는 우리가 거주지를 떠나 이주한 난민들과 벽을 허물고, 정의를 추구함에 부름을 받았다고 선언한다. WCC CWME, "The Arusha Call to Discipleship"(2018)과 WCC CWME, Risto Jukko (Ed.), et al., *Called to Transforming Discipleship* (WCC Publications, 2019)을 참고하라.

또한 '공동체의 성령: 움직이는 교회'는 아랍권의 이주 현상을 고려하면서, 이들로 구성된 다양한 문화 배경의 교회 공동체 형성을 기대한다. 성명서는 세계의 광범한 이주 상황에 마주한 교회들이 실천적인 방법으로 일치하여 헌신할 것을 요청한다. 가장 취약한 여성, 어린이, 미등록 노동자의 정의를 옹호하고, 인종차별에 저항하는 다문화 목회와 선교를 하도록 촉구한다. 이주는 문화와 인종의 경계를 넘어 문화가 공존하는 이문화 교회와 다문화 교회를 가능케 한다고 본다. '오순절의 성령: 모두를 위한 복음'은 아랍권에서 일어나는 종교 간의 대화에 주목한다. 성명서는 진정한 전도가 삶과 행동의 대화이며, 이 대화는 '존중과 우정의 태도' 안에서 일어난다고 본다. 특정 종교가 대다수인 지역에서도 대화가 중요하다고 언급한다. '생명의 잔치: 결론적 확언'에서는 성명서의 핵심 내용에서 다룬 주제들을 요약한다. 이 중에 특히 주변화된 사람들에 대한 관심은 이들이 선교의 대리자들이며, 생명의 충만을 강조하는 예언자적 역할을 수행함을 재확인한다. 주변화된 목소리를 들어야 하고, 이들의 행동을 향해 선교의 방향을 돌려야 한다고 제시한다. 그리고 생명을 위한 대화와 협력이 필수적이라고 확언한다.

그리스도인, 아랍 난민에게 어떻게 다가설 것인가?

1) 최근 아랍 국가들의 난민 발생

2011년 튀니지의 노점상이던 무함마드 부아지지Mohamed Bouazizi (1984~2011년)로부터 시작된 '자스민 혁명'은 중동과 북아프리카의 아랍 국가들에서 일어난 정권 퇴진 운동에 지대한 영향을 끼쳤다. 튀니지, 이집트, 리비아, 예멘의 정권들은 연이어 몰락했고, 대통령들은 하야했다. 하지만, 부정부패 세력의 몰락 이후에 아랍 국가들은 제도적으로 거대한 변혁을 수용하지 못했고, 지도자를 배출하지 못했으며, 행동 계획과 이념을 제시하는 데 실패했다. 결과적으로 중앙 정부의 통제력이 약화되었으며, 순니파와 시아파의 갈등에 더하여 지역을 기반으로 하는 무장 세력들은 대립으로 치달았고, '이슬람국가'(IS, Islamic State)[20] 같은 이슬람 극단주의의 확장과 쇠락으로 이어져 초유의 난민 사태를 겪게 되었다.

중동 지역에서 발생한 아랍 난민들은 전쟁의 피해자로서 도움을 필요로 한다. 시리아와 예멘은 난민 사태가 가장 악화된 대표적인 아랍 국가들이다. 시리아의 정권 퇴진 시위는 시아파 정부군과 순니파 반군들 간의 내전으로 확대되었고, 내전을 틈타 극단주의 이슬람 세력 IS가 시리아 동부의 넓은 영토를 장악했다가 쇠퇴했다. 결과적으로 시리아 내부 난민을 포함해 1,350만 명이 넘는 난민이 발생했다.[21] 최근에 시리아 북서부와 북동부에서 벌어지는 쿠르드족과 터키군의 전투는 불안정의 요인으로 남아 있어 또 다른 난민 발생의 가능성이 존재한다.

예멘의 전 대통령인 살레Ali Abdullah Saleh(1990~2012년 집권)는 퇴진 이후에 시아파 후티족(Houthis)과 협력하여 예멘의 수도와 북서부 일대를 점령했다. 하지만 그는 동맹이던 후티족의 공격으로 사망에 이르

---

20 2010년 5월에 아부 바크르 알바그다디Abu Bakr al-Baghdadi(1971~2019년)는 이라크에서 극단주의 이슬람 세력의 수장이 되어 시리아와 레반트 지역을 아우르는 단체로 성장시켰다. 2014년 6월 29일에 알바그다디는 칼리프로 선출된 후 '이슬람국가'(IS)를 선포했고, 시리아와 이라크 정권을 위협할 정도로 강성해졌다. IS는 아랍 연합군, 러시아, 미국이 지속적인 공격으로 쇠퇴했고, 알바그다디는 2019년 10월 27일에 미군의 습격으로 사망했다.

21 OCHA, "Syria Crisis: Regional Overview: About the Crisis" (2016. 2. 16).

렀고, IS가 예멘 내부에 세력 확장을 시도했다. 최근에 하디Abdrabbuh Mansur Hadi(2012~현재 집권) 정부 동맹은 예멘 동부와 서부의 거대한 영역을 다스리고 있고, 후티족의 최고정치회의(Suprem Political Council)가 서부를, 남부과도위원회(Southern Transitional Council)가 중남부 일부를, 알카에다Al-Qaeda가 중앙 지역을 지배하고 있다. 하디 대통령은 사우디아라비아의 리야드로 망명했고, 여러 정치 세력들이 영토를 나누어 장악하고 있기에 365만 명이 넘는 국내외 난민들은 생존을 위해 고투하고 있다.[22] 이들 시리아, 예멘 난민들과 더불어 아프가니스탄, 남수단의 난민들은 안전과 더 나은 미래를 위해 이주하고 있으며 세계 난민의 57퍼센트를 차지한다.[23]

2) 아랍 난민을 향한 아랍 세계 그리스도인의 실천

시리아 그리스도인들은 생명의 위협에 노출되었지만, 그리스도의 교회는 난민에게 음식을 제공했고, 정신적·육체적 치유를 감당했다. 시리아 남부 스웨이다의 드루즈Druze 지역에서 사역하던 현지인 목회자는 2012년에 총격을 받고 IS 검문소에서 체포되었다. 생명의 위협을 받은 그는 시리아를 떠났고 레바논, 사이프러스, 스위스를 거쳐 독일의 슈투트가르트에 난민으로 정착했다. 그는 독일 교회와 연합해 시리아 난민을 위한 컨퍼런스를 개최했고, 난민 공동체를 섬기며 인터넷 방송을 통한 성서 교육을 진행 중이다.[24] 내전 발발 후 또 다른 시리아인 목회자도

---

22 UNHCR, "Yemen Factsheet" (2019. 6) 참고.
23 UNHCR, "Figures at a Glance: Statistical Yearbooks" (2019. 6. 19) 참고.
24 슈투트가르트의 독일 교회 시리아인 목사 SNS 통신 기록(2017. 5. 1~4).

난민에게 사랑을 실천하고 있다. 그는 다마스커스의 개신교회를 담당하면서 시리아 여러 지역에서 온 그리스도인과 무슬림들을 도왔다. 공원에서 노숙하는 난민들에게 음식을 제공했고, 의료 활동으로 건강을 돌보았다.[25] 시리아 교회는 경제적 어려움 속에서도 난민들에게 나눔을 실천하고 있으며, 이들이 돕는 난민들의 교회 공동체는 성장하고 있다.

신앙과 목숨의 위협에 직면한 이라크 그리스도인들과 인접국인 요르단 그리스도인들도 피난처를 제공해 난민의 생명을 돌보았고 아동들에게 교육을 실천했다. 2014년 IS의 등장 이후, 이라크 모술Mosul의 그리스도인들은 생명의 위협을 당했고, 비자발적인 이주를 했다. 극단주의 이슬람 세력은 모술 점령 후 그리스도인에게 이슬람을 받아들이거나 보호세를 내라면서, 거부할 때에는 죽음이라는 최후 통첩을 했다. 당시 약 50만 명의 그리스도인이 모술 지역을 떠났고, 10만여 명은 쿠르드족의 자치 구역으로 향했다. 모술 사태가 발생하자 그리스도의 교회는 난민의 이주를 신속하게 진행했고, 생명을 잃을 위기에 놓인 이라크 그리스도인들을 효과적으로 도왔다. 가톨릭 단체는 교회와 부속 시설을 쉼터 형태로 제공했으며, 모술, 니느웨 평야, 바그다드에서 요르단에 온 1만여 명의 난민들을 돌보았다. 이라크에서 가장 오래된 개신교회는 내전과 IS의 영향으로 2014년까지 교인 감소의 어려움을 겪었다. 하지만 2015년에 모술에서 온 난민들이 예배에 참석하면서 사역자 충원이 필요했으며, 2017년 이후 고아와 과부, 이라크 내부의 난민을 돕기 위해 유치원과 보육원을 운영했다.[26] 아랍 국가의 교회들은 내전의 여파로 어려움을 겪었지만, 고통당하는 그리스도인의 필요에 반응하며 생

---

25 다마스커스 두웨일라의 교회 시리아인 목사 SNS 통신 기록(2017. 5. 1~6).

26 바그다드 장로교회 수석 장로 SNS 통신 기록(2017. 5. 2~6).

명 돌봄, 거주지 제공, 교육으로 함께했다.

시리아 난민의 위기 속에서 그리스도인과 교회는 고통에 동참했고, 그리스도의 사랑을 실천하고 있다. 생계가 어려운 난민들의 필요를 채워주고, 가족들을 돌보고 함께한다. 그리스도인들은 난민들이 생계를 이어가도록 생필품 구매와 헌옷 나눔으로 돕고, 스토리텔링을 통해 인권과 공동체 교육을 진행하며, 외출이 제한된 아동들과 어머니들에게 야외 탐방 프로그램을 제공한다. 노래에 재능 있는 난민 아동이 합창단에 입단하도록 돕고, 그리스와 동유럽 난민 루트를 통과하는 난민으로 하여금 이민 교회를 통해 도움을 받도록 한다. 요르단에 남은 가족들에게도 정기적으로 방문하여 아동 프로그램을 제공한다. 그리스도인들은 난민 센터를 운영하며, 방과 전후 교실을 통해 아동들의 교육을 돕고 있으며, 노래와 미술 등 예능 영역도 계발하여 더 나은 미래를 준비하도록 헌신한다. 그리스도인과 교회의 난민을 향한 실천은 더욱 확장되어 난민이 또 다른 난민을 돕고 있으며, 난민의 자녀들은 재능을 키워나가고 있다. 난민들은 그리스도인의 사랑을 몸소 체험하며 그리스도인의 활동에 동참하고 있다.

그리스도의 교회, 어떻게 아랍 난민과 함께 할 것인가?

1) 아랍 난민에 대한 이해

아랍 난민들은 전쟁의 피해자와 약자의 모습으로 다가왔다. '아랍의 겨울'을 지내는 고통 가운데, 종족과 종파 분쟁으로 인해 목숨을 담보하고 피난처를 찾아 이주해왔다. 이들은 정착한 사회에서 자신들의 정체성이 드러나는 것을 조심스러워하고, 극단주의 이슬람 세력을 혐오하며, 통계적으로 범죄와 연관되는 일도 거의 없다. 동남아시아에서 온 이슬람계 노동자들이 이슬람 성원과 기도처를 찾듯이 이슬람계 아랍 난민들은 그들의 종교 행위를 실천한다. 그렇지만, 대다수는 인도적 체류 허가자로서 생계를 이어나가기에 절박하고, 경제적인 어려움과 보장 없는 미래에 불안한 나날을 살고 있다.

2) 아랍 난민을 향한 그리스도인의 실천

아랍 난민과의 공존

그리스도인은 아랍 난민과 더불어 살고, 그들의 필요에 응답해야 한다. 구약성서와 신약성서는 이스라엘 자손과 그리스도인들이 타민족들과 공존했음을 알려준다. 거류민과 나그네로 대표되는 난민과 같은 이방인을 돌보고 보호하라고 말한다. 음식과 의복을 공급할 뿐만 아니라 함께 생활하고, 자녀같이 여기며, 같은 민족으로 여겨 사랑하라고 가르친다.

아랍 난민에 대한 존중

그리스도인은 아랍의 무슬림들과 진정으로 대화하고, 그들의 아픔에 동참하며, 문화를 존중해야 한다. '케이프타운 서약'은 전쟁의 피해자, 경제 난민, 고아와 과부 들을 돌보라고 명령한다. 아랍의 무슬림들에게 다가서고, 이들을 사랑하라고 권면한다. 정치 폭력의 희생자인 아랍 민족들의 고통에 동참하고, 강제 개종이 아닌 우정과 존중하는 관계를 통해 아랍 난민들의 명예를 중시하는 대화를 하라고 독려한다. WCC의 선교 성명은 아랍 난민을 존중과 우정의 태도로 대하며, 취약 계층인 여성, 어린이의 인권을 보호하고, 종교 간의 진정한 대화를 실천하라고 권면한다.

아랍 난민에 대한 공급

그리스도인은 아랍 난민에게 피난처와 교육을 제공하고, 정신적 육체적 치료를 감당해야 한다. 시리아와 이라크의 그리스도인들은 목숨의 위협에 처했지만 아랍 난민들의 필요를 채워주었다. 노숙 난민들에게 음식을 공급했고, 의료 활동과 쉼터를 제공해 난민들을 돌보았다. 고아와 과부를 돕기 위해 교육 시설을 확충하고, 가족들에게 인권과 예능 교육, 야외 프로그램을 실시했으며, 난민 스스로 난민을 돕고 난민 활동에 참여하도록 독려하고 있다.

아랍 난민에 대한 실제적인 환대

그리스도인은 아랍 난민을 실제적으로 포용하고 환대해야 한다. 난민들의 정착 초기에 실질적인 필요와 요구가 있으므로 이를 채워주어야 한다. 아랍 난민들이 제도권 안에서 난민 지위를 인정받고, 노동 허가를 통해 적합한 직업을 얻어 사회의 구성원이 되도록 도와야 한다. 아랍 무슬림을 폄하하는 언론의 문제를 바로잡고, 안전에 대한 욕구 때문에 혐오로 표출되는 반응을 개선해나가야 한다.

결론: 난민을 포용하고 환대하는
세상을 위한 그리스도인

그리스도인은 아랍 난민에게로 향해야 한다. 그리스도인은 성서의 바른 관점을 가지고, 왜곡된 이슬람에 대한 역반응으로 나타난 혐오와 차별을 넘어서서, 아랍 난민을 품고 그들과 함께 살도록 실질적인 환대가 이루어지는 사회를 만들어나가야 한다.

그리스도인이 아랍 난민을 포용하고 환대해야 하는 이유는 이 연구를 통해 분명하게 드러난다. 성서는 이스라엘 민족과 그리스도인이 타민족과 공존했음을 증거하며, 이방인인 거류민과 나그네를 돌보고 대접하라고 명령한다. 더욱이 이들의 필요를 채워주고, 함께 살아가며, 가족같이 사랑하라고 가르친다. 이는 내전으로 인해 거처를 잃고 어려운 삶을 살아가는 아랍 난민을 향한 가르침이다. 로잔운동의 '케이프타운 서약'은 내전의 피해자, 경제적으로 어려운 난민, 고아와 과부 들을 돌보라고 권한다. 아랍의 무슬림 난민들을 사랑하고, 팔레스타인 등 아랍 민족들의 고통에 동참하라고 촉구한다. 명예 문화를 존중하고 온유함과 존경함으로 이들에게 다가설 것을 권유한다. 세계교회협의회의 선교 성명서도 아랍 난민 중에 여성과 어린이의 인권 보호를 명령하며, 이들에게 존중과 우정의 태도, 종교 간의 진정한 대화를 실천하라고 권면한다.

아랍 세계의 그리스도인은 고통과 역경 속에서도 아랍 난민의 아픔을 감싸며 함께 울어주었다. 시리아 그리스도인들은 생명의 위협 속에서도 노숙 난민에게 식료품을 지원했으며, 의료인들과 함께 난민들의 정신적 육체적 고통을 치유해주었다. 이라크와 요르단의 그리스도인들도 쉼터와 교육 시설을 제공하여 아랍 난민들의 생명을 돌보았다. 생필품을 지원하고 공동체, 인권, 난민 교육을 진행했으며, 아동들과 어머니들에게 적합한 프로그램을 제공했다.

그리스도인은 아랍 난민들을 따뜻하게 품어주어야 한다. 아랍 세계의 현실을 이해하고 그 상황을 고려하여, 아랍 난민을 향해 포용의 태도를 가져야 한다. 종교적 소수자이지만 아랍 난민을 돕고 있는 아랍 세계 그리스도인의 섬김을 주시해야 한다. 아랍 난민을 향해 일상적인 환대의 자리가 펼쳐지기를 기대한다. 이는 그리스도인과 그리스도의 교회가 마땅히 담당해야 할 생명 살림의 몫이다.

한동희

요르단 대학교(The University of Jordan) 역사학 박사 과정 중(Ph,D cand.). PCK(예장 통합) 요르단 선교사. 아랍 교회 담당 및 난민센터 센터장. PCK 요르단현지선교회 회장 및 중동권역장. 중동한인선교협의회 부회장.

교회 안에서의 장애인에 대한 혐오와 배제

김홍덕

한국 교회에서 장애인을 이해하는 방식은 대체적으로 세 갈래로 나뉜다. 첫째, 죄에 대한 벌로 장애를 입었거나 무언가를 깨닫게 하시기 위해 주신 과제를 가진 사람들로 이해한다. 따라서 장애인은 여전히 해결되지 않은 문제를 가진 사람들이다. 둘째, 불쌍한 존재들이므로 도와주어야 할 사람들이다. 교회에서 가르치는 축복관으로 보면 이들은 축복에서 낙오된 사람들이다. 셋째, 그들을 통해 비장애인들이 얼마나 축복을 받은 사람들인가를 깨닫게 해주는 도구들이다. 이와 같은 이해 방식으로 인해 장애인은 교회의 모든 리더십과 프로그램에서 배제되고 있는 것이 현실이다. 그러나 이러한 장애인관은 교회의 전통적 도그마와 잘못된 성경 해석에 뿌리를 깊이 박고 있다. 그들은 「레위기」에서 말하는 흠 있는 사람들이기에 성직이나 리더십에서 제외된다. 특히 지적 장애인의 경우, 스스로 신앙고백을 할 수 없다는 이유로 성례전에서 배제된다. 결국 교회 안에서 장애인에 대한 혐오와 배제는 성경적 가르침에 대한 잘못된 이해와 교회의 악습으로부터 나오는 것이다. 장애인들을 교회가 품고 환대로 가기 위해서는 다음과 같은 과제가 있다.

첫째, 장애에 대한 바른 성경적 이해가 절실하다. 특히 흠 있는 제사장(「레위기」 21~22)에 대한 바른 이해가 필요하다. 둘째, 예수 그리스도의 사역 모델이 철저히 통합의 원리를 제시하고 있음을 알고 교회의 모든 리더십과 프로그램에서 장애인을 배제하지 말아야 한다. 셋째, 교회가 장애인들에 대한 사역을 특수 사역 또는 복지 사역적 차원이 아닌 킹덤 사역과 예배 공동체라는 차원에서 보아야 한다.

장애인이라는 이유 하나만으로

가장 마음 포근해야 할 교회가 장애인들이나 그 가족들에게는 결코 편안한 곳이 못 된다. 오히려 절망적이고 잔인한 곳이 되었다. 황당한 사례 몇 가지를 소개한다.

휠체어를 타는 신체 장애인 A 씨, 긴 방황을 끝내고 교회를 찾았다. 인근의 소문난 큰 교회다. 큰맘 먹고 찾아갔으나 장애인을 위하여 교회가 준비되지 않았다는 이유로 다른 교회를 가보라고 권유받았다. 귀신이 들렸다는 이유로 잦은 축귀 의식에 시달리다 못해 더 심해진 정신병으로 고생하는 B 씨. 직장 안전 사고로 한쪽 팔을 잃었으나 오히려 더 큰 하나님의 은혜를 체험하고 다시 성가대 지휘봉을 잡기 원했는데 사람들에게 혐오감을 줄 수 있다는 이유로 거절당하고 그 상처로 인해 교회를 떠난 C 집사. "죽은 나사로도 살리시는 예수님이 그까짓 장애 못 고치시겠어요? 믿음만 있으면 그 어떤 병이나 장애도 고칠 수 있습니다. 믿으세요"라고 외치는 강대상 밑에서 "믿음을 주소서!"라며 울부짖는 청각 장애아 K 양의 어머니. "하나님께 아직 해결받지 못한 죄가 있나 봐요. 같이 기도해줄게요. 우리 한번 매달려봅시다. 이번 기회에 장애를 고쳐 하나님께 영광 돌려드립시다"라며 덥석 손을 잡고 기도를 시작하는 믿음 좋은 성도들 앞에서 고개를 들지 못하는, 지적 장애 아이를 둔 P 씨. 이미 전 재산을 서원기도로 바쳤으나 "더 바쳐보세요. 믿음의 분량이 모자라서 그래요"라고 추임새 넣는 용감한 교인들 때문에 더이상 교회 나가기가 무서운 L 씨. "내가 안수해도 낫지 않는 것은 아직도 당신 믿음이 부족하기 때문이야"라며 책임 회피하는 자칭 '능력의 종'의 뻔뻔함에 마음을 닫아버린 M 씨. 신체 장애를 가졌지만, 사회에서나 교회에서 장애를 의식하지 않고 성공적인 삶을 사는 형제에게 어느 날 교회에 장애 부서가 생겼으니 다음 주부터 장애 부서 예배에 참석하라는 권유를 받은 청년. "나는 일반 예배에 참석해 늘 은혜를 받고 있습니다"라고 대답했다가 "장애인 주제를 알아야지"라고 빈정대는 봉사자의 대답에 큰 상처를 입은 N 씨. 교회를 방문할 때마다 어김없이 달려와 휠체어를 밀어주는 사랑 많은 교인들. 그러나 언제나 한결같은 질문들. "어떡하다 사고를 당해 장애인이 되셨나요? 그때 사고 상황은 어땠어요? 보험 처리는 되었나요?" 심지어는 "그런 몸 가지고도 결혼이나 부부 생활에 문제는 없나요?" 하고 천편일률적으로 퍼붓는 질문들에 질려 다시는 교회 쪽으로 눈길도 주지 않는 청년 Y 씨.

이런 사례들은 징애인들이니 그 가족들이 매 주일 교회에서 경험할 수 있는 지극히 평범한 일화에 지나지 않는다. 그들은 자고로 장애인이라는 이유 하나만으로 사회적으로, 또 종교적으로 혐오의 대상이 되어왔다. 한국 속담이나 민담에는 아침에 맹인을 만나면 재수가 없다는 식의 내용이 가득하다. 이렇게 혐오의 대상이 아닐 경우에는 또 그저 불쌍한 존재로서 동정의 대상이 되었을 뿐이다.

고대 그리스·로마 문화에서는 장애아가 태어나면 바로 죽였다. 특히 육체의 건강을 최고의 선으로 생각하던 스파르타에서는 태어난 장애아를 들판이나 낭떠러지에 공공연하게 갖다버렸다. 이는 아마도 그리스·로마 문화의 체계를 제공한 플라톤의 영향이 아닌가 한다. 플라톤은 장애인이 완전한 이데아의 세계로 나아가는 데 방해가 된다고 보았다. 플라톤은 그의 저서 『국가』에서 "선한 자의 자식은 양육을 잘해야 하지만 불량한 자의 자식이나 신체 장애를 가지고 태어난 자식은 몰래 적당하게 처치해야 할 것이다"라고 말했다. 아리스토텔레스 역시 『정치학』에서 "이상 국가를 만들려면 이상이 없는 아이를 생산 양육해야 한다"고 주장했다. 네로 왕은 기독교의 박해와 더불어 장애인을 활쏘기 연습의 표적으로 삼는 등 잔혹한 만행을 저질렀으며, 이러한 행위는 사회의 장애인에 대한 학대와 조롱으로 이어졌다.

그렇다면 기독교가 절대적인 권위로 세계를 지배하였던 시대에서는 장애인에 대한 이해와 태도가 확연하게 달라졌을까? 불행하게도 기독교의 역사에서도 장애인은 역시 줄곧 혐오의 대상이었다. 장애인은 쉽게 악마로 여겨졌으며 마귀가 들린 것으로 인식되어 쇠고랑을 차고 열악한 시설에서 감금 생활을 해야만 했다. 특히 산업혁명이 일어나기 전까지만 해도 교회에서 '장애인은 잘못 태어난 사람들'이라든가, 그들은 '영혼이 없는 육체'라면서 '마귀가 그들의 영혼이다'라고 가르치기를 서슴지 않았다.

산업혁명 후 현대에 이르기까지 장애인에 대한 인식이 획기적으로 바뀌긴 했어도 문화에 따라 장애인에 대한 편견이나 혐오는 여전히 남아 있다. 아이러니하게도 이런 편견과 혐오가 가장 진하게 남아 있는 곳이 교회라고 해도 과언이 아닐 것이다. 사회는 르네상스와 산업혁명을 거치면서 인식론적으로 장애인에 대한 이해를 크게 달리해왔으나 교회 안에서 장애인에 대한 이해와 태도는 크게 바뀌지 않고 있다.

그렇다면 교회는 왜 이렇게 장애인에게 유독 혐오감을 가지고 있을까? 그렇다면 그건 단지 기독교인들의 독특한 관습이나 태도를 넘어 어떤 도그마와 관계가 있지 않을까?

이 에세이는 교회에서 장애인이 배제되는 상황에 주목하여 교회의 장애에 대한 인식에 영향을 준 성경 해석학적 오류에 대해 몇 가지 지적하고, 이에 대한 바른 성경적 이해를 제시하고자 한다.

교회의 장애인 배제와 「레위기」

교회에서 장애인이 배제되는 상황적 이유들은 대략 다음과 같이 요약할 수 있다.

첫째, 그들의 장애는 신으로부터 저주를 받은 결과다. 그런 사람들은 거룩한 자리에 설 수 없다.

둘째, 그들의 장애는 죄 때문에 생긴 결과다. 따라서 죄 문제부터 해결해야 한다.

셋째, 그들은 교회에 도움이 되지 않는다. 재정적 기여도나 인적 자원 측면에서 교회에 큰 도움이 되지 않을 뿐 아니라 오히려 교회의 짐이 된다.

넷째, 교회의 이미지에 흠이 된다. 교회에서 장애는 축복의 반대 개넘이기 때문이다.

다섯째, 교회 성장에 방해가 된다. 일반 성도들에게 부담이 된다. 결국 교회 성장에 방해가 된다.

교회가 설교나 성경 공부를 통해 장애인을 부정한 사람으로 취급하는 데 중요한 역할을 한 텍스트는 앞에서도 비쳤듯이 「레위기」다. 과연 「레위기」는 장애인을 부정하다고 보았는가? 그렇다면 그 이유는 무엇일까?[1]

「레위기」 21장 16~24절을 보면 아론의 자손들(제사장)에게 명한 규례가 적시되어 있다. 이 구절에 포함된, 육체에 흠이 있는 자(장애인)는 맹인(blind), 다리 저는 자(lame), 코가 불완전한 자(disfigured), 지체가 더한 자(deformed), 발 부러진 자, 손 부러진 자(crippled), 등 굽은 자(hunchback), 키 못 자란 자(dwarf), 눈에 백막이 있는 자(eye defect), 습진(festering)이나 버짐(running sores)을 가진 자, 고환 상한 자(damaged testicles)다. 이런 사람들을 향하여 "하나님의 식물의 지성물이든지 성물이든지 먹을 것이나 장 안에 들어가지 못할 것이요 단에 가까이 못할지니 이는 그가 흠이 있음이라. 이와 같이 그가 나의 성소를 더럽히지 못할 것은 나는 그들을 거룩하게 하는 여호와임이니라"(21:22~23)라고 단호하게 말하고 있다. 뿐만 아니라 이 규례는 동물들에게까지 적용되었다. 흠 있는 동물(제물)로 거론된 것은 눈먼 것(blind), 상한 것(injured), 지체에 베임을 당한 것(maimed), 종기가 있는 것(thing with warts), 습진 있는 것(festering), 비루먹은 것(running sores), 지체가 더하거나 덜한 것(deformed, stunted) 고환이 상한 것(bruised testicles), 치인 것(crushed), 터졌거나 베임을 당한 것(torn or cut) 등이다(22:21~24).

---

1 이 부분은 필자의 책 『장애신학』(대장간, 2010) 제2장 76~79쪽을 인용했음.

「레위기」에 적시된 장애인들은 과연 부정한 사람들인가? 이에 대한 답을 한다면 이렇다.

첫째, 「레위기」 21장의 요구는 모든 백성들에게 요구한 기준이 아니었다. 이 요구는 제사장 직분자들에게 요구한 성결한 기준이었다.

둘째, 흠이 있는 제사장은 제사를 집전하지 못했지만, 성물을 먹는 것에서 제외되지는 않았다. 「레위기」 의식법에서 제사장과 그 가족들은 정결한 음식만을 먹어야 했으며 아울러 피의 순결을 지키도록 규정했다. 왜냐하면 이들은 하나님의 거룩하심을 나타내는 사람들이기 때문이다. 흠이 있는 제사장이라고 해서 이런 식탁 공동체에서 배제시키지 않았다.

셋째, 흠이 있다 해서 그들이 제사장 가문에서 쫓겨나거나 제사장 직분 자체를 박탈당한 것은 아니다. 그렇기 때문에 그들이 예배와 코이노니아 등 공동체 삶의 주요한 행사에서 배제되지는 않았다.

넷째, 기생, 부정한 여인, 이혼당한 여인, 과부가 「레위기」에서 부정한 사람들로 취급되지만 그렇다고 성경이 그들을 인격적으로 부정하다고 말하지는 않는다.

다섯째, 그러므로 「레위기」 21~22장의 강조점은 신체 부적격에 있는 것이 아니라 예식에 부적합한 의식적인 부정함(ritual impurity)에 있다. 예를 들면 부정한 것을 만진 건강한 제사장이 오히려 신체 장애 제사장보다 더 부정한 자가 된다. 왜냐하면 신체 장애 제사장은 의식을 집전할 수는 없어도 성물을 먹을 수 있었으나 의식적으로 부정한 제사장은 아예 성물조차 먹을 수 없었기 때문이다.

여섯째, 결국 하나님의 정결이란 것을 표현하기 위해 동원된 상징적인 존재(장애인/동물/시체 등등) 그 자체가 부정하다는 뜻이 아니다. 다만 정결한 의식을 위한 마음의 준비 상태가 중요하다는 것을 강조하기 위해 시대적인 감각을 반영했을 뿐이다.

성례전에서 장애인이 배제된 이유[2]

장애인들은 교회의 성례전에서 배제되어왔다. 장애인들의 교회 접근은 신체 장애인이나 지적 장애인이나 할 것 없이 쉽지 않다. 교회 건축물의 장벽 때문에 신체 장애인들이 예배에 참석한다는 것은 결코 쉬운 일이 아니다. 반면 자폐 장애인들의 경우 예배에 방해가 된다는 이유로, 또는 지적 능력이 모자란다는 이유로 예배 참석을 거부당해왔다. 장애인들을 배려하는 교회조차도 지적 장애인들에게 성례를 베푸는 경우는 드물다. 그 이유는 교회의 교단 배경과 전통에 따라 조금 다르긴 하지만 그 주장이 옹색하기만 하다.

교회가 지적 장애인을 성례전에서 배제시키는 가장 큰 이유는 그들이 자신의 말로 신앙을 고백할 수 없다는 것이고, 그러기에 세례를 줄 수 없고, 세례를 받지 못한 자는 성찬에 참여할 수 없다는 것이다. 성례란 구원을 받은 성도들을 위한 예전이라는 것이다.

그러나 이런 주장은 성경적이지 않다.

첫째, 세례는 구원에 대한 인증서가 아니다. 그렇다고 누구에게나 발부하는 면죄부도 아니다. 구원의 문제는 하나님의 계획하심에 달려 있다. 무슨 근거로 하나님께서 장애인을 구원에서 배제하였다고 보아야 할까? 모든 사람이 하나님의 형상대로 지음을 받았다는 창조 원리에 장애인은 배제한다는 조건이 과연 있는가? 「출애굽기」 4장 11절은 하나님의 창조에 장애인도 포함한다고 말한다. 장애를 이유로 그들의 구원을 확신할 수 없고, 또 증명할 수 없기 때문에 세례를 베풀지 못한다고

---

2 더 자세한 논의에 대해서는 필자의 저서 『교회여 지적장애인에게 성례를 베풀라』(대장간, 2013)를 참조할 수 있다.

주장한다면, 세례 문답을 기계적으로 외워 통과한 사람과 합동 세례와 같은 이벤트성 행사에서 얼떨결에 세례를 받은 사람들은 모두 구원을 받는다고 장담할 수 있을까? 결국 세례는 구원의 인증서가 아니고 신앙 공동체의 입문의 표지이며 성례전이야말로 성도의 거룩한 교제와 축제로 이해해야 할 것이다.

둘째, 구원을 확인하는 절차로서 신앙고백의 문제다. 즉 본인의 입으로 자신의 신앙을 고백하여야만 세례를 줄 수 있다는 생각 또한 문제다. 즉 수세자의 분명한 믿음의 고백에 근거해야만 세례를 줄 수 있다고 주장하는 교회가 많다. 그래서 신앙고백이 불가능한 장애인에게 세례를 베풀지 않는다. 따라서 장애인은 성찬에도 참여할 수 없다. 그들이 중요하다고 판단하는 근거는 수세자의 '인식의 능력과 결단'이다. 이런 주장은 구원의 성격을 오해한 데서 기인한다. 복음을 인식하는 능력을 인지 능력에 둔 것이 문제다. 구원을 이해하고 받아들이는 데 인지적 능력(IQ)이 잣대가 될 수 없다. 또 '과연 지적 장애인들이 어떻게 복음을 인식하고 받아들일 수 있을까?' 하는 질문과 '지적 장애인의 구원 문제를 제3자가 어떻게 인식할 수 있을까?' 하는 질문은 완전히 별개의 질문이다. 그런데 교회는 두 질문을 동일한 것으로 혼동하고 있다. 결국 이 문제는 지적 장애인의 몫이 아니고 교회의 인식의 문제다.

또한 고백과 결단의 문제도 마찬가지이다. 고백과 결단을 반드시 언어나 글로 표현해야만 한다는 논리도 교회 행정 당사자의 편의주의 발상이다. 현행 교육법에서도 커뮤니케이션의 수단으로 다양한 방법을 수용하는 마당에, 교회에서는 오로지 음성 언어로만 표현할 수 있어야 한다는 주장은 시대에 뒤떨어진 주장이다. 말을 전혀 할 수 없는 장애인들을 위해서 고안된 커뮤니케이션 기기들이 많다. 눈동자 움직임 외에는 전혀 신체의 다른 기능을 할 수 없는 장애인들이 눈동자 인식만으로도 자유자재로 자신의 의사를 표시하고 있는 시대에 살고 있다. 교회가 시대에 뒤떨어진 방법으로 사랑하는 하나님의 자녀들에게 상처를 주어서는 안 될 것이다. 오히려 그들의 말을 들어주고 마음을 보듬어주는 것은 교회의 몫이다.

셋째, 교회는 안정성과 건덕이라는 이유로 장애인을 성례에서 배제하여왔다. 장애인이 하는 말을 믿을 수 없다는 이야기이다. 그렇다면 비장애인들의 모임은 건전하고 그들의 고백은 믿을 만하다는 말인가? 장애인들의 모임과 고백은 불완전하고 안정적이지 못하다는 생각은 어디에서 온 걸까?

오늘날 교회 안에서 아픔을 호소하는 장애인 가족들이 많다. 갑자기 사고를 당해 뇌를 다쳐 말도 하지 못하는 자녀를 둔 부모의 경우, 그들의 자녀가 함께 성찬에 참여하지 못함으로 인해 영적 상심이 매우 크다. 예배 참석하는 것을 너무 좋아해 한 주도 빠짐없이 예배에 참석하는 지적 장애아를 둔 부모의 경우는 또 어떤가. 세례 문답을 하지 못한다는 이유로 세례를 받지 못해 매번 성례에서 제외되는 아이를 보며 신앙 공동체의 축제에 왜 함께 참여하지 못하는지, 혹시 구원을 받지 못하는 건 아닌지 괴로워한다.

「이사야」 61장의 비전과 「누가복음」 4장의 비전 성취

「이사야」 61장은 앞으로 오실 메시아의 지상 사역의 본질을 규정한다. 결국 예수 그리스도가 이 예언의 성취자이며 종말론적 희년의 주인공임을 예언한 귀절이다. 61장 1~2절은 메시아의 공생 사역의 사명 선언문이라 할 수 있다. 따라서 가난한 자에게 아름다운 소식을 전하게 하려 하심이라는 메시아 사역의 핵심 주제이다.

이 이사야의 예언 속에는 소외된 자들에게 희년을 선포하시겠다는 희망의 메시지가 들어 있다. "주의 은혜의 날"이라는 말 속에 이미 희년의 개념이 들어 있다. 잃어버린 나라를 회복한다는 일차적 예언임과 동시에 종말론적 안식의 약속이 들어 있기 때문이다. 61장 본문에 나열되어 있는 "가난한 자", "마음이 상한 자", "포로 된 자", "갇힌 자", 이들이 희년의 주인공들이다. 이들에게 "여호와의 은혜의 해"를 약속하셨다는 사실은 그야말로 압제를 받고 있었던 이스라엘 백성들에게 해방의 소망을 주며 가난한 자로 대변되는 소외층들에게는 새로운 삶의 불쏘시개로 꺼져가는 생명을 살리는 역할을 한다. 반면에 "하나님의 보복의 날"(「이사야」 61:2)을 언급하심으로 이스라엘 백성을 압제하고 있는 원수들을 하나님께서 반드시 복수하신다는 약속이다. 고통 중에 질식할 것 같은 백성들에게 이 약속은 그야말로 고통을 이길 수 있는 시원한 생수 같은 말씀이다. 이들을 '자유케 한다'는 단어 '아페시스aphesis'는 「레위기」 25장 10절의 단어 '데로Deror'의 70인경 번역으로서 희년에 쓰이는 테크니컬한 단어이다.

「이사야」 61장의 약속은 그야말로 가난한 자들에게 아름다운 소식이다. 이사야가 예언한 이런 희소식은 결국 희년으로 오신 예수 그리스도를 암시한다. 따라서 이사야의 희년적 선포는 신체적·사회적·영적인 모든 영역에 걸쳐 그 영향을 미치는 하나님 나라의 본질적인 비전 선포인 셈이다.

「누가복음」 4장 18~20절은 「이사야」 61장 1~2절의 인용 귀절이다. 예수님께서 공생애를 시작하시면서 맨 먼저 나사렛 회당에서 두루마리 성경을 펴서 읽으신 말씀이다. 이렇게 하심으로써 자신이 이사야가 한

예언의 성취자이심을 당당히 밝히신 것이다. 이런 선언은 메시아를 기다리던 유대인들을 당황하게 만들었다. 예수님께서 읽으신 본문은 유대인들이 메시아 강림을 기다리는 약속의 말씀 중 하나로서 그 예언의 약속은 오직 유대인들에게만 해당되는 특권으로 믿었기 때문이다. 따라서 예수님이 "이 글이 오늘날 너희 귀에 응하였느니라"하고 예언의 성취를 선포하자 유대인들이 분개하여 예수님을 해하려고 하였던 것이다. 이사야의 예언은 예수 그리스도가 예언의 성취자일 뿐만 아니라 메시아로서 이 땅에서 하실 역할을 말하고 있다.

「누가복음」 4장에는 「이사야」 61장 예언 부분에 의도적으로 보이는 문장 변경이 있다. 첫째로, 「이사야」 58장 6절의 "압제당하는 자를 자유케 하며"가 「누가복음」 4장 18절에 추가되었다.[3] 둘째, 「이사야」 61장 2절의 "하나님의 신원의 날"이 「누가복음」에서는 "주의 은혜의 날"로 치환되었다. 셋째, 예수님은 '갇힌 자'로 표현된 히브리어 원문을 '눈먼 자'로 해석한 70인경을 인용했다.

이런 사실은 분명히 어떤 의도가 있음을 강하게 시사해준다.

"하나님의 신원의 날"이 "주의 은혜의 해"로 치환된 것에 관해서는, 구약에서 심판을 의미한 것이라면 여기서는 예수님의 사역이 은혜의 사역임을 강조한 것이다. 예수 그리스도의 오심은 심판이 아니라 은혜로 주어지는 구원에 목적이 있다는 것이다. 또 "압제당한 자를 자유케 하며"란 말을 새로 삽입함으로써 「이사야」 58장과 61장을 연계하여 메시아의 사회적 사명을 강조하였다. 또 본문에 등장하는 소외된 그룹, 즉 가난한 자, 포로 된 자, 눈먼 자, 눌린 자들의 본질적 존재 가치를 예수님께서 재정립해주셨다. 유대인의 틀에는 이들이 하나님 나라의 아웃

---

3 개역한글판에는 "눌린 자를 자유케 하고"라고 번역되어 있다.

사이더이지만 하나님 나라의 관점에서는 인사이더라는 것과, 때가 되면 이 두 그룹 사이에 극적인 반전이 일어날 것을 암시한 것이다.

「누가복음」 4장 16~20절을 보면 전체 문단이 교차대칭 구조를 하고 있다. 예수님께서 이사야의 말씀을 의도적으로 문장 변경하신 후 이런 문단 구조를 만들어 교차대칭 구조가 주는 해석상의 의미를 강조하려는 의도가 있었다고 볼 수도 있다.[4]

즉, 교차대칭 구조의 정중앙에 있는 세 문장이 전체 문장의 핵심 주제가 된다. 세 문장 속에 나오는 계층들(포로 된 자, 눈먼 자, 눌린 자)을 포괄적으로 의미하는 대표격이 가난한 자가 된다. 그러므로 가난한 자는 모든 소외된 계층을 대표하는 말로 쓰였다. 주석가 렌스키는 「이사야」 61장 1~2절을 번역한 70인경에서 가난한 자, 갇힌 자, 눈먼 자 등의 단어에 정관사가 빠진 것은 바로 가난한 자라는 말이 이런 모든 부류의 사람을 통칭하는 집합적인 용어임을 강력하게 시사해준다고 주석했다. 선교신학의 거장 데이비드 보쉬는 예수님께서 심판에 대한 단어를 의도적으로 빼시고 은혜의 해를 선포하신 이유는, 이방인을 암시하는 소외당한 자들에 대한 그리스도의 사랑이 하나님의 심판을 능가한다는 사실을 나타내준다고 설명했다.[5]

결론적으로 새로 도래한 하나님 나라의 질서에서는 그동안 사회적·종교적 구조에서 배제되었던 소외된 그룹이 오히려 주역이 될 것이라는 사실을 암시해준다.

그렇다면 가난한 자로 대표되는 소외된 자들이 하나님 나라에서 차지할 새로운 역할은 무엇인가?

---

4 「누가복음」 4장 16~20절의 교차대칭 구조를 통하여 찾아낼 수 있는 자세한 해석학적 의미에 대해서는 필자의 『장애신학』(대장간, 2010), 343~348쪽을 참조할 것.

5 같은 책, 344~345쪽.

「이사야」 61장에 예언된 메시아의 역할은 가난한 자에게 복음을 전하는 것으로서 결국 예수 그리스도가 그 역할을 수행하도록 보내심을 받았다는 뜻이다. 이제 소외된 자들이 자유롭게 된다는 말은 흑암의 세력하에 있는 이방인들이 복음으로 자유롭게 됨을 가리킨다. 가난한 자를 하나님 나라의 구원 계획의 대행자로 선택했다는 것은 하나님 나라의 킹덤 모티브로 큰 의미를 가진다. 예수님께서 공생애에서 많은 시간을 소외된 집단과 함께 하셨다는 것을 단지 사랑과 긍휼이 많으신 분이기 때문이라고 해석해서는 안 된다는 뜻이다. 그러므로 성경에서 가난한 자를 단지 사회적인 문제로 접근해서는 안 된다. 하나님 나라라는 관점에서 다루어야 한다. 가난한 자가 하나님 나라의 주빈이 되는 것은 점진적인 신분 상승 노력의 결과가 아니다. 이것은 빛으로 오신 예수님께서 그동안 율법의 사슬에 묶여 있었던 이들의 사슬을 풀어주셔서 가능해진 것으로, 순간적인 변혁이다.

「누가복음」 14장 15~24절의 만찬 비유는 「누가복음」 4장의 의미를 더욱 분명하게 해준다. 이 천국 만찬 비유에서 예수님은 당시 사회적으로나 종교적으로 유대인과 부자, 그리고 이방인과 가난한 자로 이분되는 사회 구조의 잘못을 지적하면서 하나님 나라는 결국 가난한 자와 장애인으로 대표되는 이방인이 주체가 될 것이라고 암시했다. 본문의 내용을 정리해보자.[6]

잔치에 먼저 초청을 받은 사람들이 오지 않자 나중에 각종 장애인이 등장한다. 이들은 원래 초청 명단에 없었던 불청객들이다. 본문은 종말론적 천국 잔치에 대한 이야기다. 이 천국 잔치는 모든 사람들을 위한

---

6 만찬 비유의 의미는 필자의 책 『장애신학』(대장간, 2010), 348~356쪽의 내용을 간략하게 재정리하였다.

잔치를 의미한다. 처음 초청을 받은 유대인들은 그들이 그토록 애타게 기다렸던 메시아가 오셨음에도 불구하고 메시아로 인식하지 못했기 때문에 잔치 참석을 거부했다. 대신 그동안 잔치의 객으로도 부름을 받지 못했던 이들이 졸지에 잔치의 주빈이 된다. 이 천국 잔치에 대하여 몇 가지로 그 의미를 새겨본다.

첫째, 천국 잔치의 초대권은 사람의 신분이나 능력에 따라 주어지는 것이 아니라 전적으로 하나님의 부르심에 달렸다.

둘째, 나중에 극적으로 초청을 받아 잔치의 주빈이 된 소외층은 바로 이방인들을 의미하며 그들은 바로 오늘의 우리가 된다.

셋째, 이제는 천국 문호가 모든 사람에게 개방되어 있다. 그리고 이제 천국 잔치는 어떤 신분적 자격이 요구되는 것이 아니라 누구에게나 열려 있고 누구나 환영받는 곳이다. 마음껏 먹고 마실 수 있는 진정한 코이노니아가 있는 곳이다.

넷째, 이러한 천국 잔치의 모형이 교회다.

다섯째, 이 잔치는 이미/아직의 하나님 나라의 속성을 포함하고 있다. 이것이 우리들에게 주어진 종말론적 사명이기도 하다.

여섯째, 천국 잔치는 종말론적 예배 공동체의 원형을 그려준다. 예배 공동체의 중요성은 예수 그리스도로 인하여 제거된 신분적 장벽의 혜택을 입은 소외층을 포함하여 그리스도의 몸에 동참하는 모두가 그의 지체가 된다는 사실에 있다. 천국 잔치에서 함께 먹고 즐기는 모습은 예배 공동체에서 함께 예배하는 모습을 말할 뿐 아니라, 그리스도의 몸에 참여하고 떡을 떼는 성찬을 상기시켜준다. 또 그리스도와 함께 영원히 천국 잔치를 벌이는 종말론적 잔치 모습을 상상케 한다. 이때 완전한 공동체적 치유와 회복이 일어난다.

결론적으로 말한다면, 소외 계층이 포함되지 않는 교회는 존재할 수 없다. 만일 그런 교회가 있다면 진정한 의미의 교회가 아니다. 이런 의미에서 장애인은 메시아 공동체의 담지자다. 데이비드 보쉬는 하나님 나라 만찬 이야기는 예수님께서 장애인들을 객체에서 잔치의 주빈으로 끌어안으셨을 뿐 아니라 더 나아가 그들에게 능력을 부으심으로 하나님 나라 선교의 주체로 사용하신다는 암시를 준다고 강조했다.[7] 이처럼 소외된 자/장애인 모티브는 그들의 현실적인 문제 해결에 초점을 맞춘 것이 아니라 이방인을 부르시는 하나님 나라 모티브로 작용한다.

교회의 통합 원리

지금 한국 사회는 교회에 속해 있는 장애인의 비율이 일반 사회 속에 있는 장애인의 비율보다 훨씬 낮다. 진정한 교회라고 한다면 그 비율이 훨씬 더 높아야 정상이라 말할 수 있을 것이다. 그렇다면 교회는 장애인들에게 어떤 장소가 되어야 할까?

첫째, 교회가 장애인들에게 모든 면에서 접근권을 보장해주어야 한다. 단지 장애인용 엘리베이터나 경사로 같은 건축 문제를 말하는 것이 아니다. 장애인이라는 이유로 배제된 모든 권리를 함께 나누어야 한다는 말이다. 강대권이나 성가대, 교사 등의 직분에서도 결코 차별을 받아서는 안 될 것이다.

둘째, 교회는 장애인들에게 복지의 장소가 아니라 예배의 장소가 되어야 한다. 장애인에게도 교회는 예배의 장소다. 따라서 예배에 집중할

---

7 David Bosch, "Mission in Jesus's Way: A perspective from Luke's gospel," *Missionalia* 17, no. 1: 3~21 (1989), 8쪽.

수 있도록 돕는 일이 교회의 몫이다.

셋째, 교회는 본질상 모든 지체들이 모여있는 그리스도의 지체다. 장애인 부서나 장애인 예배를 만드는 것은 편의상 가능하나 교회의 다른 지체로부터 격리되지 않도록 특별히 유의해야 한다.

넷째, 교회는 현존하는 천국이다. 따라서 천국에서 성도들의 눈물을 닦아주시고 안아주시는 예수님을 상상하며 교회에서 서로 함께 위로하고 격려해야 할 것이다.

이런 관점을 명확하게 설명해주는 예가 「마가복음」 2장에 나오는 중풍병자 이야기다.

현대에 들어와서 장애학의 기본 원리는 접근권의 보장으로 시작한다. 이전에는 장애의 문제를 의료적인 관점에서 보아, 치료와 사회 보장이라는 처방을 했다. 그렇기 때문에 장애를 가진 사람은 언제나 사회적 수혜자가 되고 사회는 장애인들에게 혜택을 베푸는 기관이 되었다. 그러나 장애의 문제는 장애인 당사자의 문제가 아니라 사회적인 문제라는 인식이 생긴 이후로는, 장애인이 의욕이 있어도 어떤 공공 시설이나 프로그램에 접근할 수 없다면 그 장벽을 허물고 장애인에게 접근할 수 있도록 각종 방법을 제공해주어야 할 책임이 사회에 있다고 생각한다. 물론 교회에도 같은 원리가 적용되어야 한다.

중풍병자 이야기를 예수님과 네 친구들, 그리고 무리들의 시선으로 따로 바라보자.

첫째, 예수님의 눈으로 중풍병자를 보자. 본문의 중풍병자는 병이 깊어 거동조차 할 수 없었다. 말로만 듣던 예수님이 자신의 동네에 와 집회를 한다는 소문을 들었으나 스스로 참석조차 할 수 없었다. 그런 간절한 마음을 안 친구들이 그를 집회 장소로 인도했으나 장소는 이미 사람이 운신할 수 없을 정도로 가득 찼다. 친구들은 지붕을 뜯어서라도 중풍병자를 예수님 앞으로 인도했다. 이때 예수님은 강론을 중단한 뒤 웅성웅성하는 사람들을 잠재우고 중풍병자에게 시선을 고정시켰다. 만일 같은 일이 지금 일어난다면 많은 문제가 발생할 것이다. 일단 남의 집의 지붕을 허락 없이 망가뜨렸으니 보상을 둘러싼 싸움이 일어날 테고, 강사는 자신의 강의가 엉망이 되었다고 불쾌해할 것이며, 청중들은 늦게 나타나 난리를 부린다고 일제히 야유를 퍼부을 것이기 때문이다.

그러나 예수님은 마치 아흔아홉 마리 어린 양을 남겨놓은 채 잃어버린 한 마리의 양을 찾아 나선 목자와 같은 심정으로 중풍병자를 맞이하셨다. 오늘날 교회 지도자들이 가져야 할 기본 덕목이다.

둘째, 네 친구들의 입장에서 바라보자. 「마가복음」 2장 3절에 "사람들이 한 중풍병자를 네 사람에게 메워 가지고 예수께로 올 쌔"라고 기술된 것을 보면 이 중풍병자를 메고 온 네 사람은 주인공인 중풍병자와 아주 가까운 사이가 아니었음을 알 수 있다. 엄격히 말해 친구라고 할 수도 없다. 그럼에도 불구하고 이 네 사람은 중풍병자에게 참 친구가 되어주었다. 이 친구들은 무리로 인하여 들어갈 수 없는 상황에서 그저 포기하지 않고 모험과 위험 부담을 감수하였다. 남의 집 지붕을 뚫는다는 것은 대단한 모험이다. 그럼에도 그들은 먼저 계산하지 않았다. 그들의 머릿속은 중풍병자를 예수님께 접근시켜야 한다는 생각으로 온통 가득 차 있었을 뿐이다. 지금 이 시간은 이미 자리를 확보한 대중들보다 중풍병자가 예수 그리스도를 차지해야 할 시간임을 안 것이다.

셋째, 무리들의 시선으로 바라보자. 아이러니하게도 중풍병자가 예수님께 접근하지 못하도록 막은 사람들은 바로 제일 먼저 접근권을 확보한 무리들이었다. 이들 무리는 누구인가? 종교적으로 가장 뜨거운 사람들이었을 것이다. 앞자리를 차지하려고 새벽부터 진을 쳤던 사람들임이 분명하다. 오히려 너무 많이 모여 문제가 된 셈이다. 그러나 마가는 너무 많이 모인 상황 때문에 중풍병자가 예수님께 나아가지 못했다고 기록하지 않고, 무리 때문에 들어갈 수 없었다고 적시했다. 분명히 이유가 있어 보인다. 중풍병자를 데리고 온 일행들도 처음에는 자리를 비집고 들어가려는 시도를 여러 차례 했을 것이다. 그러나 아무도 비켜주지 않았다는 결론이 나온다. 자리에 또아리를 틀고 앉아 있었던 사람들 모두 중풍병자를 잘 아는 이웃사람들이었을 것이다. 그렇다면 왜 자리를 양보하지 않았을까? 아마도 그들은 중풍병자가 하늘로부터 저주를 받은 사람이라고 생각했을 개연성이 크다. 사람들은 그가 종교적으로 부정한 사람이기 때문에 오히려 성전에 나와서는 안 된다고 생각했음이 분명하다. 따라서 자리를 피해주지 않은 것에 대해 죄책감도 없었던 것 같다. 그래서 마가는 이들 무리를 중풍병자가 예수님께 접근하는 것을 막은 주범이라 지적했다. 잘못된 종교적 신념과 열심은 이처럼 무섭다. 이때 예수 그리스도가 가장 필요했던 사람은 다름 아닌 중풍병자였기 때문이다.

예수님께서는 종교적 사회로부터 버림을 받은 세리, 간음한 여자, 나병병자 등을 찾아가시며 그들을 치유해주심으로 그동안 사회적·종교적으로 접근이 금지되었던 이들이 예수님 자신에게 접근할 수 있도록 친히 자신을 내어주신 것이다. 그럼에도 오늘날 교회는 여전히 신학적·관습적·문화적으로 장애인들이 예수님께 접근하는 길을 막고 있다.

그렇다면 오늘날 장애인들의 접근을 막는 교회의 장벽이 무엇일까? 바로 잘못된 신학의 적용, 기복적 축복관, 교회 성장론과 경제적 득실에 따른 계산, 건강한 자를 표준으로 하는 교회 건축과 프로그램 운영, 리더십 독점, 문화적 거부감 등을 들 수 있다. 교회는 이제 예수님이 제시하신 통합의 정신으로 돌아가야 한다. 유대인이나 이방인, 남자와 여자,

자유인과 종의 구분을 혁파하신 정신은 오늘날 그 어떤 차별이나 혐오도 용납하지 않는다.

앞으로 교회가 할 일

교회가 예배 공동체라는 출발점에서 예배나 성경 공부 프로그램을 강조하는 것은 잘못된 일은 아니다. 그러나 동시에 하나님 나라라는 틀에서 개교회주의를 탈피하고 하나님 나라 질서에서 요구되는 덕목들도 함께 가르쳐야 할 것이다. 즉, 잘못된 구조를 고치고 소외된 자를 가로막는 각종 사회적인 장애를 제거하는 것이 사회 운동이나 복지의 차원이 아니라 성도의 건강한 영적인 삶이라는 사실과 책임을 숙지시켜야 한다.

오늘날 교회가 가지고 있는 장애인들에 대한 혐오감을 없애려면 어떻게 해야 할까? 몇 가지 실제적 대안을 제시하는 것도 중요하지만 그것보다는 본질적인 문제에 대한 지적과 함께 교회의 철저한 반성이 필요하다.

첫째, 교회가 영적인 삶에 대한 가르침을 바로 해야 한다. 하나님과 함께하는 삶이란 하나님과의 영적 거리로 나타낼 수 있는데, 이 영적 거리는 바로 얼마나 소외된 자들과 함께하느냐로 측정할 수 있다. 「마태복음」 25장 35~36절은 주리고 목마르고 나그네 된 자들을 돌보는 것이 바로 주님을 섬기는 하늘 나라의 계산법임을 환기시켰다.

둘째, 교회론을 개교회 성장적 접근보다 하나님 나라 시각에서 가르쳐야 한다. 교회는 현존하는 하나님 나라라는 관점을 강조해야 한다. 교회는 새 하늘과 새 땅을 미리 맛보는 장소가 되어야 한다. 천국에서 아무런 차별과 혐오가 없듯이 교회 안에서도 그래야 한다.

셋째, 모두가 그리스도의 지체라는 본질적 가치를 교회의 모든 프로 그램이나 행정에 적용하여야 한다. 바울은 「고린도전서」 12장 12~31 절에서 교회가 그리스도의 지체라는 사실을 자세히 설명하고 있다. 정리를 하자면, 1) 그리스도 안에서 모든 신분적 차별이 철폐되었다. 2) 각 지체의 다양성과 독특성을 존중해야 한다. 3) 이런 다양성 안에서도 하나 됨이 몸의 기능을 유지하는 키포인트다. 그러므로 교회는 장애인들이 편안하게 교회에 나올 수 있도록 어떤 건축 구조나 따뜻한 배려를 한다는 차원에만 머물러서는 안 된다.

넷째, 교회의 리더십에서 더 이상 장애인을 배제해서는 안 된다. 이 리더십은 강단이나 성가대, 교사 등 모든 분야에 적용된다. 교회가 장애인들을 돕는다는 생각으로 접근하는 것을 지양해야 한다. 장애인 주일을 정하고 장애인들을 위한 특별 헌금을 강조하면 할수록 장애인들은 교회에서마저도 수혜자의 신분으로 전락하고 만다.

다섯째, 장애인을 위한 사역을 특수 사역이나 복지 사역의 차원에 머물게 해서는 안 된다. 「누가복음」 4장 18~19절을 근거로 하여 예수 그리스도의 사역의 본질을 놓고 그의 공생애를 더듬어보자. 예수님은 나그네를 위해 사랑을 베푸셨지만 노숙자 사역을 하신 것은 아니었고 수많은 병자들을 고치셨지만 치유 사역을 하신 것은 아니었으며, 장애인들을 돌보셨지만 장애 사역을 하신 것도 아니었다. 그의 사역은 철저히 킹덤 사역이었다. 따라서 교회는 어디까지나 장애인들이나 소외자들을 위한 사역을 특수 사역이나 복지 사역이라는 카테고리 안에 두지 말고 예배 공동체라는 관점에서 보아야 한다. 이런 목적은 교회가 아닌 그 어떤 다른 기관이 대체할 수 없는 교회의 고유 사역이기 때문이나. 따라서 교회는 다른 기관이 대체할 수 있는 프로그램에 목숨을 걸어서는 안 된다. 교회가 사회적 프로그램을 얼마든지 할 수 있지만 어디까지나 그것들은 보조 사역에 그쳐야 한다.

마지막으로 하고 싶은 말은, 교회에 장애인이 있어야 할 이유는 교회에 자기 자신이 있어야 하는 이유와 전혀 다를 바 없다는 것이다.

김홍덕
미국 개혁신학원(Reformed Theological Seminary) 박사(Intercultural Studies. 장애신학 전공). 현재, 조이 장애 및 특수선교 연구소 소장.

어머니의 죽음, 어머니의 부활
– 세월호 혐오 정서와 기독교의 자기 혐오, 그리고 비체非體/卑體

조민아

불과 일주일이었다. 2014년 4월 16일, 304명의 목숨을 앗아간 세월
호가 차갑고 깊은 바다에 가라앉기 시작한 시점부터 누군가에게 조롱
의 대상이 되기까지 걸린 시간 말이다. 극우 사이트 '일간베스트'를 기
점으로 퍼져나가던 끔찍한 혐오 발언과 행위들은 지워버리기도 힘든
형상이 되어 우리 기억에 남았다. 그러나 내게 그보다도 더 공포스러웠
던 것은 따로 있었다. 그 폭력적이고 잔인하고 천박하고 모욕적인 언어
와 행위들이 특정 집단의 예외적이고 병리적인 폭주가 아니었다는 사
실이다. 세월호 희생자들과 유가족들에 대한 혐오가 빠르게 퍼져 대중
의 정서 속으로 스며들고 있었다. 불과 일주일이었다.

모두의 눈앞에서 수백 명이 죽어간 참사가 일개 교통 사고로, 사랑하는 아이들이 구조되지 못한 이유를 밝히려는 유가족들의 몸부림이 유난스럽고 몰지각한 행동으로 묘사되었다. 참사의 현장이 눈앞에 뻔히 보이는데도 일부 국회의원들과 언론의 세월호 관련 사실 은폐·축소·왜곡이 대중의 지지를 얻었다.[1] 그뿐인가, 그 거대한 비극 이후 고작 두어 달이 지난 뒤부터 이제 그만하자는 말이 타이르듯 가르치듯 터져나오기 시작했다. 애도조차 시작하지 못한, 자식 잃은 수백 명의 부모들 앞에서 이제 그만하자니. 대체 이 차가운 심장들은 어떤 연유로 인간의 온기를 잃어버린 것인가. 나는 이 이상한 반응들이 혐오 정서와 무관하지 않다고 생각한다. 노골적인 혐오 표현과 그 양상이 달랐을 뿐, 혐오주의는 폭넓은 공감을 얻고 있었다. 누군가는 피로감에서 토로하고, 누군가는 말을 칼로 벼리어 희생자들에게 꽂았던 그 정서는 증오도 분노도 미움도 아니다. 불쾌하고, 싫고, 쳐다보고 싶지 않아 상대를 피하거나 파괴하는 감정, 혐오다.

혐오란 무엇인가? 2019년 6월에 발표된 혐오에 대한 설문 통계 분석 연구서, 『한국 개신교의 혐오를 분석하다』에서는 혐오를 특정 대상에 대한 개인적인 미움과는 구별되는 감정, 사회 속에서 특정 집단이나 집단에 속한 개인에 대해 (이미 존재하는) 차별을 고착시키거나 재생산하는 결과를 초래하는 미움의 감정이라 정의한다.[2] 또한 혐오 정서를 기반으로 하는 '혐오 표현'은 어떤 개인이나 집단에 대해 그들이 사회적 소수

---

1 국회의원들의 혐오 발언은 다음이 대표적이다. "국가유공자보다 몇 배나 더 좋은 대우를 해달라는 것"(심재철); "시체 장사라는 말이 나올 만도 하다"(김순례); "노숙자 같다"(김태흠). 출처는 〈뉴스프리존〉 2019년 4월 15일자 기사.

2 한국적 혐오 현상의 도덕적 계보학 연구단, '한국사회의 사회적 차별과 혐오에 대한 시민의식 조사 결과발표회' 자료집 『한국 개신교의 혐오를 분석하다』(2019년 6월 15일) 참고.

자로서의 속성을 가졌다는 이유로 차별·혐오하거나, 차별·적의·폭력을 선동하는 표현을 일컫는다. 차별적 속성을 가졌다는 이유로 상대에게 수치심과 모욕, 두려움 등 정신적 고통을 주는 '차별적 괴롭힘', 차별과 혐오를 의도, 암시하는 '차별 표시', 온라인과 오프라인에서 인간의 존엄성을 해치는 '공개적 멸시, 모욕, 위협', 소수자 집단에 대한 차별, 적의, 폭력을 조장하고 선동하는 '증오 선동'이 혐오 표현으로 분류된다.[3]

혐오의 대상자는 주로 '우리'로 대변되는 주류 준거 집단들의 가치, 규범에서 벗어나는 소수자들이다. 위의 정의에서 드러나듯, 혐오는 일시적이고 개인적인 감정이 아니라 고도로 정치적인 감정이며, 혐오 표현은 이러한 소수자들을 동등한 인간으로 간주하지 않고 대상화하여 언제든 무너뜨리거나 침해할 수 있는 존재로 취급하는 폭력이다.[4] 여성, 성소수자, 노숙인, 이주민, 난민에 대한 혐오는 성차별, 계급 차별, 이주, 재난의 역사와 함께 출발했다. 사회적 편견에 의해 혐오가 일단 형성된 뒤에는 좀처럼 사라지지 않고 의식과 무의식에 자리 잡아 이성과 감성을 동시에 통제한다.

대부분의 혐오 정서가 이미 존재하는 차별을 기반으로 하기에 범주적 접근과 분석을 할 수 있는데, 세월호 희생자들과 유가족들에 대한 혐오는 이런 통상적인 혐오 대상의 범주에서 벗어난다. 세월호를 둘러싼 폭력과 혐오 정서는 사회의 소수자들에 대해 이미 존재하는 차별을 고착시키거나 재생산하는 정서가 아니다. 그들은 참사 전까지 '우리'의 범주 안

---

3 홍성수, 「혐오표현의 규제: 표현의 자유와 소수자 보호를 위한 규제대안의 모색」, 『법과사회정치학』 50권, 2015, 287~336쪽.

4 Martha Nussbaum, "Objectification and Internet Misogyny," *The Offensive Internet; Speech, Privacy, and Reputation*, S. Levmore and M. Nussbaum, eds. (Cambridge, MA: Harvard Univ. Press, 2011) 참고.

에 존재했던 이들이다. 극우 세력은 혐오가 아니라 위로와 공감을 받아야 할 희생자들과 유가족들에게 참사 직후부터 6년이 지난 오늘까지 혐오 표현을 퍼붓고 있다. 더욱 아이러니한 것은 개신교 일부가 세월호 피해자들에 대한 혐오감을 고취시키는 집단이 되었다는 사실이다.[5] 적지 않은 수의 대형 교회 목사들이 이 혐오 표현에 합세했다. 강단과 공석에서, 설교와 기도회와 인터뷰를 통해, 이들은 세월호 피해자들에 대한 혐오를 고취하고 정당성을 부여했다. 그러나 세월호 혐오 정서는 그간 개신교 우파들이 의지해온 어떤 이데올로기에도 부합하지 않는다. 세월호 가족들은 개신교 우파가 그리도 혐오하는 이념적 좌파도 아니고, 성소수자도 아니며, 페미니스트도 아니고, 이주민도, 난민도 아니다. 그들의 보루인 성서가 강조하고 있는 버려진 이웃이며, 보살핌받아 마땅한 이웃이다. 왜 개신교 극우 세력은 세월호 피해자들을 혐오하는가?

아래 글은 보수 개신교가 보여준 세월호 혐오 정서의 기폭제가 된 그 무엇, 세월호 희생자들과 유가족들을 혐오의 대상으로 만들었던 그 '무엇'을 찾으려는 시도다. 나는 세월호를 둘러싼 혐오 정서가 단순히 진영 정치에서 파생된 좌파 프레임 씌우기의 결과라기보다 한국 사회의 보수 기독교가 직면하기 두려워하는 그 '무엇'에 뿌리가 닿아 있다고 생각한다. 그 '무엇'은 기독교의 자기 혐오다. 그 혐오의 기저에 '가난과 실패', '육체의 유한성'에 대한 불안과 공포가 있다. 세월호 참사는 기독교 우파의 오래된 불안과 공포를 소환하여 자기 혐오를 불러일으키며, 그들은 스스로에 대한 혐오를 세월호 피해자들에게 투사하고 있다.[6] 혐오라는 죽음의 껍데기 안쪽으로부터 이 글이 건져내려 하는 희

---

5 이 글에서 주로 언급하는 기독교는 개신교다. 천주교에도 세월호 혐오 사례가 없는 것은 아니나, 드러난 자료가 부족한 까닭에 포함시키지 못했다.

6 혐오감에 대한 심리학적 접근을 위해 Niza Yanay, *The Ideology of Hatred: The Psychic*

망의 표상은 어머니의 몸이다. 팽목항에서, 안산에서, 광화문에서, 죽었으나 사라지지 않고, 부서지고 흩어져 산하에 퍼져 억압된 영들을 소환하고 그들과 함께 부활하는 몸, 파괴와 전복의 경계, 죽음과 삶의 경계에서 혐오라는 십자가를 딛고 부활하는 어머니의 몸이다.

기독교 근본주의, 혐오, 그리고 종말론적 세계관

"가난한 집 아이들이 수학여행을 불국사로 가면 될 일이지, 왜 제주도로 배를 타고 가다 이런 사단이 났는지 모르겠다." 조광작 목사가 참사 후 한국기독교총연합회 긴급 임원회의에서 했던 말이 필두였다. 그 뒤를 이어 귀를 의심케 하는 혐오 발언들이 쏟아져 나왔다. 누군가는 "세월호 사고 난 건 좌파, 종북자들만 좋아하더라, 추도식 한다고 나와서 막 기뻐 뛰고 난리야"라는 폭언을 했다(사랑제일교회 전광훈 목사). 누군가는 세월호 희생자와 실종자 가족들을 향해 미개하다라고 한 정치인의 발언을 교회 강단에 서서 합리화했다(사랑의교회 오정현 목사). 근거를 알 수 없는 신학적 해석도 등장했다. "나라가 침몰하려고 하니 하나님께서 대한민국 그래도 안되니 이 어린 학생들, 이 꽃다운 애들을 침몰시키면서 국민들에게 기회를 주는 것이다"와 같은 예다(명성교회 김삼환 목사). 정당한 요구를 하는 유가족들이 스스로를 우상화한다는 여론을 조장하기도 했다. "우리 그리스도인에게는 어떤 이유에서든, 어떤 단체든 우상이 되는 것을 금해야 하는데, 세월호 유속들이 슬픔을 당했기 때문에 그분들의 모든 것이

Power of Discourse (New York, NY: Fordham University, 2013) 참고.

아무도 터치할 수 없는 우상이 된다고 한다면 그건 아니다"(100주년기념 교회 이재철 목사). 세월호 기억 물품들을 사탄의 상징으로 둔갑시키기도 했다. 노란 리본은 주술적 의미를 가지고 있으니 사용하면 안 된다, 노란 리본 사용은 우상 숭배이고 사탄에게 미혹되는 것이라는 내용의 메시지들이 카카오톡을 통해 광범위하게 퍼져나갔다.[7]

이러한 발언들을 통해 드러난 소위 목회자들의 사회 인식 수준과 생명에 대한 태도는 차치하더라도, 그들의 입을 통해 나온 혐오 표현은 각별히 주목해야 한다. 종교와 결합한 혐오 표현은 대중의 일상으로 확산하는 파급 효과가 막대하고, 또 혐오 정서가 신자들의 신조로 바뀌어 뿌리를 내리기 때문이다. 혐오 범죄가 이미 심각한 사회 문제인 미국의 예를 보더라도 대다수가 근본주의 종교에 기반을 두고 있다.[8] 정치학자인 마이클 바쿤Michael Barkun은 1920년대부터 시작된 반유대주의 기독교 운동인 기독교정체성운동(The Christian Identity Movement)[9]의 역사를 분석하여 인종차별 신학, 반유대인 음모론, 종말론적 사고라는 세 가지 이념을 기독교 근본주의와 혐오 범죄가 결합하는 고리로 제시했다.[10] 백인을 제외한 모든 인종을 저열한 인종으로 보

---

7 위 발언들은 지유석, 「세월호 인양에 맞춰 개신교의 민낯을 재조명하다」, 〈NEWSM〉(2017년 3월 27일)에서 인용했다.

8 테러의 온상인 큐클럭스클랜Ku Klux Klan, 아리안네이션스Aryan Nations, 백인아리안저항단(The White Aryan Resistance) 등 극렬 극우 단체들이 자신의 행동을 정당화하는 근거로 삼고 있는 것은 기독교의 가르침이다. Mokhtar Ben Barka, "Religion, Religious Fanaticism and Hate Crimes in the United States," *Revue franaise d'tudes amricaines* (2006), 110쪽.

9 기독교정체성운동은 미국의 반유대주의 기독교 운동으로 켈트족, 게르만족, 아리안족만이 아브라함, 이삭, 야곱의 후손이라 주장한다. 이 운동의 주창자들은 예수가 재림하는 천년왕국에서 유색 인종과 비유럽계 백인들은 모두 멸망하거나 유럽계 백인들의 노예가 될 것이라 믿는다. 많은 백인 우월주의자들과 극우 혐오주의 형성에 영향을 끼쳤지만 대다수 미국의 보수적 기독교 교단들과 직접적인 연관이 없다.

10 Michael Barkun, *Religion and the Racist Right: The Origins of the Christian Identity Movement* (Chapel Hill and London: The University of North Carolina Press, 1997), x쪽.

는 인종차별 신학과, 유대인들을 사회 질서를 해치는 악의 세력으로 모함하는 반유대인 음모론은 세월호 혐오 정서와 직접적인 연관은 없지만, 한국 기독교 극우 세력과 무관한 이념은 아니다. 인종차별 신학은 한국 기독교 우파의 이주민·난민 혐오를, 반유대인 음모론은 그들이 온라인을 통해 퍼뜨리고 있는 반무슬림 음모론을 연상시킨다.[11] 미국의 근본주의 신학이 이 이념들에 자양분을 제공했던 것처럼, 한국의 근본주의 신학 또한 이들 신생 차별 이념에 활발하게 수액을 공급하고 있음은 물론이다.

그러나 내가 좀 더 주목하고 싶은 것은 이러한 차별 이념에 기름을 붓고 동력을 제공한, 한국의 개신교 우파에게도 매우 익숙한 종말론적 사고다. 바쿤에 따르면, 기독교 근본주의 종말론의 골자는 선과 악에 대한 이분법적 사고다. 근본주의 종말론은 인간의 역사를 하느님의 창조 때부터 시작된 사탄과의 전쟁으로 이해하며, 인간의 일상을 소위 선한 군대와 악한 군대가 생멸의 사투를 벌이는 전쟁터로 간주한다. 이 종교적 환상은 염세주의가 아니라 오히려 메시아의 재림이라는 희망에 근거한다. 무기력한 삶을 살던 이들이 재림을 준비하는 선한 군대, 즉 신의 소명을 받은 전사로 자신의 정체성을 정립한다면 삶의 의미, 살아야 할 이유로 불타오르게 될 것이 자명하다.[12] 신자들은 근본주의 종말론이 악의 무리로 간주하는 소수자들을 혐오하고 제거하는 것을 자신의

---

11 유엔 인종차별철폐위원회에서 이미 경고했듯, 한국 사회의 인종차별은 이미 심각한 수준을 넘어 위기 상황을 맞고 있다. 유엔 인종차별철폐협약은 인종, 피부색 또는 종족의 기원을 근거로 한 인간의 차별은 국가 간의 우호적이고 평화적인 관계에 대한 장애물이며 국민 간의 평화와 안전, 심지어 단일 국가 내에서 나란히 살고 있는 인간들의 조화마저 저해할 수 있다고 명시한다. 그러나 국내법은 아직 인종차별의 정의를 별도로 규정한 예도 없고, 인종차별과 혐오 표현을 직접적으로 규제하는 법률도 없다. 이혜리, 「유엔 "한국 인종차별 심각…국가적 위기 될 수도" 우려」, 〈경향신문〉(2018년 12월 5일).

12 Barkun, 앞의 책, 114쪽.

책임과 의무로 받아들이고, 나아가 구원을 위한 선행 조건으로 인식한다. 이렇듯 종말론은 기독교인들을 혐오주의에 노출시키며, 강력한 행동 동기를 부여하고 폭력을 정당화한다. 신자들의 뇌리에 타자에 대한 혐오와 구원을 동일시하는 화약과 같은 신조를 장착하여 이성을 마비시키는 것이다.[13]

모든 종말론적 사고의 저변에는 현실에 대한 불안과 공포가 있다. 이어지는 글에서 살펴보겠지만, 모든 혐오감 또한 혐오 주체의 불안과 공포를 숨기고 있다. 종말론과 혐오의 접점은 그러므로 한 사회의 불안을 극대화시키는 것들을 드러낸다. 즉 이 둘의 교차 지점에는 특정 사회의 사고, 인지, 판단과 행동 체계인 아비투스habitus를 흔드는 요체들이 존재한다는 말이다.[14] 여성 혐오, 공산주의 혐오, 성소수자 혐오와 이민자 혐오에 이르기까지 대부분의 혐오 정서는 공공의 영역과 일상의 영역에 존재하는 아비투스들, 예를 들면 남성성, 가족 제도, 결혼, 육아, 마을 공동체 등에 대한 기존의 관념이 흔들리는 지점에서 발생했다. 종말론은 현실을 부정하기에 일견 현실에 토대하는 아비투스 또한 부정하는 듯하지만, 실은 아비투스가 흔들리는 위기감을 편집증적으로 표현하여 혐오 정서에 도덕적·종교적 정당성을 부여하는 이념이다. 자신들의 일상을 받치는 안정성에 위협을 느낄 때 그 불안을 종말과 내세를 향한 갈망으로 전이시켜 돌파구를 찾는 것이다.

세월호 참사가 국가 경쟁력과 애국주의라는 우리 사회의 아비투스

---

13 Charles B. Strozier, "The Apocalyptic Imagination and the Fundamentalist Mindset," *New England Journal of Public Policy*, Vol. 29, Issue 1 (March 20, 2017).

14 프랑스의 사회학자 피에르 부르디외Pierre Bourdieu가 제시한 개념인 아비투스는 한 사회를 살아가는 구성원들의 행동 원칙을 결정하고 사회를 지탱하는 성향으로, 타고나는 것이 아니라 계급·가족·학교 등의 사회적 맥락을 통해 형성되는 사회화의 산물이다. 피에르 부르디외, 『자본주의의 아비투스』, 최종철 옮김(동문선, 2002) 참고.

를 흔들어 불안을 자극했고, 따라서 희생자들과 유가족들이 혐오 대상
이 될 만한 토대가 마련되었으며, 여기에 종말론적 사고를 주요 선교
전략으로 내거는 극우 개신교 단체들이 합세했다는 것은 우선 이해가
가능한 일차적 분석이 될 수 있겠다. 그러나 이 정서가 일부 극우 세력
의 프로파간다에 그친 것이 아니라, 대중의 정서로 파고들어 일정한 지
지를 얻었다는 사실이 나는 불편하다. 정치 이데올로기라는 외피 아래
보수 개신교가 숨기고 있는 무언가가 자극을 받은 듯하다. 혐오 정서의
안쪽으로 좀 더 들어가 보자.

타자 혐오는 자기 혐오의 투사이다?

혐오는 소란스럽고, 거칠고, 분리를 조장하는 감정이다. 그러나 역설
적으로 평상시에 드러나지 않는 혐오주의자의 비밀스러운 내면을 공개
하기도 한다. 그러기에 혐오는 멀고도 가까운 감정이며, 낯설면서도 이
상하게 친밀한 정서이다. 쳐다보기도 싫고 역겨운 그들의 혐오스러운
특징을 자기 자신에게서 발견한다는 것, 악몽이 아닌가. 인정하고 싶지
않은 자신의 취약한 부분을 상기시키는 타자에 대한 혐오는 그래서 더
격렬해진다.

미국의 윤리학자 마사 너스바움Martha Nussbaum의 『혐오와 수치심:
인간다움을 파괴하는 감정들』(Hiding from Humanity: Disgust, Shame
and the Law)은 혐오를 진화론적 관점에서 분석한 탁월한 저작이다.
너스바움에 의하면 혐오에 동반되는 생물학적 반응조차 사회적인 학
습의 결과물이다. 어떤 대상이 지닌 속성과 사회적 기원이 혐오스럽
다고 각인되면 이는 감각에 영향을 끼쳐 역겨움이라는 신체적·심리

적 반응을 만들어낸다는 말이다.[15] 어린아이들은 똥, 오줌, 토사물, 침, 땀과 같은 혐오 물질들에 거부감보다 오히려 애착을 느낀다. 아이들이 자신의 배설물을 혐오스럽다고 느끼게 되는 것은 학습에 의한 효과이다. 너스바움은 혐오감이 위생과 의료에 대한 지식이 부족했던 시절 공동체의 안전과 생명을 지키는 데 긍정적인 기능을 했다고 보았다. 원시 공동체에서 인간과 동물의 배설물, 사체, 부패한 음식이 퍼뜨릴 수 있는 질병과 감염 인자들과의 접촉을 차단하고 공동체를 보호하기 위한 생존 기제로서 고안된 것이 혐오 정서다.[16] 그러나 시간이 지나 과학과 의학이 제 역할을 하게 된 이후에도 혐오감은 사라지지 않고 오히려 도덕의 영역으로 격상되기에 이르렀다. 문제는 주로 물질을 대상으로 하던 혐오가 인간에게 투사되기 시작했다는 것이다. 부정한 대상과 접촉이 잦아 전염되기 쉽거나, 혹은 이미 질병에 노출되었던 가족력을 가졌다고 추정되는 인간들에 대한 차별과 배제가 도덕적으로 정당화되기 시작했다.[17]

너스바움의 혐오 이론에서 주목해야 할 것은 혐오의 기반이 궁극적으로 인간인 우리 자신이며, 혐오감과 수치심은 동전의 양면과 같이 연결되어 있다는 주장이다. 인간의 몸은 다치거나 상처 입기 쉽고, 냄새 나고, 배설물을 내보내고 점액질을 흘리는 불완전하고 불결한 것이다. 그러나 인간은 이것을 인정하지 않는다. 거부하고 싶은 동물성과 유한성이 자신에게 드러날 때 인간은 수치심을 느끼고, 그것을 타인에게서 발견할 때 혐오감을 느낀다. 대표적인 혐오 물질인 배설물은 우리 몸

---

15 마사 너스바움, 『혐오와 수치심: 인간다움을 파괴하는 감정들』, 조계원 옮김(민음사, 2015).
16 같은 책, 159쪽.
17 같은 책, 182~183쪽.

안에 있을 때는 혐오스럽다고 여겨지지 않지만 몸에서 떨어져나오면 수치심과 혐오를 유발한다. 인간의 몸이 지닌 동물성과 궁극에는 모든 동물처럼 죽어 부패하고 사라질 것이라는 유한성을 상기시키기 때문이다. 자신의 배설물이나 노폐물이 다시 몸 안으로 들어올 수 있다고 생각할 때 인간은 격렬하게 저항한다. 역겨운 물질을 섭취하거나 자신의 경계 안에 들여놓음으로써 자신 또한 저열해지거나 오염될 수 있다고, 즉 동물화될 수 있다고 생각하기 때문이다.[18] 따라서 혐오는 인간의 두 가지 특성, 즉 정신성과 동물성 간의 경계를 설정하려는 집요한 집착으로 표현된다.[19]

몸 밖으로 나간 배설물과 노폐물만이 인간의 유한성과 동물성을 상기시키는 것은 아니다. 인간은 누구나 질병과 노화에 대한 두려움을 갖고 있다. 또한 명예나 자존감, 정체성이 어느 순간 폄하되어 배설물처럼 다루어지거나 짓밟힐 수 있다는 은밀한 공포 또한 갖고 있다. 타자로부터 나의 한계와 취약함을 발견할 때 일어나는 거부 반응이 사회적 혐오다.[20] 거의 모든 문화권의 문학에서 발견되는 질병과 노화에 대한 양가적인 묘사는 혐오가 갖고 있는 복잡한 감정의 결을 드러낸다. 질병과 노화는 경멸과 멸시의 대상인 동시에 불안과 경외와 공포를 불러일으킨다. 혐오 정서가 사회 주류의 권력과 결합하게 되면 불안과 경외와 공포는 내면화하고, 경멸과 멸시는 표면으로 부상한다. 그 결과는 주류에서 벗어나는 특정 그룹을 혐오 대상으로 분류하는 차별 이데올로기의 형성이다. 혐오는 동등한 권력을 소유하고 있는 사람들 사이에서는

---

18 같은 책, 160쪽.
19 같은 책, 169~170쪽.
20 김종갑, 『혐오: 감정의 정치학』(은행나무, 2017), 24~25쪽.

표현되지 않는다. 가진 자와 덜 가진 자, 강자와 약자, 권력자와 피권력자와 같은 계급적 계층적 차이가 있을 때 표현된다. 타자가 주체의 은밀한 불안과 공포를 자극할 때, 혐오 주체는 더더욱 타자를 경멸하며 자신이 그들과 다르다는 것을 강조한다. 타자에 대한 역겨움을 표현하면 할수록 주체는 고상한 존재가 되고, 타자의 능력을 무시하면 할수록 주체는 유한성과 취약함을 극복한 듯한 착각에 빠져 심리적 안정감을 얻는다. 조르조 아감벤Giorgio Agamben 또한 지적했듯, 인간은 인간 내에서 비인간을 고립시킴으로써, 인간을 동물화함으로써만 인간으로 인식되었다.[21] 즉, 인간은 더욱 인간다워지기 위해 다른 인간을 동물화하는 차별 이데올로기, 혐오주의를 생산했다.

모든 타자 혐오가 실은 자기 혐오에서 비롯된 것이라는 너스바움의 주장을 인정한다면, 여성, 소수자, 무슬림, 장애인 등 혐오 대상만을 연구 주제로 삼거나 기존의 혐오 사례들에 집중하는 접근만으로는 혐오 정서의 뿌리를 파악하기 힘들다. 혐오의 대상은 주류 집단과 다른 특정한 속성을 갖고 있다는 것 외에 어떠한 실제적 근거도 없는 상상의 산물이기 때문에 언제든 다른 이들로 대체될 수 있다. 혐오 예방과 치유를 위한 장기적 대책 마련이 필요하다면 혐오 주체와 대상 사이에 공통으로 존재하는 그것, 혐오 주체의 불안과 공포를 자극하는 자기 혐오의 근거를 찾아야 한다. 이러한 점에서 통상적인 혐오 대상의 범주에서 벗어나는 개신교 우파의 세월호 피해자 혐오는 효과적인 분석 사례가 될 수 있다. 이 혐오가 드러내는 그들의 자기 혐오는 무엇일까?

---

21 Giorgio Agamben, *In The Open: Man and Anima* (San Francisco, CA: Stanford University, 2013), 37쪽.

가난, 몸, 그리고 자기 혐오:
세월호는 '비체'다

이현정의 논문 「세월호 참사와 사회적 고통: 표상, 경험, 개입에 관하여」는 미디어가 세월호 가족들을 표상한 방식을 단순하고 과격한 이미지로서의 고통의 생산, 유가족들을 진영 정치 프레임 속으로 포섭하기, 참사에 대한 배금주의적인 해석, 그리고 참사 피해자들에 대한 거리 두기 및 타자화라고 제시한다. 아울러 이러한 표상들은 대중들이 점차 생존자 및 유가족의 고통에 대해 피로와 지루함을 느끼게 하는 결정적인 단초가 되었다고 한다.[22] 개신교 우파들의 세월호 혐오 또한 이 표상들의 영향을 받았을 것이다. 초기에 세월호 가족들에게 호의적이었던 교회들의 태도가 비판적으로 바뀌기 시작한 계기는 가족들에게 좌파, 반정부, 종북 색깔을 입히기 시작한 정치인들의 진영 정치 프레임이었다. 그러나 좀 더 근본적으로 보수 개신교인들의 대중적인 감정을 잠식하여 세월호 희생자들과 유가족들을 타자화하고 혐오하게 한 것은 배금주의적 해석과 극대화한 고통의 이미지인 듯하다. 나는 이 두 가지 표상 속에서 개신교의 자기 혐오를 본다. 배금주의적 해석은 '가난과 실패에 대한 공포'로, 고통의 이미지는 '몸(육체의 유한성)에 대한 거부감'으로 각기 치환되어 보수 개신교인들의 가장 약한 고리를 건드리고 있다.

우선 가난과 실패에 대한 공포를 살펴보자. 강요된 가난은 누구에게나 공포다. 그러나 기독교, 특히 개신교인들에게 가난은 신의 징벌과 저주로 가중된 공포다. 편협하게 이해되고 있는 칼뱅Calvin의 경제 윤리

---

22 이현정, 「세월호 참사와 사회적 고통: 표상, 경험, 개입에 관하여」, 『보건과 사회과학』 제43집 (2016년 12월), 69~70쪽.

때문이다. 막스 베버의 고전『프로테스탄트 윤리와 자본주의의 정신』은 칼뱅의 직업 윤리와 예정론이 유럽 자본주의 문명을 태동시키는 데 이바지했다고 평가했지만, 칼뱅의 신학과 경제 윤리의 핵심은 자본주의의 축복과 정당화가 아니라, 기독교인의 성화된 삶과 신의 구원을 현실에 적용시키는 것에 있다. 구원받은 기독교인의 삶은 전적으로 신의 영광을 드러내야 하기에 경제적인 영역이라고 예외가 될 수 없다. 하지만 칼뱅이 부를 구원의 증거로, 불행과 가난을 징벌의 증거로 말한 적은 없다. 오히려 부자는 가난한 이들과 자신의 부를 나누어야 하며, 가난은 부자들에게 청지기로 사는 삶을 살아가도록 상기시키는 신의 도구라고 생각했다.[23] 그러나 한국에서 칼뱅주의는 예수 믿고 구원을 받으면 건강 축복, 물질 축복도 따라온다는 식의 일차원적 메시지로 왜곡되었고, 1970~1980년대 산업자본주의 성장과 시너지를 일으켜 보수 개신교 신학의 근간인 번영의 신학(Theology of Prosperity)으로 자리를 잡았다. 이와 더불어 개신교는 폭발적인 부흥이란 달콤한 잔을 들이켰지만 그 잔에는 배금주의와 교회의 결합이라는 독이 섞여 있었다. 돈이 곧 축복이며 성공이 은총인 번영신학의 패러다임에서 가난은 죄요, 실패는 신의 저주다. 보수 개신교는 가난과 실패를 타자의 영역, 악의 영역으로 몰아내고 혐오함으로써 자본주의 맞춤형 종교로서 자신의 정체성을 확립했으나 곧이어 닥칠 신자유주의적 삶의 조건 속에서 팽배할 가난과 실패의 현실성을 감당할 어떤 해석학적 틀도 발전시키지 못했다.

1990년대 말 IMF 체제에 접어들며 한국 사회를 본격적으로 지배하

---

23 Bruce Gordon, "Calvinism and Capitalism: Together Again?," *Reflections* (Yale University Online Magazine, 2010) at https://reflections.yale.edu/article/money-and-morals-after-crash/calvinism-and-capitalism-together-again (2019년 12월 12일 접속). 이외의 참고 문헌으로 이양호, 「경제사상」, 『칼빈의 생애와 사상』(개정증보판), 303~325쪽; 박경수, 「칼뱅의 유산: 교육, 사회복지, 교회일치」, 『교회사학 8』, 2008, 5~32쪽.

게 된 신자유주의는 기독교에도 큰 타격을 입혔다. 끝없는 생존경쟁 속에서 각자도생, 약육강식이 사회의 아비투스가 되자, 과거 한국 사회의 성장을 주도하던 번영신학이 설득력을 잃고 교인 수가 큰 폭으로 감소하는 위기를 맞게 된 것이다.[24] 번영과 성공을 통해서만 신을 찬양하고 예수를 잘 믿으면 부자 되고 천국 간다고 설교해온 교회에는 경쟁의 시대에 몰아치는 불안과 공포를 견뎌낼 견고한 신학이 없고, 무너지는 삶을 받쳐줄 공동체에 대한 감각이 없으며, 신자들의 불안을 위로할 영성이 없다. 번영신학은 이제 단지 살아남기를 간구하는, 살아남기 위해서는 무슨 짓이라도 할 수 있는 생존을 위한 신학으로 전이했다. 신자유주의의 질서를 거부하는 것이 아니라 그 질서로 재무장하여 무한 이기주의, 무한 경쟁에 교회 스스로 주자가 되어 뛰어들게 된 것이다. 경쟁의 현실 너머를 보게 할 종교의 제의적 성격은 상실한 지 이미 오래다. 경쟁으로부터 신자들을 보호하고 낙오자들을 위로할 목회 철학도 없다. 살아남는 것만이 목표인 교회는 스스로의 생존을 위해 신까지 위협하기에 이르렀다.[25] 그들이 두려워하는 것은 신이 아니라 가난과 실패이기 때문이다.

오로지 생존을 위한 신학이 어떤 모습을 띠게 되는지 드러내는 것이 세월호 피해자들에 대한 보수 개신교의 혐오 정서다. 세월호는 신자유주의가 만들어낸 거대한 사회적 기호다. '규제 완화, 노동 유연화, 민영화'라는 신자유주의의 운영 원칙이 참사에 원인을 제공했으며, 구조와 대처에 무능력으로 일관했던 정부의 무력함은 신자유주의 사회가 인간

---

24 김준우, 「4영리에 기초한 성공과 번영신학의 파산/한국 설교의 위기」, 『월간 프리칭』 9월호 (프리칭 아카데미, 2009).

25 양정우, 「전광훈 '하나님 까불면 죽어' 이번엔 신성모독 논란」, 〈연합뉴스〉(2019년 12월 9일). https://www.yna.co.kr/view/AKR20191209118600005.

의 생명을 어떻게 여기는가를 적나라하게 보여주었다. 304명의 목숨이 사라져가던 바다에서 아무것도 할 수 없었던 인간의 무력함, 인간의 실패, 인간의 가난을 형상화하는 세월호는, 경쟁력과 이기주의를 장착하여 신자유주의 질서로 진입하려던 보수 개신교에 상징적 교란으로 다가오기에 충분했다. 세월호는 가난과 실패라는 개신교의 오래된 불안을 자극하였으나, 교회는 그것을 우리 사회의 현실로 직면하고 희생자들에게 다가가 손을 내밀기보다 그들을 타자화하고 혐오하는 방식으로 자신들의 불안을 표현하기 시작한다. 고통스러운 이웃들을 자기 삶의 경계 밖으로 밀어내고 모욕하고 무시하는 보수 개신교인들의 혐오는 자기 혐오의 투사이며, '나는 아직 신의 축복을 받고 있다'는 거대한 환상에 안주할 수밖에 없는 그들의 처절한 가난을 보여준다.

고통의 이미지로 소환된 몸, 즉 '육체의 유한성'은 가난과 실패에 대한 두려움보다 더 오래된 기독교의 자기 혐오를 자극한다. 몸에 대한 기독교의 혐오는 역사가 길지만 복음과는 거리가 멀다. 예수의 삶, 죽음, 부활이 중심인 기독교는 몸을 긍정하는 종교다. 예수는 어린 아기의 몸으로, 가장 연약하고 원초적인 육체의 모습으로 우리에게 왔다. 이러한 예수를 신으로 고백했을 뿐 아니라, 그의 죽음, 죽음에 이어 몸의 부활을 증언하고 그를 통해 구원을 받아들인 기독교는 근본적으로 몸과 영의 통합적 사고를 기반으로 한다. 그러나 보편교회가 되는 과정에서 성서 해석의 철학적 체계화를 위해 기독교가 받아들인 신플라톤주의를 통해 물질적 세계를 비하하고 영적 세계의 우월성을 강조하는 이원론적 세계관이 기독교에 뿌리를 내리기 시작했다.

신플라톤주의는 인간의 영혼이 유동적이며, 지성적 영혼으로 상승하거나 동물적 영혼으로 추락할 양가적인 가능성을 갖고 있다고 보았다. 영혼의 본래 자리는 육체와 물질로 하강하기 이전의 최상위의 존재, 모나드Monad, 혹은 일자(the One)이며, 육체는 영혼의 감옥에 불과하다.[26] 순수한 영혼과 정신으로 상승하기 위해서는 몸의 요소를 거부해야 한다. 기독교는 이러한 신플라톤주의적 이원론을 신학의 용어로 재해석해 일자의 자리에 신을 상정하고 신성에 도달하기 위해서는 육체를 혐오하고 부정해야 한다고 가르쳤다. 약하고 병들고 죽으면 부패할 몸은 따라서 영혼의 타자이다. 육체로 갇히기 이전의 영의 상태에 인간의 가치가 있으며, 육체를 벗어나야만 구원이 있다. 이렇듯 분열적인 자기 이해는 자기 혐오로 이어졌고, 자기 혐오는 타자 혐오로 표출되어 끊임없이 소수자들을 타자화하고 동물화하는 폭력으로 귀결되었다. 소수자들을 신과 인간 사이에 존재하는 소위 유사 동물로 만들어 그들을 혐오함으로써 자신들의 인간성을 보존해온 것이다.[27] 대표적인 예가 여성 혐오다. 출산하는 여성의 몸은 동물과 연속성을 가지며, 육체의 유한성을 상기시킨다. 따라서 기독교는 여성을 육체와 동일시하여, 죄성으로 오염된 유약하고, 불결하고, 비도덕적인 존재로 규정해왔다.

세월호 참사가 표상하는 고통받는 몸의 이미지는 모두에게 트라우마로 남았다. 검고 깊고 차가운 바다에 사선으로 꽂혀 있던 선체는 그 안에 푸른 생명을 가둔 채 침몰하며, 살아 있는 자들 모두에게 육체의 유한성과 무력함을 상기시켰다. 사랑하는 이들을 떠나 보낸 가족들의 몸부림은 또 다른 의미로 강렬한 육체의 이미지를 남겼다. 그중에서도 자식을 잃고 거리에 나선 어머니들이 일깨우는 몸의 이미지들은 격렬했다. 하염없이 바다를 바라보는, 울부짖으며 바닥에 뒹구는, 삭발하고 거리 투쟁에 나서는 어머니의 몸들. 그 몸은 집 밖을 나와 공적인 공간

---

26 Plotinus, *The Enneads*, translated by Lloyed P. Gerson (UK and US: Cambridge University Press, 2019).

27 김종갑, 앞의 책, 28쪽.

에 널리 퍼져 대중들을 만나며 몸으로 함께할 것을 호소했다. 그 몸의 이미지들이 드러내는 날것의 고통은 몸을 거부하고 살도록 훈련받은 정신화된 인간이 감당하고 통제할 수 있는 수준의 것이 아니다. 개신교 우파들은 세월호 가족들의 투쟁에 대해 미개하다, 유난스럽다, 순수하지 못하다는 말로 응수했다. 혐오다. 가난하고 상처 입은 어머니의 몸들이 보수 개신교인들이 감추고 있던 육체에 대한 수치와 공포를 자극했고, 그들은 어머니들을 부정함으로써 자기 혐오를 드러내고 있다.

자기 혐오를 인정하기는 쉽지 않은 일이다. 분열된 자기 자신을 들여다보고 스스로 유기시킨 자신의 취약함을 받아들이는 부정과 긍정의 통합을 거쳐야 하기 때문이다. 더구나 보수 개신교의 자기 혐오 기제인 가난과 실패, 육체에 대한 혐오는 배금주의와 가부장주의가 형상화한 남성 신의 죽음과 부활로서 경험되어야 한다. 한국의 보수 개신교가 처절하게 무너지는 죽음을 받아들일 수 있을까? 그 죽음을 통해서만 경험할 수 있는 부활의 은총을 받아들일 수 있을까? 불가능할지도 모른다. 그러나 나는 궁극적으로, 인간을 대상으로 하는 모든 혐오는 자기 혐오이건 타자 혐오이건 그 연원을 따져 분석되고 극복, 아니 통합되어야 한다고 믿는다. 파울로 프레이리Paulo Freire가 말했듯, 비인간화는 권리를 빼앗긴 구성원뿐 아니라 권리를 빼앗은 구성원이 인간답게 살 수 있는 가능성도 박탈한다.[28] 제도로서의 보수 개신교는 그 가능성을 이미 잃어버렸을지도 모르지만, 그 내부에서 분열을 느끼며 살아가고 있는 사람들에게는 아직 희망이 있을 수 있다. 그리고 보수 개신교의 잠재된 억압과 공포, 죽음의 자리를 상징하는 세월호는 어쩌면 그 사람들이 죽

---

28 Paulo Freire, *Pedagogy of the Oppressed* (New York, NY: Bloomsbury Academic, 2018), 44쪽.

음을 거쳐 통합으로 나아갈 상징으로 다시 표상될 수도 있다. 불가리아 출신의 기호학자, 정신분석학자, 여성학자인 줄리아 크리스테바Julia Kristeva의 '비체' 개념은 세월호가 보여준 고통의 이미지가 어떻게 통합의 가능성을 제공하는지 살펴보는 데 도움이 될 듯하다.

유기된 어머니의 몸,
되살아 오는 어머니의 몸

크리스테바의 주저인 『공포의 권력』(Pouvoirs de l'horreur. Essai sur l'abjection)은 육체의 붕괴, 윤리 도덕의 피폐, 가족과 집단 공동체의 파멸 등 죽음과 생성의 이미지들을 통해 드러나는 인간의 무의식을 고찰한다. 버려진 것과 억압된 것을 다루기에 혐오 또한 중요한 주제로 등장하는데, 혐오의 뿌리를 자기 혐오에서 발견한다는 것은 너스바움의 분석과 맥을 같이하지만, 크리스테바는 무의식의 영역에 더 큰 관심을 보인다. 크리스테바는 인간이 갖고 있는 동물성, 자아로 통제할 수 없는 것들, 주체의 무력함을 일깨우며 죽음을 상기시키는 혐오 물질을 '비체非體/卑體'(abject)라 이름한다. 이 비체는 완전하고 성숙한 자아로 나아가려는 주체를 끌어내리는, 미완의 자아, 파편화된 자아다. 크리스테바에 의하면, 비체를 대변하는 대상은 어머니이다. 유아가 비체를 처음 경험하는 시기는 어머니의 몸과 분리되어 아버지라는 상징적 영역으로 진입하는 과정인데, 아이가 어머니와의 동일성을 포기하고 주체로 서기 위해서는 자신의 육체성을 일깨우는 어머니를 반드시 거부해야 하기 때문이다. 그러나 어머니의 몸을 거부, 즉 '비체화'한 후에도 주체는 어머니와 결합하여 있던 초기의 상태를 잊지 못한다. 따라서 비체화한 어머니는 사라지지 않고 주체의 무의식에 남아 주체를 위협한다. 아이는 젖을 토하는 무의식적인 행위를 하여 비체인 어머니를 거부하고 유기하지만, 비체는 사라지지 않고 끝까지 살아남는다.[29] 그러기에 비체는 주체에게 언제나 불안스럽고, 모호하고, 두려운 존재이다. 비체는 주체에게 억압당하고 내쳐지지만 동시에 결코 배제할 수 없는 무의식을 주체에게 상기시키며 그를 분열로부터 보호하는, 자아의 파괴자인 동시에 수호자이기 때문이다. 이렇게 이중적인 주체의 비체 경험을 크리스테바는 망각의 시간이자 천둥의 시간이라 표현했다.[30]

나는 개신교 우파들의 혐오를 통해 비체화한 세월호를 본다. 세월호는 보수 개신교의 원초적인 두려움, 가난과 실패, 육체의 한계와 무력함을 상기시키며, 그들이 뱉어내고 배제하고 유기하고 싶은 수치스러운 이면을 드러낸다. 세월호 희생자들과 가족들은 따라서 보수 개신교가 신자유주의 상징계로 들어서는 것을 방해하는 그들의 미완의 자아, 파편화된 자아다. 보수 개신교는 세월호 피해자들이 자신의 일부라는 것을 부정해야만 그토록 갈망하는 신자유주의적 주체로 설 수 있다. 그러나 '비체'가 결코 사라지지 않듯, 세월호 또한 사라지지 않는다.

지극한 실패와 죽음의 자리에서 세월호 가족들이 보여준 어머니의 모습은, 크리스테바의 '비체' 개념이 묘사하는 파괴자이자 수호자인 어머니처럼, 육체의 가능성을 전혀 다른 지점에서 보여주고 있다.

> 3년 전 그날 차가운 너의 몸을 품에 안고도, 엄마 곁을 떠나가버린 너를 가슴에 묻고도 엄마는 맘 편히 슬퍼할 수가 없었단다. 아직

---

29 줄리아 크리스테바, 『공포의 권력』, 서민원 옮김(동문선, 2001), 21쪽.
30 여성문화이론연구소, 『페미니즘의 개념들』(동녘, 2016).

나오지 못한 너의 친구들과 선생님, 함께 떠나버린 사람들, 빛을 밝히기도 전에 허망하게 떠나버린 너의 억울한 죽음을 밝혀야 그제야 엄마는 목 놓아 울 수 있을 것 같구나. 자식의 죽음 앞에서도 숨죽이며 슬퍼해야 하는 현실이 안타깝기 그지없구나. 이제는 이런 투쟁을 달가워하지 않는 사람들의 시선과 지겹다며 그만하라는 수많은 사람들의 상처뿐인 말 속에서도 그만둘 수 없는 엄마는 너의 죽음이 헛되지 않게 끝까지 싸워 이겨 낼 거란다.[31]

단원고 희생자의 어머니가 먼저 간 딸에게 띄운 이 편지에는 세월호 참사 이후 한 어머니가 겪어야 했던 상실의 고통과 외로움과 분노가 절절하다. 그 깊이를 가늠할 수 없는 아픔 속에서도, 견딜 수 없는 냉대와 오해 속에서도, 어머니는 포기하지 않았고 고통에 무너진 희생자로 남지 않았다. 세월호 참사 투쟁이 다른 사회적 저항과 다른 점 중 하나는 피해자인 유가족들이 투쟁의 중심에 있다는 것이다. 세월호 가족들은 참사 초기부터 6년이 지난 지금까지 단지 상징적인 중심이 아니라, 투쟁의 주체였다. 그들은 참사의 진상 규명, 책임자 처벌, 침몰의 원인이었던 규제 완화 폐기 등 투쟁의 쟁점들을 구체화하고, 국내와 국외를 오가며 세월호 기억 물품을 전달하고 기억 공간을 형성했다. 가족들은 또한 고통을 딛고 성장했다. 참사의 원인을 분석하고 삶과 가족의 의미에 대해 성찰했으며, 물질 만능주의와 개인주의의 폐해에 대해 반성했고, 세월호를 넘어서 다른 이들의 고통에 동참하고 연대했다.

보수 개신교인들을 비롯한 혐오주의자들에게는 참을 수 없이 거북

---

31 세월호 희생자 어머니의 편지 중 발췌. (사)4·16 가족협의회, 4·16 기억저장소 엮음, 『그리운 너에게』(후마니타스, 2018).

하고 불편했던 어머니들의 투쟁에 많은 어머니는 "저도 엄마예요"라는 말로 화답했고, 희생자 어머니들을 만나 함께 울고 위로하고 싶다는 바람은 세월호 투쟁이 집요한 저지 세력에도 불구하고 멈추지 않았던 기반이 되었다. 죽음의 자리에서 자식을 가슴에 묻은 어미의 몸은, 봄날 꽃이 진 자리에서 잎이 자라나듯, 부활을 표상하며 살아났다. 골고다 죽음의 골짜기에서 십자가에 매달려 죽은 예수가 다시 살아 자신의 몸을 벗들에게 나누었듯, 어머니의 부활한 몸은, 몸과 몸을 나누어 끊임없이, 노란빛으로, 우리에게 왔다.

이 부활한 어머니의 몸은 보수 개신교인들에게 익숙한 어머니의 몸이 아니다. 이 어머니들은 아버지의 통제 안에 머물러 집에 안주하는 어머니들이 아니며, 출산과 양육과 돌봄에 헌신하여 아버지의 존재 밑으로 숨는 어머니도 아니다. 세월호의 어머니들은 기독교의 이상인 가부장적 질서에 의해 유지되는 평범하고 완전한 가족의 아이콘도 아니다. 이들은 참사로 인해 무너진 이웃의 어머니 아버지들과 함께 밖으로, 밖으로 나오는 어머니들이다. 이 어머니들의 몸은 부서져 파편이 되어, 끈끈한 점액질이 되어, 다른 어머니들을 소환한다. 또래의 어머니들을 불러내고, 다른 재난 사고 희생자들의 어머니와 섞이고, 비정규직 노동자 김용균의 어머니와 합체하고, 5·18광주민주화운동의 어머니들을 만난다. 이렇게 '비체'인 세월호의 어머니들은, 과거와 현재의 경계를 넘나들며, 수많은 다른 어머니들과 함께 거침없이 돌아오고 있다.

세월호의 어머니들을 통해 부활한 이 몸은 고통을 거부하고 인간의 유한성을 거부하고 독자 생존만을 추구하는 이들에게는 공포다. 경쟁과 갈등을 부추기는 신자유주의 주체로 살아남으려는 보수 개신교인들에게는 악몽이다. 그들의 신앙을 지배하는 가부장적 신이 억누를 수 있는 것이 아니기 때문이다. 예수의 부활한 몸이 그랬듯, 이 어머니의 몸은 흐르는 것이고 경계를 넘나드는 것이며 규정할 수도 통제할 수도 없는 것이다. 그리고 이 몸은 분열과 파괴로 치닫는 보수 개신교에 경종을 일으키며, 혐오라는 십자가를 지고, 망각과 천둥의 시간을 연다. 그리고 교회 안에 숨 쉬는 인간들, 아직 연약한 살과 뜨거운 피를 가진 인간들을 깨운다. 슬픔의 지대로, 고통의 현장으로, 고통을 넘어 의미로, 온몸으로 살아오며 인간을 부른다. 인간은 어둠 속에서 연약한 육체로 태어났으며, 그 육체를 통해 경험하는 고통과 실패와 절망과 슬픔과 위로와 환희를 통해서만이 인간답게 성장할 수 있다고 소리친다. 우리가 유기한 비체, 가난과 실패와 고통의 상징인 세월호를 배제하고 타자화할 것이 아니라 감싸 안을 때만이, 기독교는 자기 혐오를 넘어 통합할 수 있다고 일깨운다.

세월호 투쟁을 통해 우리는 어디까지 왔는가? 참사의 진상 규명과 책임자 처벌조차 제대로 실행되지 않은 상황에서 가야 할 길은 아직도 멀다. 그러나 우리는 세월호 참사와 투쟁을 통해 두 가지 형상을 보았다. 가난과 실패, 고통을 타자화하여 신자유주의 기계가 되려는 보수 개신교의 모습, 가난과 실패를 통해 죽음을 경험하였으되 죽음을 딛고 살아나, 고통의 몸들과 결합하여 부활하는 어머니의 모습. 무엇을 선택하겠는가? 죽음에 머무르겠는가, 부활로 나아가겠는가?

조민아
미국 에모리Emory 대학교 박사(Theological Studies). 현재 조지타운Georgetown 대학교(Washington D.C.) Assistant Teaching Professor.

찾아보기